El talento está sobrevalorado

Geoff Colvin

El talento está sobrevalorado

Sobre el inigualable poder del trabajo,
la dedicación y la perseverancia

Traducción de Gema Moraleda

PAIDÓS EMPRESA

Obra editada en colaboración con Editorial Planeta - España

Título original: *Talent is Overrated. What Really Separates World-Class Performers from Everybody*

© Geoffrey Colvin 2008, 2010, 2018

Esta edición ha sido publicada por acuerdo con Portfolio, un sello de Penguin Publishing Group, una división de Penguin Random House LLC.

© de la traducción del inglés, Gema Moraleda Díaz, 2025
Realización Planeta - fotocomposición

© 2025, Edicions 62, S.A. – Barcelona, España

Derechos reservados

© 2025, Ediciones Culturales Paidós, S.A. de C.V.
Bajo el sello editorial PAIDÓS M.R.
Avenida Presidente Masarik núm. 111,
Piso 2, Polanco V Sección, Miguel Hidalgo
C.P. 11560, Ciudad de México
www.planetadelibros.com.mx
www.paidos.com.mx

Primera edición impresa en España: febrero de 2025
ISBN: 978-84-1100-328-5

Primera edición impresa en México: mayo de 2025
ISBN: 978-607-569-980-6

Impreso en los talleres de Corporación en Servicios Integrales de Asesoría Profesional, S.A. de C.V., Calle E # 6, Parque Industrial Puebla 2000, C.P. 72225, Puebla, Pue.
Impreso y hecho en México / *Printed in Mexico*

A mis hijos

Índice

Prefacio

De todo lo que haces o te gustaría hacer en la vida: ¿qué es lo más importante?

Sea cual sea la respuesta, puedes hacerlo infinitamente mejor de lo que imaginas.

Ese es el mensaje de este libro. Sin embargo, cuando se publicó por primera vez, en 2008, los mensajes de este tipo sonaban a jerga motivacional hueca para casi todo el mundo. Aparte de un grupo de investigadores especializados en la materia, apenas había nadie que supiera que esa afirmación era estrictamente cierta, y que el trayecto que separa la mediocridad de la excelencia ya había sido cartografiado. Se trataba de un camino largo y difícil, pero estaba claro. Y, lo que es más relevante, era razonablemente accesible para la gran mayoría de las personas. Las investigaciones mostraban que poseer o no misteriosos dones naturales que dictan qué cosas se nos dan bien no supone ninguna limitación. Algunas llegan a sugerir que el talento natural ni siquiera existe. Al contrario, lo que se halló fue que lo que determina nuestro nivel de excelencia somos nosotros mismos, y que lo hacemos mediante una actividad que los investigadores llaman «práctica consciente»: un proceso que podemos controlar.

En 2008, prácticamente todas las personas que sabían esto pertenecían a los círculos especializados. Seguramente, yo tampoco me habría enterado de no ser porque la revista *Fortune* me encargó un artículo sobre el desempeño extraordinario en 2006. Fue entonces cuando descubrí un tesoro infravalorado de trabajos científicos sobre la realidad del desempeño humano, que comprendí que contradecía del todo las fervientes creencias de la mayoría sobre un tema que moldea nuestras vidas de arriba abajo. Por eso sentí la necesidad de escribir este libro.

La respuesta que obtuvo me mostró que una parte muy importante de sus lectores ya había entendido previamente de forma intuitiva que el mensaje de las investigaciones era correcto, pero no habían sido capaces de articular el cómo ni el porqué antes de conocer los hallazgos. Después de leer la investigación, empezaba a apasionarles el tema. Incluso hubo atletas, entrenadores y músicos, personas que yo asumía que ya entendían perfectamente los principios de la práctica consciente, que recibieron el libro con entusiasmo. Personas del ámbito de los negocios, un campo que desdeñaba mucho esos principios, lo consideraron una revelación. Y, por encima de todo, padres del mundo entero me dijeron que sus hijos necesitaban oír ese mensaje.

A partir de ahí, muchos libros y artículos han ido desgranando la investigación, algunos aportando datos muy interesantes, otros de forma incompleta y otros, incluso, deformando la información. Sea cual sea su fuente, hoy en día hay mucha más gente que conoce el trabajo científico sobre este tema y la esencia de su mensaje. De modo que ya era hora de revisar este libro para incluir la mayor consciencia actual, abordar algunas ideas erróneas que han acompañado a este tema y actualizarlo con las nuevas investigaciones.

El mensaje fundamental es el mismo y sigue siendo necesario comunicarlo. Aunque hay millones de personas que ya lo aceptan, aún quedan millones que tienen dudas. No pueden dejar de creer en el talento natural y, en la mayoría de los casos, su conclusión trágica es que carecen de él.

Aún no saben que no lo necesitan. El talento, si existe, no convierte a nadie en un genio. La evidencia sigue demostrando con creces que el mejor desempeño, e incluso la genialidad, es una decisión. La capacidad para llevar a cabo tareas a un nivel más alto del que jamás creímos posible está en nuestras manos.

1

El misterio

*Nunca se había valorado tanto el desempeño
extraordinario, pero ¿cómo se alcanza?*

Cincinnati, sede central de Procter & Gamble. Estamos a
mediados de 1978 y tenemos ante nuestros ojos un cubículo
compartido por dos hombres de veintidós años recién sali-
dos de la universidad. Se les ha asignado la tarea de contribuir a las ventas de la mezcla instantánea para hacer *brownies*
de la marca Duncan Hines, pero dedican la mayor parte de
su tiempo a reescribir memorandos ciñéndose a las estrictas
normas de la empresa. Su inteligencia queda fuera de toda
duda: uno se acaba de graduar en Harvard y el otro en Dart-
mouth. Pero eso no los diferencia de las otras muchas nuevas incorporaciones en P&G. Lo que sí los distingue de los
numerosos jóvenes con ganas de comerse el mundo que la
empresa contrata cada año es que ninguno de los dos es demasiado ambicioso. Tampoco tienen objetivos concretos ni
han planeado mucho su carrera laboral. Cada tarde juegan a
encestar memorandos arrugados en la papelera. Uno de
ellos recordará años después: «Fuimos elegidos los dos tipos
con menos probabilidades de triunfar».

Hoy en día, estos dos jóvenes nos interesan por un solo
motivo: son Jeffrey Immelt y Steven Ballmer, quienes, antes

de cumplir los cincuenta, se convertirían en directores ejecutivos de las dos empresas de más valor del mundo: General Electric y Microsoft. Al contrario de lo que habría pensado cualquiera con dos dedos de frente al verlos en su primer trabajo, ambos llegaron a lo más alto que se puede llegar en una empresa. Y la pregunta obvia es: ¿cómo?

¿Fue por su talento? En tal caso hablamos de un talento raro que no se reveló durante sus primeros veintidós años de vida. ¿Fue por su inteligencia? Eran dos tipos listos, pero aparentemente no más que sus miles de compañeros de estudios y trabajo. ¿Fue porque se esforzaron muchísimo? La verdad es que tampoco tanto.

Y sin embargo hubo algo que los catapultó a lo más alto del mundo de los negocios. Lo que nos conduce a la que es quizá la pregunta que más confusión genera, una que no solo es aplicable a Immelt y Ballmer, sino a nosotros y a cuantos nos rodean: si resulta que ese algo no es ninguna de las cosas que solemos pensar, entonces qué es.

Mira a tu alrededor.

A tus amistades, parientes, compañeros de trabajo, la gente con la que te cruzas cuando vas a comprar o a una fiesta. ¿A qué dedican su tiempo? La mayoría, a trabajar. También a otras cosas, como el deporte, la música, aficiones o voluntariados. Y ahora pregúntate, con sinceridad: ¿cómo de bien se les da lo que hacen?

La respuesta más probable es que no se les da mal. Lo hacen lo suficientemente bien para seguir haciéndolo. No los despiden de sus trabajos y seguramente obtendrán más de un ascenso. Practican deporte o dedican su tiempo a cualquier otra afición lo bastante bien como para disfrutarlas. Pero sin duda muy pocas personas, si las hay, de las que te rodean son realmente buenas en lo que hacen, y me refiero a extraordinariamente magníficas, entre las mejores del mundo.

¿Y por qué no? ¿Por qué no gestionan negocios como General Electric o Intel? ¿O por qué no juegan al golf como Tiger Woods ni tocan el violín como Jascha Heifetz? Al fin y al cabo, la mayoría son personas buenas, detallistas y seguramente diligentes en el trabajo. Las habrá que llevan mucho tiempo haciendo lo suyo: veinte, treinta, cuarenta años. ¿Por qué eso no les basta para haber alcanzado la excelencia? Pues porque no. Porque la incómoda verdad es que podría decirse que nadie de cuantos nos rodean ha alcanzado la genialidad, y ni siquiera están cerca, y que solo lo hará un ínfimo porcentaje en todo el mundo.

Se trata de un misterio tan ubicuo que casi ni lo percibimos, y sin embargo es de una importancia vital para el éxito o el fracaso de nuestras organizaciones, las causas en las que creemos y nuestras vidas. En algunos casos podemos dar explicaciones plausibles, como que no somos excelsos en nuestras aficiones o en el deporte porque en realidad no nos lo tomamos muy en serio. ¿Pero qué pasa con el trabajo? Estudiamos durante años para prepararnos y luego dedicamos a él la mayoría de las horas que pasamos despiertos. A casi todos nos daría vergüenza sumar el total de horas que hemos consagrado al trabajo y comparar esa cifra con la de horas empleadas en otras prioridades que afirmamos que son más importantes como nuestra familia; los números demostrarían que el trabajo es nuestra auténtica prioridad. Y, sin embargo, a pesar de tantas horas y tantos años, la mayoría de las personas no pasan de ser correctas en lo suyo.

De hecho, la realidad es aún más desconcertante. Existen amplias investigaciones que demuestran que no solo hay muchas personas que nunca llegan a ser increíblemente buenas en su trabajo, da igual los años que le dediquen, sino que, a menudo, ni siquiera mejoran con respecto a cuando empezaron. Auditores con años de experiencia no mejoraron su habilidad a la hora de detectar fraudes empresariales, una habilidad de gran importancia en su campo, respecto a cuando eran totalmente novatos. A la hora de detectar trastornos de la personalidad, que es una de las cosas que damos por hecho que los psicólogos clínicos saben hacer, los años de experiencia en consulta no se podían correlacionar en modo alguno con la capacidad de cada psicólogo en cuestión: «La correlación es prácticamente cero», concluyó uno de los investigadores principales. Los cirujanos no preveían mejor que los residentes la duración del ingreso hospitalario de los pacientes tras una operación. En todos los ámbitos, y en lo relativo a habilidades claves e importantes, recomendaciones de inversión por parte de corredores de Bolsa, valoración de solicitudes de acceso por parte de personal de admisión de universidades, las personas con mucha experiencia no eran mejores en su trabajo que quienes tenían poca.

Los estudios más recientes sobre gerentes empresariales confirman estos resultados. Investigadores de la escuela de negocios INSEAD de Francia y de la escuela de posgrado de la Marina de Guerra de Estados Unidos denominan este fenómeno la «trampa de la experiencia». Sus hallazgos clave son: aunque las empresas suelen valorar a los gerentes con experiencia, hay estudios rigurosos que muestran que, de media, los «gerentes con experiencia no producen resultados de gran envergadura».

Y, al menos en algunos campos, la cosa se pone aún más rara. De vez en cuando nos encontramos con personas que, en la práctica, empeoran con la experiencia. Los médicos más veteranos suelen sacar siempre peores notas en los exámenes sobre conocimiento médico que los novatos; con el tiempo, los médicos de familia también suelen perder habilidades de diagnóstico mediante la lectura de electrocardiogramas y radiografías. Igual que los auditores, que pierden habilidades relacionadas con determinados tipos de evaluación.

Lo que resulta más preocupante de estos hallazgos es que, en lugar de resolver el misterio de cómo alcanzar un desempeño extraordinario, lo complican. Si nos preguntan cómo explicamos que haya unas pocas personas excelentes en sus desempeños, la mayoría tenemos dos respuestas posibles y la primera es el esfuerzo. La gente desarrolla una gran capacidad para hacer las cosas porque se esfuerza. Les decimos a nuestros hijos que si ponen empeño, todo irá bien. Y resulta que eso es estrictamente cierto. Les irá bien; como a todas las demás personas que se dedican a una cosa la mayor parte de sus vidas, se les da de forma totalmente aceptable, pero nunca llegan a ser especialmente buenas en lo suyo. Las investigaciones confirman que echarle años a algo, por sí solo, no sirve de mucho si lo que buscamos es un desempeño excelente.

Así que nuestra primera respuesta instintiva a la pregunta sobre cómo alcanzar la excelencia no se sostiene.

Nuestra segunda respuesta está en el extremo opuesto a la primera, lo que no evita que creamos fervientemente en ella. Se remonta al menos 2.600 años, a la época de Homero:

Y llamad a Demódoco, el divino aedo a quien los númenes otorgaron gran maestría en el canto.

Es un fragmento de la *Odisea*, una de las muchas referencias que encontramos en esta obra y en la *Ilíada* a los dones concedidos por los dioses a distintos personajes. Desde entonces, hemos cambiado nuestra perspectiva sobre muchas cuestiones (el movimiento de los planetas, las causas de las enfermedades), pero no sobre qué hace que algunas personas sean extraordinarias en lo suyo. Seguimos pensando lo mismo que Homero: que los grandes, los aparentemente sobrehumanos que nos rodean llegaron a este mundo con el don de hacer precisamente lo que acabaron haciendo, en el caso de Demódoco, componer música y cantar. Usamos la misma palabra que los antiguos griegos, solo la hemos traducido. Seguimos diciendo, igual que Homero, que los grandes son personas inspiradas, lo que significa que son los dioses o las musas quienes les infunden su excelencia. Seguimos diciendo que tienen un don, que es como decir que su excelencia se la concedió, por motivos inexplicables, alguien o algo ajeno a ellas.

Creemos, además, que esas personas tuvieron la gran suerte de descubrir su don, en general, a una edad muy temprana. Y aunque esta explicación sobre el desempeño extraordinario contradice de forma obvia la explicación del esfuerzo, está mucho más asentada y, en cierto modo, resulta mucho más satisfactoria. Explica por qué parecería que los grandes hacen sin esfuerzo cosas que la mayoría no podemos ni imaginar, desde diseñar la estrategia de una empresa multimillonaria a tocar el *Concierto para violín* de Chaikovski o golpear una pelota de golf a más de trescientos metros de distancia. La explicación del talento natural también nos proporciona una coartada para la escasez de personas con habilidades extraordinarias: Dios no reparte sus dones a la ligera.

Esta explicación tiene una ventaja adicional para la mayoría: nos ayuda a contemplar nuestro desempeño con cierta melancolía. Los dones divinos son para uno entre un millón. O los tienes o no. Si no los tienes, y, por supuesto, casi nadie los tiene, lo que deberías hacer es abandonar la idea de acercarte siquiera a la excelencia.

Así queda claro por qué la mayoría de las personas no nos sumergimos en los misterios que rodean el desempeño extraordinario: porque no lo consideramos un misterio. Tenemos un par de explicaciones interiorizadas y, si alguna vez pensamos que la primera es claramente un error, en realidad la que nos creemos es la segunda. Y lo mejor de la segunda explicación es que nos libra de perseguir el desempeño extraordinario. A estas alturas, si se nos diera bien algo de forma natural, ya lo sabríamos. Y, como no es así, nos podemos dedicar a otras cosas.

El problema de esa explicación, que en realidad no es un problema, sino una gran noticia, es que es errónea. El desempeño extraordinario depende de nosotros muchísimo más de lo que podríamos esperar.

Nuevos hallazgos sobre el desempeño extraordinario

Resulta que nuestros conocimientos sobre el desempeño extraordinario, como sucede con todo el resto, han aumentado bastante durante los dos últimos milenios. Los científicos empezaron a centrarse mucho en este tema hace unos ciento cincuenta años, pero lo más importante es la enorme pila de investigaciones que se han ido acumulando durante los últimos cuarenta. Cuando se publicó por primera vez este libro, esta investigación apenas se conocía fuera del pequeño grupo de expertos que se dedicaba a ella; la mayoría de la gente compartía las creencias de Homero sobre el desempeño extraordinario. Los hallazgos eran clarísimos y obviamente importantes, lo que pasa es que no estaban calando en el gran público.

Desde entonces, ha crecido enormemente el interés por el desempeño extraordinario. Un auge que ha generado una avalancha de libros y artículos, algunos rigurosos y útiles, otros no, que propiciaron a su vez una avalancha de nuevas investigaciones. En su conjunto, los nuevos estudios se sustentan casi por completo en los hallazgos claves de la investigación inicial. Algunos han intentado desacreditar la tesis global del trabajo (y de este libro) y lo mejor que se puede decir de ellos es que lograron atraer la atención de los medios de comunicación, lo que parecía ser su principal objetivo en algunos casos. Pero, al observarlos de cerca, vemos que, en su mayoría, son estudios que se dedican a «desmontar» afirmaciones que la investigación original no hacía, o cuyos datos no apoyan las conclusiones del autor, como veremos.

Lo que es más importante, el debate ha saltado de las revistas científicas al mundo real donde, en la práctica, no existe ningún debate. Los nuevos hallazgos sobre el desempeño extraordinario están revolucionando la forma de aprender nuevas habilidades en todos los ámbitos. Personas y organizaciones de todo el mundo han empleado los principios descritos en este libro para mejorar en todo tipo de contextos: jugar a videojuegos, dibujar, sacar un arma de la cartuchera, comprar y vender acciones, insertar vías intravenosas a pacientes, programar *software*, escribir historias, vender de todo, aprender la lengua de signos, enseñar matemáticas, hacer fotografías, hacer psicoterapia con pacientes, practicar innumerables deportes, tocar instrumentos musicales y mucho más. En muchos casos, las mejoras en el desempeño son increíblemente mayores que cualquier otro progreso obtenido con anterioridad. Personas corrientes están descubriendo en sus carnes que los hallazgos de los investigadores son válidos y potentes. Estos centenares de trabajos, firmados por científicos de todo el mundo y que han investigado el desempeño al más alto nivel en una larga serie de ámbitos, que incluyen la gestión empresarial, el ajedrez, la natación, la cirugía, pilotar aviones, tocar el violín, vender, escribir novelas y muchos otros, han coincidido en algunas conclusiones importantes que contradicen del todo la mayoría de nuestras creencias sobre el desempeño extraordinario. A saber:

- Los dones que poseen los mejores no tienen nada que ver con lo que creemos. Y, desde luego, en caso de existir, no bastarían para explicar los logros de esas personas. Hoy en día, hay investigadores que sostienen que las habilidades innatas orientadas a un ámbito concreto son una ficción, es decir, que nadie nace siendo un virtuoso del clarinete, de la venta de coches, la correduría de Bolsa o la neurocirugía, porque nadie lo es. No todos los investigadores están dispuestos a aceptar esa idea, pero a los defensores del talento les cuesta muchísimo demostrar incluso que esos talentos naturales que creen poder hallar sean especialmente importantes a la hora de alcanzar el desempeño extraordinario.

- Más allá de los talentos innatos concretos, incluso las habilidades generales que solemos creer que caracterizan a los mejores no son lo que pensamos. En muchos ámbitos, como el ajedrez, la música, los negocios o la medicina, asumimos que los grandes poseen necesariamente una inteligencia abrumadora o una memoria descomunal. Y hay algunos que sí, pero muchos no. Por ejemplo, hay personas que se han convertido en maestros internacionales de ajedrez con un cociente intelectual (CI) inferior a la media. Así que, sea lo que sea lo que convierte en especiales a estas personas, no depende de poseer habilidades generales sobrehumanas. En este ámbito en concreto, muchísimas de ellas son sorprendentemente del montón.

- El factor que parece explicar mejor el desempeño extraordinario es algo que los investigadores denominan «práctica consciente». Es extremadamente importante definir con exactitud en qué consiste y en qué no. Desde luego, no es lo que la mayoría solemos hacer a diario en el trabajo, lo que empieza a explicar el gran misterio de los entornos laborales: por qué estamos rodeados de tantas personas que llevan décadas esforzándose pero nunca se han acercado a la excelencia. La práctica consciente tampoco es lo que hacemos la mayoría cuando pensamos que estamos practicando con los palos de golf, el oboe o lo que sea que nos interese. La práctica consciente cuesta. Duele. Pero funciona. Cuanto más se hace, más mejora el desempeño. En cantidades extraordinarias equivale a un desempeño extraordinario.

Aunque hay mucho que explicar sobre la práctica consciente, es clave hacer unas primeras observaciones al respecto:

- La práctica consciente es una idea muy grande y afirmar que lo explica todo sería simplista y reduccionista. Enseguida nos asaltan preguntas muy importantes: ¿qué es lo que hay que practicar exactamente? ¿Y cómo? ¿Qué habilidades concretas y qué otras cosas debemos adquirir? La investigación ha arrojado respuestas que se pueden generalizar bastante bien para un rango de ámbitos muy amplio. La verdad es que parece arriesgado buscar una explicación común para la excelencia en el *ballet* y el diagnóstico médico, por ejemplo, o la venta de seguros y el béisbol, pero hay unos pocos factores claves que parecen contribuir al mejor desempeño en esos ámbitos y muchos otros.
- A la mayoría de las organizaciones se les da fatal aplicar los principios del desempeño extraordinario. Muchas empresas parecen haberse organizado casi a la perfección para evitar que las personas se beneficien de ellos tanto a nivel individual como formando parte de los equipos en los que trabajan. Como están descubriendo cada vez más organizaciones, esto supone una gran oportunidad para las que entienden esos principios y los aplican de forma amplia.
- Una de las cuestiones más importantes en torno a la excelencia es la dificultad que conlleva la práctica consciente. Independientemente del campo, el mayor obs-

táculo es el mental; sucede incluso en el ámbito deportivo, donde podríamos pensar que la exigencia física es lo más duro de todo. En todos los casos, la concentración que se requiere es tan intensa que resulta agotadora. Si la práctica consciente cuesta tanto (y la mayoría de las veces no es «disfrutable en sí misma», como afirman algunos de los investigadores principales), ¿por qué hay personas que la ejecutan día tras día durante décadas cuando la mayoría no somos capaces? ¿De dónde surge la pasión necesaria para ello? Esa es una buenísima pregunta para la que empieza a haber respuestas.

Los nuevos conocimientos sobre el desempeño extraordinario son especialmente potentes porque parecen en extremo generalizables. Los investigadores siguen haciendo pruebas en un rango cada vez más amplio de ámbitos, y los resultados continúan siendo los mismos. Así que la idea de aplicarlos a todos los campos resulta irresistible, y hacerlo parece una tarea cada vez más urgente.

Se podría pensar que estos nuevos descubrimientos han llegado justo a tiempo, porque cada vez necesitamos más la excelencia en todos los ámbitos. Y por muchos motivos. El más obvio es el incremento de los estándares en casi todas las esferas. Generalizando solo un poco, podríamos decir que en todo el mundo las personas están haciéndolo prácticamente todo mejor. Hay ejemplos por todas partes, empezando por nuestros hogares. Sabemos que los ordenadores son cada año más potentes y baratos, pero este fenómeno es común a todas las industrias. ¿Cuánto les duraba el coche a tus padres? ¿80.000 kilómetros? Ahora a nadie le parecerá raro que hagas más de 300.000 con tu nuevo Toyota. Y lo mismo sucede con los neumáticos. Un lavavajillas Whirlpool (o de cualquier otra buena marca) tiene más funciones, usa menos agua y electricidad y cuesta menos (si tenemos en cuenta la inflación) que hace cinco años. En todas las industrias del mundo entero, las empresas tienen que trabajar con estándares más altos y mejorar continuamente para ser competitivas. El desempeño extraordinario es cada vez más valioso y necesario.

La tendencia es prácticamente la misma en todos los ámbitos del desempeño humano individual. Si observamos los deportes, veremos que no solo son interesantes en sí mismos sino también, como comentaremos más adelante, tienen mucho que enseñarnos sobre el desempeño extraordinario en el mundo de los negocios y otros ámbitos, y no me refiero a esa idea trasnochada de que ganar es lo único importante. Todos sabemos que se siguen batiendo récords deportivos, pero, en general, no apreciamos lo drástico que ha sido el progreso en este ámbito ni sus motivos. Por ejemplo, hoy en día, los récords olímpicos de hace cien años, que eran el mejor desempeño de un ser humano sobre la faz de la Tierra, se podría decir que son un resultado ni fu ni fa, al que puede aspirar cualquier alumno de instituto. El ganador de los 200 metros lisos en categoría masculina en los Juegos Olímpicos de 1908 lo hizo en 22,6 segundos; hoy en día el récord de la categoría de menores de dieciocho años de esta especialidad es dos segundos inferior a ese número, y dos segundos es un margen enorme. En la actualidad, el récord de maratón de menores de dieciocho años es veinte minutos inferior al tiempo que hizo el medallista de oro olímpico de

1908. Y si crees que es porque los jóvenes de hoy en día son más altos, te diré que no es por eso. Las investigaciones del doctor Niels H. Secher, de la Universidad de Copenhague, entre otras, muestran que la estatura no proporciona ninguna ventaja a la hora de correr, ya que cada zancada requiere cargar el propio peso. «Cuanto menor es la estatura, mejor», afirma.

En cualquier caso, ámbitos en los que la estatura o la potencia son irrelevantes muestran este mismo patrón de incremento continuo de estándares. En la modalidad de salto en natación, por ejemplo, estuvo a punto de prohibirse el doble mortal en una fecha no tan lejana como los Juegos Olímpicos de 1924, por considerarse demasiado peligroso. Hoy en día se considera aburrido.

Lo fundamental son los motivos de todo esto: los atletas contemporáneos son mejores, no porque sean hasta cierto punto distintos, sino porque se entrenan de forma más eficaz. Esta es una idea importante que debemos recordar.

En las disciplinas intelectuales los estándares están subiendo al menos a la misma velocidad que en el deporte. Roger Bacon, el gran académico inglés del siglo XIII, escribió que una persona necesitaría entre treinta y cuarenta años de estudio para dominar las matemáticas como se entendían entonces. Hoy en día, esas matemáticas (el cálculo aún no se había inventado) forman parte del temario de millones de alumnos de instituto, y a nadie le parecen gran cosa. Pero veamos las implicaciones que tiene eso. El contenido intelectual de la materia es el mismo, y los cerebros de las personas no son distintos en nada; setecientos años y pico no es tiempo suficiente para ninguna gran mejora en cuanto a potencia cerebral humana. En cambio, como sucede con los deportes, el estándar de lo que hacemos con lo que tenemos ha crecido muchísimo. Esto es así.

Cuando Chaikovski acabó de escribir su *Concierto para violín* en 1878, le pidió al famoso violinista Leopold Auer que fuera el intérprete de su estreno. Auer estudió la partitura y respondió que no: pensaba que aquella pieza era imposible de tocar. Hoy en día, la puede ejecutar cualquier joven violinista recién salido del conservatorio. La música es la misma, los violines son los mismos y los seres humanos no han cambiado. Pero las personas han aprendido a mejorar muchísimo su desempeño.

Hoy en día, las investigaciones muestran que sigue dándose esta tendencia, incluso en ámbitos donde los estándares ya parecían muy elevados. Por ejemplo, un estudio muy bien diseñado sobre el campeonato del mundo de ajedrez halló que ahora se juega a un nivel muchísimo más alto que en el siglo xix, cuando se celebró por primera vez esta competición. Mediante el uso de potentes programas informáticos de ajedrez, los investigadores hallaron que los antiguos campeones cometían muchos más errores tácticos que los jugadores actuales. De hecho, el nivel de los campeones de antaño sería ligeramente inferior al de los maestros actuales, y no estaría ni cerca del de los grandes maestros o los ganadores de hoy en día. La conclusión de los investigadores fue la siguiente: «Estos resultados implican una mejora considerable del más alto nivel de logros intelectuales en el ajedrez de los dos últimos siglos». Nuevamente, el juego no ha cambiado y no ha pasado tiempo suficiente para que lo haya hecho el cerebro humano. Lo que ha cambiado es que las personas ahora hacen las cosas mucho mejor que antes.

En el mundo de los negocios está clarísimo que los estándares de desempeño crecerán de forma constante y más pronunciada que en el pasado, lo que incrementará el valor del desempeño extraordinario. El motivo más importante de esto es que las tecnologías de la información han otorgado a los clientes un poder sin precedentes y, ahora que lo tienen, sus exigencias también se han incrementado. Esto es algo que entiende cualquiera que haya comprado alguna vez por internet. Como compradores, recibimos más información de la que habríamos visto jamás hace unos años. Sabemos cuánto pagó por un coche un vendedor de segunda mano. Sabemos cuánto cuestan los medicamentos con receta en los países vecinos. Sabemos que el libro de texto que se vende en la librería de la universidad por 135 dólares se puede comprar en el Reino Unido por internet por 70. Y lo que sabemos y nos ahorramos como clientes no es nada comparado con lo que saben las empresas de sus proveedores, y el recorte de costes que se puede conseguir hoy en día con esa información. Como le gusta decir al consultor estratégico Gary Hamel, si estás obteniendo beneficios de la ignorancia de tu cliente, tienes un problema.

El reto al que nos enfrentamos todos

Las empresas no son las únicas que deben mejorar su desempeño hasta niveles nunca vistos. Lo mismo sucede con las personas. Los cambios históricos en la economía hacen que la presión a la que nos vemos sometidos individualmente para obtener una mejora constante sea mayor que nunca.

Para entender qué está pasando, hay que retroceder un poco. En Estados Unidos es habitual recibir a diario por correo postal tarjetas de crédito listas para ser activadas. Y no solo los adultos, también las reciben los menores de edad e incluso las mascotas (ha pasado). En un país en el que las facturas no suelen domiciliarse, sino que se pagan mediante cheques que se mandan por correo, otra oferta habitual por parte de las entidades bancarias consiste en mandar cartas con cheques ya cumplimentados con los datos del destinatario que funcionan como préstamos preconcedidos que se pueden usar al instante para pagar facturas. Pero ¿por qué mandan los bancos dinero alegremente a los buzones de sus potenciales clientes? Pues porque tras un periodo de estancamiento tras la crisis financiera de 2008-2009, ahora les sobra el dinero. Tienen literalmente más del que pueden usar y no saben qué hacer con él, de modo que van por ahí diciendo: «¡Quédese con un poco, por favor!».

Y las entidades financieras no son las únicas que padecen este «problema». Hay empresas estadounidenses de todo tipo que tienen mucho más dinero del que necesitan. En el momento de escribir este libro, las empresas cuentan con billones de dólares en efectivo y están batiendo récords históricos. Algunas lo usan para recomprar sus propias acciones a precios récord. Al hacerlo, lanzan un mensaje a sus inversores: no se nos ocurre ninguna buena idea para gastar este dinero, así que tomad, a ver si a vosotros sí.

Todo esto son manifestaciones de un fenómeno mucho más amplio. Durante unos quinientos años, desde el auge del comercio y la riqueza que acompañó al Renacimiento hasta finales del siglo xx, el recurso que escaseaba en el mundo de los negocios era el capital financiero. Si lo tenías, podías generar riqueza y si no, pues no. Ese mundo ya no existe. Hoy en día, mediante un cambio bastante brusco en términos históricos, el capital financiero abunda. Lo que escasea ya no es el dinero, sino la capacidad humana.

Una afirmación así corre el peligro de sonar a la típica sentencia optimista que se suelta en mitad de una conversación intrascendente, por eso es importante demostrar que es cierta. Por suerte, las pruebas que la sustentan son fácilmente observables. En los últimos años se han creado cantidades astronómicas de riqueza para los accionistas con modelos de negocio que usan muy poco capital financiero, pero montones de capital humano. Vamos a ver cuáles son las cinco empresas más valiosas del mundo: Apple, Alphabet (la matriz de Google), Microsoft, Facebook y Amazon. Ninguna de ellas fabrica prácticamente nada en talleres de su propiedad y son tan rentables que lo último que necesitan es más capital financiero; descansan sobre cientos de miles de millones de dólares en efectivo y acciones. Es un fenómeno económico ubicuo. Según el Instituto McKinsey Global: «Cada vez más, el valor se crea mediante patentes, marcas, marcas registradas y derechos de autor, y menos con maquinaria e industria pesada», es decir, que el valor procede cada vez más de las mentes y menos de las máquinas o la fuerza bruta.

Estas empresas entienden a la perfección que su éxito se construye sobre capital humano. Son famosas por la deslumbrante inteligencia de las personas que contratan y la extraordinaria exigencia de las pruebas que deben superar quienes quieren trabajar en ellas. Si les preguntas cuál es su competencia central no mencionarán nada relacionado con lo que venden. Te dirán que es la contratación. Saben cuál es el recurso que escasea en su ámbito.

Lo que hace que este fenómeno resulte muy pertinente para el tema que nos ocupa es que es aplicable a todas las empresas y no solo a los gigantes de las tecnologías de la información. Veamos el caso más extremo de una compañía que parecería depender casi en exclusiva del capital financiero: Exxon Mobil. Estamos ante una de las empresas petrolíferas más grandes del mundo, y se podría afirmar que su negocio también es el que más depende del capital. Durante muchos años ha estado invirtiendo más de 20.000 millones de dólares al año en su negocio, una cantidad gigantesca y, aun así, también ha generado miles de millones para sus accionistas mediante dividendos y recompra de acciones, un claro ejemplo de eso que comentábamos del «tomad, a ver si se os ocurre qué hacer con esto». Cuando Rex Tillerson era el director ejecutivo (cuando nadie habría podido imaginar que se convertiría años después en secretario de Estado de Estados Unidos), le pregunté por qué había implementado esa política. Al fin y al cabo, Exxon obtiene un beneficio extraordinariamente alto de sus inversiones, mucho más que cualquiera de sus grandes competidores. Así que, ¿por qué no crear riqueza para sus accionistas mediante más inversión? La limitación, me respondió, no era el dinero, sino las personas: «No puedes salir a la calle y contratar al primero que pase para cubrir un puesto de ingeniero, geólogo o investigador en Exxon Mobil». La empresa podía financiar más proyectos, pero no tenía suficientes personas con la cualificación adecuada para dirigirlos.

Para casi todas las empresas, el recurso que más escasea hoy en día es la capacidad humana. Y es por eso por lo que nunca se habían visto sometidas a tanta presión para asegurarse de que todos sus empleados se desarrollan al máximo, y, como veremos más adelante, nadie sabe cuáles son los límites de ese desarrollo.

A esto hay que añadir otra tendencia histórica que nos somete a todos a una presión sin precedentes para acrecentar nuestras habilidades a niveles que nunca habían sido necesarios, y más allá de lo que nuestros empleadores van a contribuir a perfeccionarlas. Esta tendencia es el advenimiento del primer gran mercado laboral a escala global. Durante siglos, habíamos tenido mercados globales de productos y también de capital. Pero los mercados laborales eran distintos. Durante la mayor parte de la historia humana, el trabajo estaba ligado al territorio que se habitaba. A menudo, era indisoluble de la ubicación del cliente: los herreros debían estar donde había caballos; los panaderos, cerca de sus clientes; los banqueros, donde los depositarios y prestatarios. Otros trabajos estaban ligados a la presencia de los recursos naturales de los que dependían. Los mineros debían estar donde había carbón, y los pescadores, donde el pescado. Detroit se convirtió en la capital del automóvil porque era la mejor ubicación a la que hacer llegar, mediante el ferrocarril y el transporte marítimo a través de los Grandes Lagos, el carbón, el acero, la goma y los demás componentes de un coche, y el mejor centro de distribución para todo el país.

La deslocalización lleva décadas siendo una práctica habitual, pero la mayoría de las veces no constituía motivo de preocupación, porque resultaba algo anecdótico; antes de la era de la información, coordinar la producción en un país extranjero era un proceso lento e incómodo. Así que la mayoría de los trabajadores competían principalmente por sus empleos con el resto de los trabajadores de la zona y, cuando el área de competencia se ampliaba, con los de otras zonas del propio país.

Pero hoy en día hay millones de trabajadores de las economías desarrolladas que compiten por su empleo con otros de todo el mundo. El motivo es que hay un porcentaje amplio y creciente del trabajo que se basa en la información y que no implica desplazar ni procesar nada físico. Todos estamos familiarizados con algunas de las consecuencias de esto: hay trabajadores deslocalizados que contestan al teléfono en las líneas de atención al cliente, programan el *software* que usamos y, en países como Estados Unidos, interpretan radiografías. Otras consecuencias de esto son aún más sorprendentes. Cada año, más de un millón de declaraciones de la renta estadounidenses se preparan en la India. En Londres, una gran empresa de contabilidad auditó a una de sus empresas clientes mandando en avión a un equipo de contables desde la India, que pasaron tres semanas en un hotel antes de regresar, porque era más barato que emplear a contables británicos.

Todo esto sucede porque el coste de la computación y las telecomunicaciones está en caída libre. Procesar información y enviarla de un lado a otro es prácticamente gratis. Y ese es también el motivo de la explosión en la deslocalización de las industrias de manufactura. La coordinación de cadenas de suministros globales se ha convertido en un proceso tan rápido y preciso que ahora sí que vale la pena aprovechar la mano de obra barata que se encuentra al otro lado del mundo.

La consecuencia de esto es un creciente número, que aumenta a gran velocidad, de trabajadores de todas partes que tienen que ser tan buenos y rentables como los mejores que puedas encontrar en cualquier lugar del mundo. Es cierto que hay algunos empleos que seguramente puedan llegar a escapar a esta competencia brutal, pero no tantos como nos gustaría pensar. Podríamos suponer, por ejemplo, que los dentistas siempre tendrán que estar donde se encuentren sus pacientes. Pero no. Muchos clientes de Gran Bretaña, donde el dentista está incluido en la sanidad pública, pero tiene mala prensa, toman vuelos baratos a Polonia para que los traten dentistas con buena formación y precios de ganga.

Quizá piensas que tu empleo no es exportable, y quizá tengas razón, pero dale una vuelta antes de relajarte.

El «mejor del mundo» es una frase que se dice muy a la ligera. Durante la mayor parte de nuestra historia, había muy pocas personas que tuvieran que preocuparse por quiénes eran los mejores del mundo. Pero eso está cambiando. En una economía global, basada en la información e interconectada, empresas e individuos se enfrentan cada vez más a menudo a los mejores del mundo. El coste de no serlo es cada vez más alto, como también lo son los beneficios de ser realmente bueno en lo tuyo.

Entender cómo funciona el desempeño extraordinario siempre ha valido la pena. Pero ahora es vital.

Así mismo, hay que señalar que el valor de entender cómo funciona el desempeño extraordinario va más allá de lo económico. No tiene nada de malo perseguir la prosperidad económica; la mayoría de las personas quieren mejorar, así que ayudarlas a conservar sus empleos, ahorrar para la jubilación y pagar los estudios a sus hijos (ayudándolas a desempeñar mejor sus tareas) puede evitar mucho sufrimiento humano. Pero la vida no es solo trabajo, y podemos mejorar en muchas más cosas aparte de nuestros oficios.

Ser buenos en lo que sea que queramos hacer, tocar el violín, participar en una carrera, pintar un cuadro, liderar un grupo de personas, es una de las fuentes de realización personal más profundas que podemos encontrar. La mayoría de las cosas que queremos hacer son difíciles. Así es la vida. Los problemas, la desmotivación y las decepciones son inevitables. Así que cualquier dato sobre qué es lo que nos hace mejorar en los ámbitos que queremos desarrollar, datos fidedignos, sin mitos ni conjeturas, nos puede servir no solo para enriquecernos económicamente sino también para ser más felices.

Durante los últimos cuarenta años, investigadores de todo el mundo han descubierto y refinado una buena parte de esos datos, que para nosotros constituyen una enorme promesa de mejora en todo tipo de ámbitos. Esto aún no es de conocimiento general ni se entiende debidamente, lo que hace que aplicarlo se convierta en una oportunidad aún más interesante. Muchos de los hallazgos son sorprendentes; de hecho, a pesar de contener una gran promesa y constituir una fuente de inspiración importante, hay muchas personas que, al principio, se resisten a creerlos.

El humorista del siglo XIX Josh Billings dijo una vez: «Lo que nos suele dar problemas no son las cosas que no sabemos. Sino las que sí sabemos, pero en realidad no son así». El primer paso para entender los nuevos hallazgos sobre el desempeño extraordinario es usarlos para que nos ayuden a identificar qué cosas consideramos seguras cuando, en realidad, no son verdad.

2

El talento está sobrevalorado

*Cotejando algunos datos inesperados sobre
las habilidades innatas*

En 1992, un pequeño grupo de investigadores de Inglaterra emprendió la búsqueda de un talento. Y no lo encontró.

Se trataba del talento musical, algo lógico, teniendo en cuenta que es en el que más cree la gente. De hecho, están convencidos de que existe. De que hay un motivo por el cual ellos cantan fatal y, en cambio, otras personas lo hacen de maravilla; que es la razón por la que Mozart escribió sinfonías en su adolescencia o por la que algunos niños tocan muy bien el piano y otros son incapaces de hacer siquiera una escala. La mayoría de las personas sabe que hay algunos individuos con suerte que nacen con talento musical, y que ese es el factor principal de su gran calidad a la hora de componer e interpretar.

Cuando los investigadores de otro estudio tomaron una muestra formada principalmente por profesionales de la educación, más del 75 por ciento afirmó que cantar, componer y tocar instrumentos de orquesta requería un don o talento especial; ese porcentaje, ese 75 por ciento, era superior al de quienes afirmaron que hiciera falta un talento especial en cualquier otro campo.

De modo que los investigadores observaron a 257 jóvenes, todos ellos estudiantes de música, pero muy diversos en cuanto a todo lo demás. Los distribuyeron en cinco grupos según sus capacidades, desde alumnos de una escuela de música a la que habían accedido tras una dura prueba de acceso competitiva (el grupo más alto) a alumnos que habían intentado aprender a tocar un instrumento durante al menos seis meses y lo habían dejado. Los investigadores homogeneizaron los grupos en cuanto edad, género, instrumentos y clase socioeconómica.

Después, los científicos entrevistaron en profundidad a alumnos y padres. ¿Cuánto tiempo dedicaban a ensayar? ¿A qué edad habían cantado por primera vez una melodía reconocible? Etcétera. Afortunadamente para los investigadores, el sistema educativo británico les proporcionó una forma independiente de clasificar a estos alumnos basándose en sus capacidades, más allá de los cinco grupos creados por ellos. El sistema nacional de puntuación de jóvenes instrumentistas de ese país es riguroso y uniforme; la mayoría de los niños que estudian un instrumento hacen exámenes de nivel estandarizados que evalúa un grupo de asesores a nivel nacional y que asigna a cada uno de los alumnos a uno de los nueve cursos disponibles.

Este sistema permitió a los investigadores comprobar de dos formas distintas sus resultados, mientras intentaban determinar qué era lo que regía las grandes diferencias en cuanto a logros y capacidades musicales entre sus 257 sujetos.

Los resultados fueron claros. En los grupos que contenían a los mejores alumnos, no se hallaron las típicas narraciones legendarias sobre signos precoces de habilidad musical y que dan fe de la existencia de ese talento que todos conocemos. Al contrario, basándose en las muestras tempranas de talento, todos los grupos se parecían mucho. El grupo de los mejores, los alumnos del conservatorio, lo eran también en una de las formas de medir la habilidad temprana: la capacidad para reproducir una melodía; empezaban a hacerlo a los 18 meses, mientras que el resto lo lograba más o menos a partir de los 24. Pero ni siquiera eso podría considerarse una muestra de talento especial, porque las entrevistas mostraron que los padres de esos niños cantaban a sus hijos mucho más que el resto de los padres. En varios de los demás ámbitos no se hallaron diferencias entre los distintos grupos de alumnos; por ejemplo, todos empezaron a tocar su instrumento principal hacia los ocho años.

Sin embargo, los logros obtenidos diferían muchísimo, y aunque las extensas entrevistas no hicieron emerger pruebas de ningún talento en especial, ¿qué eran sino talento aquellas diferencias tan espectaculares entre el nivel de desempeño de los alumnos? No había otra. Como suele suceder, el estudio proporcionó una respuesta distinta a esa pregunta. Un factor, y solo uno, predecía el desempeño de los alumnos, y ese era el tiempo que dedicaban a ensayar.

En concreto, los investigadores estudiaron los resultados de los exámenes de evaluación nacionales. Por supuesto, lo esperable sería que los alumnos que habían logrado entrar en el conservatorio superando sus pruebas, teniendo en cuenta, además, que hablamos de un conservatorio cuyos titulados suelen ganar certámenes nacionales con regularidad y suelen tener carreras profesionales en la música, superaran los exámenes de nivel antes y con mayor facilidad que el resto. Es la definición misma de tener talento para la música. Pero no fue así. Al contrario: los investigadores calcularon la media de horas de ensayo que necesitaba el grupo de alumnos de élite y todos los demás para superar cada uno de los niveles de examen. No había diferencias estadísticamente significativas. Por ejemplo, tanto los estudiantes que acabaron yendo al conservatorio de élite como quienes solo tocaban de vez en cuando y por diversión necesitaban una media de 120 horas de ensayo para alcanzar el nivel 5. Los alumnos del conservatorio superaban los exámenes de los niveles más altos a edades más tempranas sencillamente porque dedicaban más horas cada día a ensayar.

Los investigadores hallaron que, con doce años, el grupo de alumnos de élite ensayaba una media de dos horas diarias, mientras que los alumnos del grupo más bajo solo dedicaban unos quince minutos, un 800 por ciento de diferencia. De modo que los alumnos podían echarle más o menos horas al día, pero resultó que no había nada que les permitiera alcanzar los niveles más altos sin dedicar las horas necesarias, daba igual a qué grupo pertenecieran. Como dijo uno de los investigadores, el profesor John A. Sloboda, de la Universidad de Keele: «No hay nada que demuestre la existencia de una "vía rápida" para quienes llegan lejos».

Para resumir sin paños calientes los resultados del estudio: si nos muestran cinco grupos de alumnos, uno de los cuales ha accedido a un conservatorio de élite tras una prueba competitiva y otro ha abandonado el estudio de un instrumento, diríamos que el primer grupo es mucho más talentoso que el segundo. Pero el estudio demostró que no era así, si entendemos como «talento» la capacidad de hacer las cosas mejor con menos esfuerzo.

¿Qué es el talento?

El gran problema es que todos tenemos ideas equivocadas sobre el talento, y voy a ofrecer muchas pruebas de ello. Si creemos que quienes no tienen talento natural para hacer una actividad en concreto nunca llegarán a ser muy buenos en ella, o no llegarán nunca a la altura de quienes sí lo tienen, los disuadiremos de intentarlo. Les diremos que no deberían ni pensar en ello siquiera. Apartaremos a nuestros hijos de algunas carreras y actividades, como la pintura, el tenis, la economía o el idioma chino, porque creeremos haber determinado que no poseen talento en esos ámbitos. En los negocios, vemos a gerentes alterar completamente el rumbo laboral de sus empleados basándose en pruebas muy endebles sobre qué se les «da bien». Y lo que resulta más insidioso de todo para nuestras vidas es que si probamos algo nuevo y vemos que no nos resulta fácil, concluimos que no tenemos talento para ello y lo abandonamos enseguida.

Así, nuestras creencias sobre el talento, que están muy arraigadas, son extremadamente importantes para el futuro de nuestras vidas, las de nuestros hijos, nuestras empresas y las personas que las componen. Entender cómo funciona en realidad el talento vale muchísimo la pena.

Debemos ser claros a la hora de definir este término. Las personas suelen emplearlo para referirse al desempeño excelente o describir a quienes se les da muy bien hacer algo. «Los Red Sox tienen mucho talento sobre el terreno de juego» solo significa que los jugadores de ese equipo son muy buenos. «La guerra por el talento» es un tema popular en el mundo de la empresa, aparte del título de un libro, y define los enfrentamientos entre organizaciones para atraer a las personas que mejor rinden. En el negocio televisivo, el «talento» es un término genérico que se aplica a cualquiera que salga en pantalla. «¡Que entre el talento!» solo significa que las personas que van a actuar deben ocupar sus puestos. Quienes trabajan en televisión saben que este término no es en absoluto descriptivo de las habilidades de nadie.

Ninguno de estos sentidos del término es el que nos interesa. Cuando esta palabra cambia el curso vital de las personas es cuando se usa con un significado en concreto. El talento es la capacidad natural de hacer algo mejor que la mayoría. Nos referimos a algo muy concreto, como jugar al golf, vender algo, componer música, dirigir una empresa. Se aprecia muy temprano, antes de que la capacidad en cuestión se manifieste en su totalidad. Y es innato; se nace con él y, si no es así, no se puede adquirir.

Según esta definición, la mayoría de las personas creemos que el talento existe en prácticamente todos los ámbitos. Si prestas atención la próxima vez que hables con alguien sobre música, deportes o juegos, verás que es complicado decir más de dos frases sobre los participantes sin invocar el «talento». Hay más ámbitos en los que la palabra en cuestión siempre acaba apareciendo. Russell Baker, el gran excolumnista de *The New York Times*, creía haber nacido con el «gen de las palabras», es decir, que al nacer ya era un futuro escritor. En los negocios, solemos decir que Bob es un comercial nato, que Jean es una líder nata o que Pat es buenísima con los números. Warren Buffett suele decir: «Yo nací cableado para invertir capital», que es una forma de decir que llegó al mundo con la capacidad de detectar las mejores inversiones.

Todos estamos convencidos de que el talento existe, pero tampoco es que le hayamos dado muchas vueltas. Casi nadie lo hace. La idea sencillamente forma parte de nuestra forma de ver el mundo, y vale la pena preguntarnos por qué.

Gran parte de la respuesta la encontramos en un lugar inesperado: los textos de un explorador y aristócrata inglés del siglo XIX que no acabó la universidad. De joven, Francis Galton creía que todas las personas nacían más o menos con las mismas habilidades, que desarrollaban en distintos grados a lo largo de sus vidas. A pesar de las antiguas creencias propagadas por la mitología y la religión, que decían que los dones eran un regalo de los dioses, la premisa de que todos tenemos las mismas habilidades era muy popular en tiempos de Galton, y procedía de las ideas de igualdad alimentadas en el siglo XVIII por las revoluciones francesa y estadounidense. Por aquel entonces, Thoreau, Emerson y otros dijeron al mundo que nuestra fuerza y nuestro potencial eran mayores de lo que habíamos imaginado hasta entonces. Durante la expansión económica del siglo XIX afloraron pruebas de ello; a medida que la industria y el intercambio prosperaban desde Europa a América y Asia, las personas se enriquecían y encontraban oportunidades en todas partes, y parecía que todo el mundo pudiera llegar a ser lo que quisiera.

Galton aceptó estas ideas, hasta que leyó el trabajo de su primo, Charles Darwin. Entonces, cambió bruscamente de opinión y promovió sus nuevas teorías con la fe del converso. De hecho, parte de su capacidad de influencia, que fue enorme y sigue siéndolo en planteamientos muy extendidos sobre este tema, seguramente nace de la convicción a prueba de bomba con que escribía. «No soporto la hipótesis que se plantea a veces, y que suele insinuarse sobre todo en los cuentos para enseñar a los niños a ser buenos, de que todos los bebés nacen siendo casi iguales, y que lo único que crea diferencias entre niños y hombres son la dedicación y el esfuerzo moral —escribió en su texto fundacional *Hereditary Genius* [Genio hereditario]. Por cierto, la idea de que las niñas o mujeres merecieran algún tipo de atención, ni siquiera se le ocurrió—. Yo me opongo sin ninguna reserva a esas ideas de igualdad natural.»

La perspectiva de Galton era sencilla: del mismo modo que se heredan la altura y otros rasgos físicos, lo mismo sucede con la «notoriedad». Él dijo haber probado su teoría al «mostrar la enorme cantidad de veces que los hombres más o menos ilustres tienen descendientes distinguidos». Revisando los obituarios de *The Times*, llenó centenares de páginas de pruebas que ilustraban esta tendencia en jueces, poetas, comandantes, músicos, pintores, «divinos» (hombre de Iglesia) y «luchadores del norte del país», entre otros. El renombre en algunos campos era propio de determinadas familias. La capacidad de alcanzar tal notoriedad era, por tanto, algo que se heredaba, que venía de nacimiento.

Aunque resulta tentador reírse de alguien que estudió la notoriedad de los luchadores del norte del país, no hay que burlarse de Galton. Al intentar aplicar las ideas de Darwin a rasgos humanos no físicos, hizo avanzar la ciencia y las técnicas de correlación y regresión estadística esenciales en la ciencia actual. Entendió que estaba planteando preguntas muy profundas sobre el origen de la grandeza. Fue quien acuñó la frase: «naturaleza frente a crianza». Y convirtió lo que él denominaba «dones naturales» en sujeto de investigación científica hasta hoy día, como se puede apreciar en publicaciones académicas modernas como la *Journal for the*

Education of the Gifted y *Conceptions of Giftedness* [Revista para la educación de los naturalmente dotados e Ideas sobre los dones naturales].

La idea del don natural, cuya definición es idéntica a la que hemos establecido para el talento, está muy respaldada. ¿Pero qué pasaría si el problema fuera la idea en sí?

Explorando la idea de talento

Hay algunos investigadores que argumentan que el don natural o el talento no significan en absoluto lo que creemos. Y eso en el caso de que signifiquen algo. Hay unos cuantos que afirman, midiendo mucho sus palabras, que la existencia misma del talento no está respaldada por pruebas de ningún tipo.

Sus argumentos son más sólidos de lo que podríamos pensar. Muchos estudios sobre individuos exitosos han intentado dar con los elementos claves de sus logros, a menudo entrevistándolos a ellos y a sus padres, como el estudio inglés sobre música que hemos mencionado antes. En dichos estudios, todos los sujetos son personas de las que diríamos que «tienen mucho talento». Y aun así, una y otra vez, los investigadores hallaron muy pocas muestras de logros precoces previos a que esas personas emprendieran una formación intensiva. Había algún caso que sí, pero nada más. Es fácil pensar en ejemplos de personas que parecen muy talentosas, pero cuando los investigadores han observado a grandes cantidades de individuos con mucho éxito, al menos en algunos campos, la mayoría de quienes llegan a ser muy buenos no dieron muestras precoces de talento. Los resultados han sido parecidos al estudiar a músicos, tenistas, artistas, nadadores y matemáticos. Es obvio que estos hallazgos no demuestran que el talento no exista. Pero sí sugieren una posibilidad intrigante: que, en caso de existir, seguramente sea irrelevante.

Podríamos suponer que el talento aflora en cuanto una persona empieza a formarse o practicar; por ejemplo, después de solo tres clases de piano, la pequeña Ashley ya es capaz de tocar piezas que los demás niños tardan seis meses en aprender. Pero, una vez más, esto tampoco sucede siempre ni de forma habitual con las personas que acaban alcanzando grandes hitos. Por ejemplo, en un estudio sobre pianistas estadounidenses extraordinarios, sus futuros logros eran imposibles de predecir, ni siquiera tras una formación intensiva de seis años; llegados a ese punto, la mayoría de ellos no destacaba entre sus compañeros. Visto en perspectiva, podríamos decir que todos eran muy «talentosos», pero no deja de ser raro que ese talento no se manifestara tras seis años de dura formación.

Y los pocos casos en los que los padres afirman haber sido testigos de pruebas espontáneas y tempranas de talento, tales afirmaciones no dejan de ser problemáticas. Varios investigadores han hallado casos de niños que aprendieron a hablar o a leer a edades muy tempranas, en las que los padres se habían implicado al máximo en el desarrollo y la estimulación de sus hijos. Debido a que la relación entre padres y bebés es extraordinariamente íntima, es difícil afirmar cuál es el origen de las cosas. Si el bebé Kevin pintarrajea en un papel lo que a mamá y papá les parece un conejito, puede que decidan que es un genio artístico y que empiecen a alimentar esa idea de muchas formas. Es algo que todos hemos visto y, de hecho, las investigaciones han puesto de manifiesto que estas interacciones tienen como resultado distintos patrones en las habilidades de los niños. Hablaremos a fondo de esto en el último capítulo.

Quizá creas que en una época en la que existe la investigación genética ya no habría dudas sobre qué es innato y que no. Que como el talento lo es por definición, debería corresponderse con un gen específico o varios. El problema es que los científicos aún no han averiguado qué hacen todos y cada uno de nuestros más de veinte mil genes. Lo único que podemos afirmar de momento es que no se han hallado genes concretos que se correspondan con talentos concretos. Podrían existir, y los científicos podrían llegar a encontrar el gen de tocar el piano, de invertir o del cálculo. Pero aún no lo han hecho, y las pruebas que sí tenemos sugieren que intentar encontrarlos es una empresa arriesgada. El enorme incremento de los niveles más altos de desempeño en un amplio número de campos durante el último siglo ha sido demasiado rápido para estar relacionado con un cambio genético que precisa miles de años. Por eso, parece imposible argumentar que son los genes los que hacen que la gente alcance la excelencia en lo suyo. Lo máximo que se puede llegar a afirmar es que, de ejercer los genes algún tipo de influencia, esta no explicaría en ningún caso el desempeño extraordinario.

Quienes no creen en el talento puntualizan a menudo que si juntamos las pruebas que tenemos tampoco podemos afirmar que este sea un mito. Y conceden que futuras investigaciones podrían llegar a mostrar que las diferencias genéticas individuales convierten a algunas personas en las mejores. Pero los cientos de estudios llevados a cabo durante décadas no han sido capaces de hacerlo. Al contrario, la gran mayoría sugiere con mucha insistencia que las diferencias genéticas de este tipo, es decir, diferencias que determinen quién alcanzará mayores niveles de desempeño, no existen.

¿Y qué hay de Mozart?

Pero... ¿cómo puede ser? Los argumentos en contra de la existencia del talento suenan sensatos de uno en uno, pero al final seguimos sin poder explicar la grandeza trascendental de los genios imperecederos y las personalidades mágicas de la historia de la humanidad. ¿Y cómo puede alguien alcanzar logros inmortales y asombrosos si no es gracias a un misterioso don divino? De hecho, la primera vez que oyen hablar de la tesis del antitalento y su lógica, la mayoría de las personas la rebaten con dos sencillos contraargumentos: Mozart y Tiger Woods.

Mozart es el ejemplo definitivo de la teoría de que la grandeza procede de una chispa divina. Compositor desde los cinco años, daba recitales de piano y violín a los ocho, creó centenares de obras, algunas de ellas consideradas tesoros inmateriales de la cultura occidental, y todo ello en el poco tiempo de que dispuso antes de su muerte a los treinta y cinco años. Si eso no es talento, y además monumental, que baje Dios y lo vea.

Pero vale la pena examinar los hechos un poco más a fondo. El padre de Mozart era, de todos es sabido, Leopold Mozart, famoso compositor y ejecutante por méritos propios. También era un padre dominante que empezó a enseñar a su hijo a tocar y componer de forma intensiva cuando este tenía tres años. Leopold estaba muy bien cualificado para ser el profesor de Wolfgang, y no solo por ser alguien reconocido, sino porque le interesaban mucho los métodos de enseñanza de la música a los niños. Y aunque como músico Leopold era normalito, sin embargo era un grandísimo pedagogo. Su libro de texto sobre aprendizaje de violín, publicado el mismo año que nació Wolfgang, fue muy influyente durante décadas.

Así que desde muy muy pequeño, Wolfgang recibió una intensa formación por parte de un maestro experto con quien convivía. Y aunque sus primeras composiciones son, sin duda, dignas de admiración, también plantean algunas preguntas incómodas. Es interesante comentar que las partituras no fueron escritas por el niño: Leopold siempre las «corregía» antes de mostrarlas. También hay que decir que Leopold dejó de componer justo cuando empezó a enseñar a Wolfgang a hacerlo.

Y hay casos en los que resulta evidente que las composiciones del niño no son originales. Los primeros cuatro conciertos para piano de Wolfgang, que compuso a los once años, no contienen música originalmente creada por él. Los hizo a partir de fragmentos de partituras de otros compositores. Sus siguientes tres trabajos de este tipo, que hoy en día no se consideran conciertos para piano, los realizó a los dieciséis años; estos tampoco contienen música original, sino que son arreglos de obras de Johann Christian Bach, con quien Wolfgang había estudiado en Londres. Las primeras sinfonías de Mozart, piezas breves escritas cuando solo tenía ocho años, tienen un estilo muy similar al de Johann Christian Bach, con quien estaba estudiando cuando fueron escritas.

Ninguno de esos trabajos se consideran hoy en día excelentes obras musicales y ni siquiera se acercan a esa denominación. Casi nunca se interpretan ni se graban excepto como piezas inéditas, cuyo interés reside únicamente en la posterior fama que alcanzó Mozart. Parecen piezas de una persona que se está formando para aprender a componer usando los métodos habituales: copiar, arreglar e imitar el trabajo de otros. Fue el padre de Mozart, que dedicaba gran parte de su vida a promocionar a su hijo, quien presentó esas composiciones al mundo (quizá con ligeras mejoras). La primera obra de Mozart considerada maestra hoy en día, estatus avalado por el número de grabaciones disponibles, es el *Concierto para piano n.º 9*, que compuso a los veintiún años. Sin duda, era muy joven, pero debemos recordar que, para entonces, Wolfgang llevaba dieciocho años formándose con un método experto y duro.

Merece la pena pararse un momento a reflexionar sobre esto. Cualquier chispa divina que pudiera poseer Mozart no le permitió producir obras de primera categoría de forma rápida o fácil, que es lo que podríamos esperar de tal chispa.

El método de composición de Mozart no era la maravilla que se presumió durante mucho tiempo. Durante casi doscientos años, muchas personas han creído lo que dice su archienemigo Antonio Salieri en la aclamada película *Amadeus*: «¡Sorprendente! Más aún, increíble —exclama maravillado al recordar unas partituras originales de Mozart—. A pesar de ello, ni una sola corrección. Ni una. ¡Se limitaba a transcribir la música que surgía de su cabeza! Página tras página, como si estuviera escribiendo al dictado. [...] Es milagrosa». El discurso de Salieri en *Amadeus* es inventado, pero Mozart dijo casi eso mismo en una famosa carta: «[...]

el conjunto, por largo que sea, aparece terminado y completo en mi mente [...] pasarlo a papel es muy rápido [...] y rara vez difiere el papel de lo que había imaginado».

Esta explicación retrata sin duda a un artista sobrehumano. El problema es que, como han podido establecer muchos estudiosos, la carta es falsa. Mozart no imaginaba sus obras completas y perfectas. Los manuscritos que han llegado a nuestros días muestran que Mozart hacía revisiones y reescrituras constantes, que tachaba y repetía fragmentos enteros y que abandonaba las obras durante meses o años para retomarlas después. Aunque eso no le quita ni una pizca de mérito a sus magníficos resultados, componía como cualquier humano corriente.

Y los últimos estudios también han dado una nueva perspectiva a su consideración como un prodigio de la ejecución musical. Los investigadores crearon un «índice de precocidad» para pianistas; calcularon el número de años de estudio que necesita un pianista formado con los actuales programas antes de tocar varias piezas en público y lo compararon con el número de años que necesitaron algunos de los más grandes de la historia, considerados prodigios. Si el estudiante medio necesita seis años de preparación antes de tocar una pieza en público y un pianista prodigio lo hizo después de solo tres, ese estudiante tendría un índice de precocidad del 200 por ciento. El índice de Mozart estaba alrededor del 130 por ciento, muy por delante del alumno medio. Pero en los siglos xx y xxi los pianistas prodigio puntúan entre un 300 y un 500 por ciento. Otro ejemplo de cómo han aumentado los estándares. La mejora en los métodos formativos actuales arroja unos resultados que dejan en ridículo cualquier efecto que pudiera tener el genio de Mozart sobre su ejecución.

E insisto, nada de todo esto afecta en absoluto a nuestra consideración por la música de Mozart. Pero sí le restan buena parte de la magia y el encanto al relato de su creación, y hay gente a quien eso no le gusta. En un artículo titulado «Mozart as a Working Stiff» [Mozart como trabajador estricto], Neal Zaslaw, experto en el compositor, describe lo que le sucedió cuando, en un congreso sobre Mozart celebrado en Viena, insinuó que lo que hacía como compositor adulto era centrarse en la producción de temas porque necesitaba el dinero, y que rara vez, si es que lo hizo, escribió una pieza por la que no cobrara. «Me sorprendió mucho la vehemencia con la que atacaron mis afirmaciones —recuerda—. Hasta el propio moderador de la sesión me reprendió.» La ofensa consistía en sugerir que Mozart era, sencillamente, un artista humano con motivaciones igual de humanas, y no un semidiós impulsado únicamente por la chispa divina.

Este incidente pone sobre la mesa un tema importante y recurrente a la hora de juzgar la grandeza de cualquiera que se dedique a actividades artísticas o creativas. Podemos medir con precisión los logros de atletas, ajedrecistas y otras personas cuyos trabajos se pueden evaluar de forma objetiva. En el mundo de las finanzas, se juzga a los corredores de Bolsa y otros inversores con criterios que pueden tener una larga fila de decimales. Incluso se puede juzgar de manera bastante objetiva a los científicos, aunque no sea muy precisa, valorando la influencia que tienen sus trabajos en los años siguientes a su publicación. Pero compositores, pintores, poetas y otros creadores se juzgan mediante estándares que inevitablemente fluctúan a lo largo del tiempo, así que debemos ser cuidadosos a la hora de sacar conclusiones basadas en su grandeza. Hay artistas que son reconocidos en vida y olvidados por la posteridad, mientras que otros pasan totalmente inadvertidos y son «descubiertos» tras su muerte. La *Pasión según san Mateo* de J. S. Bach se considera hoy en día una de las mejores piezas musicales que se han escrito, pero al parecer solo se interpretó dos veces en vida del compositor y, aunque esto nos resulte chocante, la música de Bach no fue especialmente apreciada tras su muerte, hasta que Felix Mendelssohn la reivindicó décadas después. (La música del propio Mendelssohn también fue despreciada a su muerte, aunque hoy en día sea muy popular.) Lo importante aquí es que si nos hubiéramos puesto a estudiar la grandeza en 1810 seguramente no habríamos prestado atención a Bach, y tampoco a Mendelssohn, de haberlo hecho en 1910. En cuanto a Mozart, el disgustado moderador de la conferencia de Zaslaw insistía en que su música no podía compararse siquiera con la de sus contemporáneos porque «pertenecía únicamente a las más altas esferas de la creatividad». A lo que Zaslaw respondió que «la música de Mozart no ascendió a las alturas hasta el siglo xix. Cuando vivía, estaba a ras de suelo junto con la de los demás compositores».

Basándose en cómo la creó, independientemente de cómo se evalúe, el crítico musical de la revista *The New Yorker*, Alex Ross, resume lo que dicen los expertos actuales sobre el Milagro de Salzburgo: «A los padres ambiciosos que ponen los vídeos de "Baby Mozart" a sus pequeños no les gustará saber que el compositor llegó a ser quien era trabajando y esforzándose muchísimo».

¿Y Tiger?

Los investigadores del desempeño extraordinario llaman a veces a Tiger Woods el Mozart del golf, y los paralelismos son llamativos. El padre de Woods, Earl, era profesor, en concreto de chicos jóvenes, y el deporte era su gran pasión desde siempre. Había pasado la primera mitad de su vida en el ejército, donde, según él, se había encargado de enseñar historia militar, estrategia y juegos de guerra a los cadetes del City College de Nueva York. Durante su paso por el instituto y la universidad (la estatal de Kansas) había sido jugador de béisbol, y en el periodo entre el final de la universidad y su entrada en el ejército se había dedicado a entrenar a equipos de la liga infantil «y hacerlos llegar a la fase estatal», según escribió en un libro que en su momento pasó desapercibido, *Training a Tiger* [Entrenar a un tigre], publicado poco antes de que Tiger, el tigre del título, se convirtiera en jugador profesional. «Me encanta enseñar», dijo.

Earl tenía mucho tiempo para enseñar a su hijo y estaba muy centrado en la tarea. Su esposa Kultida y su hijo Tiger eran la segunda familia de Earl, que se había casado muy joven con su primera mujer, con quien había tenido tres hijos antes de divorciarse. Cuando llegó Tiger, los demás hijos de Earl ya eran mayores, él había dejado el ejército y, con cuarenta y cuatro años, trabajaba para un contratista militar en el sur de California. Y, además, era un fanático del golf. Solo hacía un par de años que había empezado a jugar, pero se había esforzado mucho y había obtenido un hándicap de una sola cifra, más bien baja, lo que lo situaba entre el 10 por ciento de los mejores jugadores. Cuando nació Tiger, Earl escribió: «Me había formado bien y estaba listo. Me aventuré a iniciar a Tiger en el deporte a una edad inusitadamente temprana».

Resumiendo: Tiger nace en el hogar de un golfista experto y adicto confeso a su deporte, al que le encanta enseñar y que está ansioso por empezar a entrenar a su hijo lo antes posible. La esposa de Earl no trabaja fuera de casa y no tienen más hijos; así que deciden que «Tiger será la prioridad absoluta en nuestra relación», escribió Earl. Earl regala a Tiger su primer palo de metal, un *putter*, a los siete meses. Pone la trona de Tiger en el garaje, donde Earl lanza pelotas contra una red, y Tiger pasa horas observándolo. «Era como hacerle ver una película una y otra vez», escribió Earl. Earl desarrolla nuevas técnicas para enseñar el agarre y el golpe de *putter* a un alumno que aún no sabe hablar. Antes de cumplir los dos años, Tiger acude al campo de golf con su padre, donde practica con regularidad.

Los prodigiosos logros de Tiger han llegado a ser bien conocidos; era una celebridad local antes de empezar la primaria y se hizo famoso en todo Estados Unidos cuando estaba en la universidad. Entre todo lo que se ha escrito sobre su leyenda, hay un par de datos que vale la pena destacar. En primer lugar, la edad a la que alcanzó por primera vez un desempeño extraordinario en una competición internacional regular. Digamos que fue a los diecinueve, cuando se convirtió en miembro del equipo estadounidense de la Walker Cup (aunque no ganó su partido). En ese momento llevaba diecisiete años practicando golf con una intensidad tremenda, primero con su padre y después, a partir de los cuatro años, con entrenadores profesionales.

En segundo lugar, ni Tiger ni su padre han insinuado jamás que este llegara al mundo con un don para el golf. Earl no creía que Tiger fuera un niño fuera de lo común (los padres casi nunca lo creen). Lo que pensaba era que Tiger tenía una capacidad inusual para entender lo que le decían y que era capaz de llevar la cuenta de algunas cosas antes de aprender a manejar números muy altos. Tiger ha reconocido en muchas ocasiones la labor de su padre como imprescindible para su éxito. Al intentar entender su interés temprano por el deporte nunca ha mencionado una fascinación innata. En lugar de eso, escribió: «En mi caso, parece que el golf era mi forma de intentar imitar a la persona que más admiraba: mi padre». Cuando les preguntan a qué se debe el fenomenal éxito de Tiger, padre e hijo siempre responden lo mismo: al esfuerzo.

Uno de los entrenadores que tuvo Tiger de niño recordó más adelante que, la primera vez que lo vio, sintió que «era como Mozart». Y lo era.

En busca del talento para los negocios

Si la idea de que existen talentos concretos ya supone un problema en el ámbito de la música y los deportes, lo es aún más en el mundo de los negocios. Todos tendemos a asumir que los gigantes de las finanzas deben poseer un don especial para hacer lo que hacen, pero resulta que no es nada fácil encontrar pruebas que lo confirmen. De hecho, cuando examinamos las vidas de los ases de los negocios, la impresión más destacada que extraemos es justo la contraria: que no parecen tener ningún don especial ni hay pistas tempranas de lo que llegarán a ser.

Vamos a ver unos cuantos ejemplos destacados de esto: Jack Welch, mejor gerente del siglo xx según la revista *For-*

tune, no mostró ninguna inclinación natural por los negocios ni siquiera después de cumplir los veinte años. Criado en Salem, Massachusetts, fue un niño con buenos resultados académicos, sacaba buenas notas, pero «nadie habría dicho de mí que era brillante», escribió más tarde. También llegó a ser el capitán de los equipos de *hockey* y golf de su instituto. Su expediente era lo bastante bueno para acceder a una universidad de la Ivy League, las más prestigiosas, pero su familia no podía pagarla, así que acabó estudiando en la Universidad de Massachusetts. No cursó empresariales ni económicas, sino ingeniería química. Después se matriculó en la Universidad de Illinois para hacer un máster y un doctorado en el mismo campo. Cuando salió al mundo a los veinticinco años, aún no tenía claro a qué quería dedicarse e hizo entrevistas para trabajar como profesor en las universidades de Siracusa y Virginia Occidental. Finalmente, aceptó una oferta para trabajar en un proyecto de desarrollo químico en General Electric.

Hasta este punto, cuesta encontrar algún elemento de la historia de Welch que indique que se iba a convertir en el gerente empresarial más influyente de su época.

Bill Gates, quien fue durante años el hombre más rico del mundo y símbolo de una revolución económica fundamental, resulta más prometedor para quienes buscan explicar el éxito mediante el talento. Su fascinación por los ordenadores viene de la infancia, y creó su primer programa informático, que permitía jugar al tres en raya, a los trece años. Gates y su amigo Paul Allen, con quien más tarde fundaría Microsoft, se pasaban la vida planeando formas de conseguir pasar más tiempo delante del ordenador, que por aquel entonces era una máquina enorme y tosca. Crearon una empresa, Traf-O-Data, para construir ordenadores que analizaran los datos obtenidos por la monitorización del tráfico en las ciudades; Gates dice que el dispositivo funcionaba bien, pero no vendieron ninguno. Después de ir a Harvard, siguió inmerso en el emocionante mundo de la informática, en perpetuo cambio.

Está claro que los intereses infantiles de Gates fueron los que le condujeron a Microsoft. El problema es que no hay nada en su relato que sugiera que tuviera habilidades extraordinarias. Él es el primero en reconocer que, en aquella época, había legiones de chavales interesados en las posibilidades que brindaban los ordenadores. Harvard estaba plagado de frikis de la informática que tenían clarísimo que había una revolución tecnológica en marcha. ¿Había algo que indicara que Gates se convertiría en su rey? La respuesta es: nada en concreto. Si lo analizamos minuciosamente, lo más probable es que la pieza clave de su éxito no fueran sus conocimientos sobre programas informáticos. Sus habilidades más relevantes fueron, en primer lugar, sus aptitudes para crear una empresa y, después, las necesarias para gestionar una gran corporación. Y, aun teniendo en cuenta Traf-O-Data, el joven Gates no dio muestras de poseer unas habilidades fuera de serie en ese campo.

Cuando analizamos a los titanes mundiales de los negocios, vemos que hay más historias parecidas a la de Welch que a la de Gates, es decir, que pocos mostraron un interés temprano por sus ámbitos de especialidad o rasgos que pudieran conducirlos a la fama y la riqueza.

Uno de los predecesores de Gates como hombre más rico del mundo, John D. Rockefeller, es otro ejemplo. Se crio en la pobreza y el temor de Dios, era muy trabajador y conocido por su seriedad y madurez. Pero, como indica su biógrafo más eminente, Ron Chernow: «En muchos aspectos, John era fácil de olvidar e indistinguible de muchos otros chicos. Cuando, tiempo después, deslumbró al mundo, a muchos antiguos vecinos y compañeros de clase les costó recordar su cara o su aspecto». Lo que muchos conocidos sí recordaban era que John enunciaba con firmeza, desde niño, su intención de hacerse rico. Pero Chernow dice: «Los sueños de infancia de Rockefeller no tenían nada de raro, porque, en aquella época, la situación alimentaba las fantasías de codicia de millones de escolares». La evaluación más habitual procede de una mujer que fue su tutora en la infancia y que, más adelante, afirmó: «No recuerdo que John destacara en nada. Sí recuerdo que se esforzaba mucho en todo lo que hacía: no hablaba demasiado y era muy aplicado en el estudio».

Estas historias de la infancia que no dan ninguna pista sobre lo que está por venir son constantes y, a veces, extremas. David Ogilvy, considerado por muchos el mayor genio de la publicidad del siglo xx, fue expulsado de Oxford, esclavizado en la cocina de un hotel de París, vendió estufas en Escocia y trabajó de granjero en Pensilvania, entre otras muchas ocupaciones aparentemente aleatorias que llenaron sus primeros diecisiete años de vida profesional. Habría sido difícil prever que se convertiría en una leyenda de la publicidad, teniendo en cuenta que dio muy pocas muestras de que pudiera llegar a dejar algún tipo de huella.

¿Y qué hay de Warren Buffett, otro de los hombres más ricos del mundo, a quien hemos citado antes diciendo que había nacido para invertir? Dio muestras tempranas de interés por el ámbito en el que acabaría siendo reconocido, como

Gates, y fue muy precoz. De niño, Buffett estaba muy interesado en aprender sobre el mundo de los negocios y la inversión. Quería ganar dinero. Hacía distintas rutas como repartidor de periódicos y, con once años, compró su primera acción, una preferente de Cities Service. Con quince, compró con un amigo una máquina de *pinball* de segunda mano y la instaló en una barbería; al cabo de un par de meses, sumó dos máquinas más. Buffett usó sus ganancias para comprar 16 hectáreas de campos de cultivo, que alquilaba a agricultores. También era conocido como un niño capaz de sumar cantidades muy elevadas de cabeza, y acabó el instituto con dieciséis años. Más tarde, en la Facultad de Columbia, tuvo como profesor a la famosa autoridad en inversiones Benjamin Graham, que le puso el único 10 que concedió en toda su carrera como docente.

Los logros de Buffett como inversor son famosos en todo el mundo, y su historia explica claramente por qué tanto él como muchos otros dicen que nació para hacer lo que hacía. Pero esa explicación, un talento innato para la inversión, no es la única forma, y ni siquiera es la más sencilla, de justificar su éxito. El interés obsesivo de Buffett por el dinero no resulta sorprendente teniendo en cuenta que se crio en el Medio Oeste estadounidense en plena Gran Depresión. Del mismo modo, su fascinación por las acciones y la inversión no es especialmente misteriosa si sabes que su padre era corredor de Bolsa e inversor y que Warren lo idolatraba. Warren iba a la oficina de su padre con once años, así que empezó a aprender sobre inversiones a una edad muy temprana. Y, sin embargo, hay pocas pruebas de que, incluso pasados los veinte años, se le diera especialmente bien. En su adolescencia le apasionaban las gráficas, y se dedicaba a estudiarlas para prever las futuras oscilaciones en los precios de las acciones basándose en los movimientos anteriores; las investigaciones han demostrado que esta técnica no sirve de nada a la hora de ganar dinero en los mercados (aunque, como tantas otras técnicas ineficaces, hay quien sigue creyendo en ella). Más adelante, se centró en los tiempos del mercado e intentar determinar el momento perfecto para comprar y vender acciones; esta estrategia también garantiza pérdidas con el tiempo, y Buffett no logró que le funcionase.

Cuando acabó sus estudios en la Escuela de Negocios de Columbia, idolatraba tanto al profesor Graham que se ofreció a trabajar gratis en su empresa de inversiones. Pero, como explica el propio Buffett: «Ben calculó, como siempre, el coste-beneficio y me dijo que no». Buffett acabó trabajando en la empresa de Graham un par de años después, y pasó allí dos años. Luego regresó a Omaha a los veinticinco para emprender su primera inversión junto con un socio.

Hasta aquí, tenemos el retrato de un joven que había mostrado desde muy pequeño un gran interés por el dinero y la inversión y quien (como Rockefeller) estaba obsesionado con hacerse rico y se había esforzado mucho para aprender todo lo posible al respecto. Pero aún no se había acercado siquiera a un desempeño extraordinario en el mundo real. Cuando Buffett empezó a acumular logros de categoría mundial en ese aspecto tenía ya treinta y tantos años y llevaba más de veinte trabajando con gran diligencia en su sector.

Aun así, había montones de niños nacidos durante la Gran Depresión que eran hijos de corredores de Bolsa y solo uno de ellos se convirtió en Warren Buffett. ¿Por qué? Esa es una gran pregunta, y complicada, que examinaremos a fondo, pero lo importante ahora es que la idea del talento innato para los negocios no parece la respuesta más probable a la pregunta de cómo Buffett o cualquier otro llegaron tan lejos en los negocios.

En general, parece que debemos revisar nuestras ideas sobre qué papel tienen los talentos innatos y específicos. No hay que ser categóricos al respecto. Es mejor dejar a los estudiosos las discusiones acaloradas sobre si dichos talentos existen. Para la mayoría de nosotros, lo que más cuenta es que, en el mejor de los casos, son muchísimo menos importantes de lo que solemos pensar. Al parecer, no son tan cruciales como creemos y no está nada claro su papel. En los capítulos 4, 5, 6, 9 y 10 vamos a ver muchas más pruebas de esto.

Pero aunque tengamos que admitir que el papel de los talentos específicos es secundario, podríamos seguir pensando que los grandes logros requieren habilidades generales excepcionales e innatas. Que no se alcanzan grandes cotas en ningún ámbito sin un CI por encima de la media o una memoria descomunal. O eso es lo que solemos asumir. Aunque también vale la pena revisar esa creencia, por muy asentada que esté.

3

¿Cuánta inteligencia se necesita?

*Qué papel tienen en realidad la inteligencia y la
memoria en los grandes logros*

El 11 de julio de 1978, en un laboratorio de psicología de la
Universidad Carnegie Mellon de Pittsburgh, un estudiante
que acabaría siendo conocido en la literatura científica como
SF se sentó a intentar recordar una lista de números aleatorios. Era el sujeto de un experimento que estaba llevando a
cabo el psicólogo William Chase, un famoso investigador de
su campo, y su compañero, un alumno de posdoctorado llamado Anders Ericsson. Estaban haciendo a SF y a otros sujetos una prueba de memoria estándar conocida como test
de retención de dígitos: un investigador lee una lista de dígitos aleatorios a un ritmo de uno por segundo; tras una pausa
de veinte segundos, el sujeto repite la mayor cantidad de
ellos, en orden, que sea capaz de recordar. Los psicólogos
llevaban años haciendo esta prueba. Lo interesante de SF
fue la extraordinaria cantidad de dígitos que fue capaz de
recordar.

La mayoría de las personas, seguramente tú también,
suelen quedarse en siete, más o menos. Hay quien llega a
nueve, pero poco más. (Lo que complica el ejercicio es la
pausa de veinte segundos, pruébalo y verás.) Otro de los su-

jetos de Chase y Ericsson, que había hecho la prueba durante una hora al día durante nueve días y nunca había superado los nueve dígitos, abandonó el estudio insistiendo en que era imposible mejorar más. En un estudio muy anterior, dos sujetos, tras muchas horas de pruebas, habían logrado incrementar la cantidad de dígitos recordados hasta catorce. Pero, ese día, le estaban pidiendo a SF que recordara veintidós dígitos, un nuevo récord. Y él estaba pagando un peaje muy alto por intentarlo.

—Vale, vale, vale —farfulló cuando Ericsson acabó de leerle la lista—. ¡Vale! Vale. ¡Ay... Dios! —Dio tres fuertes palmadas, luego se quedó en silencio y pareció concentrarse aún más—. Muy bien. Muy bien... Cuatro trece coma uno —gritó. Le costaba respirar—. ¡Setenta y siete ochenta y cuatro! —Prácticamente berreaba—. ¡Cero seis cero tres! —Ahora ya lo hacía—. ¡Cuatro nueve cuatro, ocho siete cero! —Pausa—. ¡Nueve cuarenta y seis! —Su voz se había convertido en un chillido agudo. Solo faltaba un dígito. Pero no era capaz de recordarlo—. Nueve cuarenta y seis coma... Ay, nueve cuarenta y seis coma... —Sus chillidos sonaban a pura desesperación. Por fin, con la voz ronca y casi sin aire exclamó—: ¡DOS!

Lo había conseguido. Mientras Ericsson y Chase comprobaban los resultados, llamaron a la puerta. Era la policía del campus. Alguien los había avisado porque había oído gritos en la zona de los laboratorios.

Lo que vino después de SF

El logro de SF fue importante por dos motivos. Su récord de 22 dígitos no duró mucho. Siguió batiéndose a sí mismo (al cabo de poco tiempo, sin necesidad de gritar), hasta que al final, tras unas 250 horas de entrenamiento en un periodo de dos años, llegó a recordar 82 dígitos. Para entender cabalmente lo que eso significa, imagina que alguien te lee la siguiente lista de números a un ritmo de uno por segundo:

8372689278627925089836840804262891999639277821343171896518246575291445264378535087

Retener esa lista en orden tras haberla oído solo una vez puede parecer imposible. Y, sin embargo, la memoria de SF, que fue medida antes de empezar su entrenamiento, era igual a la media de la población. Sus notas eran muy buenas, pero su inteligencia, según las pruebas estandarizadas, era media. No había nada en él que indicara que podría llegar a alcanzar semejante hito memorístico.

Además, aunque dejó de entrenar tras llegar a los 82 dígitos, no hay nada en su proceso que hiciera pensar que había alcanzado su límite. De hecho, un amigo suyo, que se convirtió más adelante en sujeto de la investigación de Chase y Ericsson, llegó a los 102 dígitos, también sin dar muestras de haber alcanzado su límite. La conclusión de Chase y Ericsson fue: «En apariencia, la mejora de la habilidad memorística que se puede obtener con entrenamiento no tiene límite».

Esa fue la primera gran hazaña de SF: demostrar que una persona con habilidades generales medias puede mejorar una de ellas a niveles que podrían considerarse inimaginables. Cómo lo hizo acabó siendo de gran importancia, como veremos.

La segunda hazaña fue que el experimento plantó la semilla de la curiosidad en el cerebro de Anders Ericsson, que acabaría convirtiéndose en un reconocido investigador del campo del desempeño extraordinario. Para él, SF era un ejemplo de lo que denominaba «el enorme potencial de los adultos "corrientes" y su gran capacidad de cambiar mediante la práctica». Y ese ha sido el objeto de su investigación durante los últimos cuarenta años, lo que lo ha conducido mucho más allá del estudio de la memoria, aunque tiene sentido que empezara por ahí, ya que la memoria, así como la inteligencia general, se suele considerar la habilidad clave de los grandes.

¿Qué significa ser «listo»?

Y eso es especialmente cierto en el ámbito empresarial. Por ejemplo, el exdirector de General Electric era famoso por ser aparentemente capaz de recordar todos los detalles de una de las empresas más grandes y complejas del mundo, por ser una de esas personas capaces de detectar una incongruencia en la vigesimosexta línea de un informe financiero que los demás veían borroso durante una reunión de puesta al día. Se cuentan anécdotas similares de muchos grandes ejecutivos. En la generación anterior, Harold Geneen, de ITT, era legendario por esa misma capacidad.

Además de contar con memorias prodigiosas, los hombres y mujeres de negocios con grandes resultados suelen parecer muy inteligentes. Warren Buffett es famoso por hacer complicados cálculos mentales. Afirma no tener calculadora y, teniendo en cuenta que es conocido por su sinceridad, no hay por qué no creerlo. Steve Ross, creador del imperio Warner Communications, que luego vendió a Time Inc., era conocido por analizar mentalmente acuerdos complejos y consideraba que su capacidad era una competitiva ventaja personal. Dicen que solía afirmar: «Odio las calculadoras. Nos igualan a todos». Andy Grove, el magnífico exdirector ejecutivo de Intel, irradiaba inteligencia y era conocido por no dar cuartelillo a los subordinados que no le seguían el ritmo. Y lo mismo pasaba con Barry Diller, que tuvo una carrera excepcional en los ámbitos de la televisión, el cine e internet.

Y aunque estemos dispuestos a cuestionar la idea de que hay determinadas personas que llegan a este mundo con habilidades concretas para los negocios, la mayoría seguimos asumiendo que los más grandes poseen habilidades generales extraordinarias, sobre todo inteligencia y memoria. Vemos a individuos, como Welch, Buffett y muchos otros, que parecen demostrarlo y contamos con una gran cantidad de ejemplos adicionales. Goldman Sachs, la firma de Wall Street más admirada por sus competidores, es conocida desde hace tiempo por contratar únicamente a los titulados más listos de las universidades más elitistas. McKinsey & Company, la reina de las consultoras, suele contratar a la mayoría de los graduados de la Escuela de Negocios de Harvard pertenecientes al 5 por ciento que obtiene las notas más altas. Microsoft y Google son conocidas por machacar a los aspirantes a un puesto de trabajo en sus empresas con preguntas que harían llorar a la mayoría. En todas partes no hacemos más que ver empresas hiperexitosas que parecen estar llenas de personas que obtuvieron las notas más altas en los exámenes de acceso a la universidad.

Así que es muy sorprendente, al menos al principio, descubrir que los estudios realizados no apoyan la idea de que hay que tener habilidades generales naturalmente extraordinarias (y no entrenadas, como la memoria de SF) para alcanzar grandes logros. De hecho, hay un gran número de campos, incluidos los negocios, en los que la conexión entre la inteligencia general y las habilidades concretas es débil y, en algunos casos, se podría decir que no existe. En lo relativo a la memoria, el propio concepto de «buena memoria» es problemático, porque resulta que está muy claro que la memoria no es una capacidad innata, sino que se crea.

Aunque es obvio que las personas de más éxito en los negocios, y en cualquier otro ámbito, tienen algo especial. ¿Pero qué? La idea de que existe un don innato para la contabilidad, la programación o la venta de acciones de cacao no se sostiene. Y resulta aún más difícil creer que existen siquiera las habilidades cognitivas más generales. Es lo que nos dicen las investigaciones, pero es tan antiintuitivo que precisa cierta explicación.

Vamos a empezar sumergiéndonos brevemente en la profundísima y compleja idea de inteligencia. ¿Qué queremos decir cuando afirmamos que una persona es «lista»? Es una de esas ideas que entendemos de manera intuitiva, pero que cuando nos sumergimos en ella vemos lo complicada que resulta. Hay personas a quienes se les dan bien los números, a otras las palabras, a otras los conceptos abstractos y a otras los datos concretos. ¿Y cómo encajan todas esas inteligencias? Parece probable que si nos sentamos y le damos una vuelta, la mayoría llegaríamos a una definición básica de inteligencia que se parecería mucho al denostado concepto de cociente intelectual (CI).

Las pruebas de CI, desarrolladas durante el pasado siglo, consisten en la actualidad en diez pequeñas pruebas que intentan plasmar los distintos aspectos de la inteligencia (cada uno de ellos se centra en uno de estos temas: información, aritmética, vocabulario, comprensión, completar imágenes, diseñar bloques, montar objetos, programar, ordenar imágenes y parecidos). Después de que millones de personas hicieran estos exámenes, los investigadores hallaron correlaciones en el desempeño en cada una de las pruebas, es decir, que las personas a quienes se les daba bien una prueba en concreto se les solían dar bien todas. ¿Por qué? La hipótesis de los investigadores es que debe de haber un factor general que influye en el desempeño de todas las pruebas y lo denominaron factor general de inteligencia, o factor g. Y eso es lo que mide el CI.

Personas de toda índole, tanto estudiosos como legos en la materia, llevan años criticando el CI, sobre todo por lo que ni mide ni explica, y muchas de sus críticas están justificadas. Por ejemplo, es obvio que el pensamiento crítico es importante en el mundo real, pero el CI no lo mide. Y lo mismo pasa con las habilidades sociales, la sinceridad, la tolerancia, la sabiduría y otros rasgos que valoramos, que nos encantaría entender mejor, pero que no aparecen en las pruebas de CI. A lo largo de los años, y como respuesta, una serie de autores e investigadores han propuesto nuevas ideas sobre lo que han denominado otros tipos de inteligencia. El más notable es el profesor de Harvard Howard Gardner, cuya teoría sobre las inteligencias múltiples (lingüística, musical, visual/espacial y otras cinco más, como mínimo) ha acabado siendo muy influyente. Daniel Goleman ha escrito libros superventas sobre lo que él denomina inteligencia emocional: los muchos factores (autocontrol, motivación, perseverancia y más) que parecen contribuir al éxito en las relaciones en el mundo real, desde el matrimonio al lugar de trabajo. Estos conceptos pueden ser muy útiles, aunque denominarlos tipos de inteligencia no tanto, porque desdibuja la idea de inteligencia. Uno de los investigadores más famosos sobre la materia, Arthur Jensen, dice que es como considerar el ajedrez una habilidad atlética. Por supuesto que queremos estudiar el ajedrez, pero si lo clasificamos así, lo único que haremos será entorpecer nuestra comprensión sobre el origen de las habilidades atléticas.

Así que, de momento, vamos a quedarnos con la idea de inteligencia general como g, es decir, lo que miden las pruebas de CI. Tiene buena reputación. Predice bastante bien (aunque no es para nada perfecta) el rendimiento escolar. El profesor James R. Flynn, un eminente investigador de la inteligencia, ha hallado que las personas que ejercen profesiones liberales, tienen puestos de gestión o trabajos técnicos poseen un CI superior a la media como grupo. Entre el total de los trabajadores, la media de CI aumenta a medida que lo hace la complejidad del trabajo, algo que no sorprende. Apoya la suposición de la mayoría: que a los listos les va mejor en la vida. Las investigaciones afirman que hacen trabajos más exigentes y alcanzan un estatus socioeconómico superior. Si pensamos en inteligencia en general, en el sentido más académico y anticuado, diríamos que, a grandes rasgos, las personas expertas en física de partículas son más listas que los dentistas, que son más listos que quienes trabajan en una cadena de montaje. Así que existe una gran cantidad de pruebas que parecen respaldar nuestra idea de que, aunque los mejores del mundo no cuentan con dones concretos y específicos, sí que tienen una ventaja natural superior, probablemente son más inteligentes.

El problema llega cuando empezamos a indagar fuera de las medias. Piensa en tu entorno. Es casi seguro que conoces a alguien a quien le ha ido bien en el mundo de los negocios, puede que incluso muy bien, y que no cuenta en absoluto con una potencia mental impresionante. Solemos explicar estos casos diciendo que a esas personas se les da bien tratar con la gente, que se esfuerzan muchísimo o que demuestran una gran pasión. Estos factores pueden estar relacionados con las «inteligencias» múltiples de Gardner o la inteligencia emocional de Goleman, pero lo importante aquí es que, sea lo que sea lo que tienen, está claro que no es inteligencia general, la primera pista de que, en contra de la hipótesis habitual, un CI elevado podría no explicar el desempeño extraordinario.

Y las pruebas que respaldan esto son, en realidad, mucho más sólidas que nuestras experiencias aleatorias. Hay una gran cantidad de investigaciones que demuestran que la correlación entre CI y logros no es ni de lejos tan directa como podrían sugerir los datos relativos a las grandes medias y que, en muchos casos, ni siquiera existe tal correlación.

Veamos, por ejemplo, un estudio sobre comerciales. Se trata de lo que denominamos un metaanálisis, el mayor de este tipo que se ha llevado a cabo, que recopiló datos de varias decenas de estudios previos que sumaban casi 46.000 individuos. El estudio de los hombres y mujeres de negocios en el mundo real es complicado porque, en general, es imposible controlar las condiciones, y los resultados suelen ser poco claros: puedes tardar años en saber si una decisión fue buena o mala. En cambio, los y las comerciales son sujetos atractivos para los investigadores porque tienen algo que se puede medir con claridad: las ventas. Puede haber una cantidad infinita de distorsiones en los resultados, como cualquier comercial explicará a sus jefes con gran elocuencia, pero con el tiempo, y si observamos a una gran cantidad de sujetos, su influencia se desdibuja.

En este análisis de datos, los investigadores hallaron que si pides a los jefes de un comercial que lo puntúen, su puntuación se correlaciona moderadamente bien con la inteligencia del sujeto: los jefes tienden a pensar que los comerciales más listos son los mejores. Pero cuando los investigadores comparaban la inteligencia de cada uno de ellos con sus cuentas de resultados no hallaron nada. La inteligencia apenas sirve para prever lo bueno o malo que será un comercial. Sea lo que sea lo que ayuda a cerrar una venta, no parece estar relacionado con la capacidad cerebral.

Estos resultados también son sorprendentes, porque sugieren que los supervisores de las áreas comerciales se engañan. Se podría pensar que tienen muchos incentivos para conocer de forma objetiva el desempeño de sus subordinados y evaluarlos en función de esto, pero al parecer no es así. Hay al menos otro gran metaanálisis que confirma estos hallazgos. Al parecer, nuestra idea de que la inteligencia mejora necesariamente el desempeño está tan enraizada que puede llegar a distorsionar nuestra visión de la realidad.

Una investigación más detallada sobre el desempeño en el mundo real se centró en una actividad que tiene mucho en común con los negocios: las apuestas hípicas, que consisten en estudiar los datos, estimar las probabilidades y decidir dónde apostar tu dinero; no es tan distinto de la gestión empresarial. Los investigadores fueron a un hipódromo y reclutaron a un grupo de sujetos. Basándose en su capacidad para prever probabilidades *a posteriori*, los separaron en expertos y no expertos. Los expertos eran, por definición, mucho mejores en la tarea, pero, a excepción de esta diferencia, los dos subgrupos no mostraron divergencias medias significativas en otros ámbitos: años de experiencia en los hipódromos, años de formación, prestigio de sus oficios y CI. La media de sus CI y la variabilidad entre ambos grupos, aparte de ser la misma, era casi idéntica a la de la población general. Los predictores expertos no eran ni más listos que los no expertos ni que la población general.

Si observamos los datos más de cerca, los investigadores hallaron que conocer el CI de un sujeto en concreto no servía para predecir si era un experto en el cálculo de probabilidades. Por ejemplo, uno de los expertos era un obrero de la construcción con un CI de 85 (lo que uno de los primeros desarrolladores de las pruebas de CI definió como «torpe») que llevaba dieciséis años yendo regularmente al hipódromo; acertó el ganador en diez de cada diez carreras que le presentaron los investigadores y acertó los tres mejores caballos cinco de cada diez veces. En cambio, uno de los no expertos, que era un abogado con un CI de 118 («mente brillante», casi «superior») que llevaba quince años yendo regularmente al hipódromo, acertó al ganador solo en tres de cada diez carreras y los tres mejores caballos solo en una de cada diez.

Lo que hace que estos resultados sean especialmente interesantes es que el pronóstico sobre probabilidades es algo muy complicado. Hay que tener en cuenta más de una docena de factores que se relacionan entre sí de forma compleja. De hecho, los investigadores hallaron que los expertos en la materia usaban modelos mucho más sofisticados que los de los no expertos, llamados modelos multiplicativos, en los que los valores de algunos factores (como las condiciones de la pista) alteraban la importancia de otros (como la velocidad en la anterior carrera). En otras palabras, lo que lograban hacer los expertos era extremadamente exigente. E, insistimos, el CI no parece importar. Según los investigadores: «Los expertos con CI bajo siempre usaban modelos más complejos que los de los no expertos con CI alto». No solo es que la excelencia en las apuestas no se correlacionara con el CI, es que tampoco lo hacía con el desempeño en la prueba de aritmética del test de CI.

La conclusión de los investigadores fue la siguiente: los resultados sugieren que «sea lo que sea lo que miden las pruebas de CI, desde luego, no es la capacidad para llevar a cabo razonamientos cognitivamente complejos con múltiples variables». La mayoría no diríamos esta última frase muy a menudo, pero en realidad es una buenísima descripción de lo que hacemos a diario en nuestros trabajos y de lo que hacen muy bien los mejores en sus campos. Lo que pasa es que no hay que ser especialmente «listo», en la definición tradicional, para hacer eso.

El estudio de un gran número de ámbitos ha arrojado resultados parecidos. Por ejemplo, en ajedrez, otro contexto que los hombres y mujeres de negocios consideran muy similar al suyo, el CI no es de fiar a la hora de predecir el desempe ño. Esto cuesta de creer, porque tendemos a pensar que el ajedrez es un ejercicio de fuerza bruta mental. Aun así, los investigadores han hallado que algunos grandes maestros de ajedrez tienen CI inferiores a los normales. Lo mismo sucede con el go, un juego japonés que es aún más complejo. También sorprende que algunos de los mejores jugadores de Scrabble puntúen por debajo de la media en las pruebas de capacidad verbal.

E incluso cuando el desempeño sí está en consonancia con el CI como podríamos esperar, los efectos suelen ser breves, es decir, que incluso si las personas con CI alto son mejores en algo que las de CI bajo la primera vez que se les pide que hagan una tarea nueva, la relación suele debilitarse y tiende a desaparecer por completo a medida que practican y mejoran en dicha tarea. Por ejemplo, un estudio sobre niños que empezaban a jugar al ajedrez mostró que la fiabilidad del CI como predictor caía en picado a medida que practicaban y mejoraban, y que el CI no servía de nada a la hora de predecir su ritmo de mejora. Muchos estudios de adultos en el lugar de trabajo han mostrado el mismo patrón. El CI es un predictor válido del desempeño de una tarea desconocida, pero cuando la persona lleva unos cuantos años en un trabajo, el CI predice poco o nada sobre su desempeño.

Nada de esto sugiere que ser listo tenga nada de malo si lo que quieres es triunfar en los negocios o en lo que sea. Parece ser que muchas de las personas más exitosas son muy inteligentes. Lo que sí sugieren las investigaciones con claridad es que la relación entre inteligencia y grandes logros no es tan potente como solemos suponer. Y lo que es más importante, la investigación nos dice que la inteligencia tal y como la solemos entender, un CI elevado, no es un prerrequisito para alcanzar logros extraordinarios.

¿Qué tal anda tu memoria?

La evidencia es similar en lo relativo a la otra capacidad general que solemos asociar con las personas hiperexitosas: una memoria extraordinaria. Francis Galton estaba seguro de que ese era uno de los «talentos naturales» que caracterizaban a los «hombres ilustres» y que era algo que había que heredar. Por ejemplo: «[Richard] Porson, el académico griego, destacaba por este talento y, si se me permite añadirlo, la "memoria Porson" era algo que se heredaba en esa familia». Sin embargo, una enorme cantidad de las evidencias más recientes nos muestran que la memoria es una capacidad adquirida y que es accesible para cualquiera.

Recordemos a SF, que desarrolló una capacidad memorística realmente destacable aunque empezó con una media (y también con un CI medio). Lo hizo creando su propio sistema mnemotécnico basado en su experiencia como atleta de competición. Por ejemplo, vamos a recordar su esfuerzo por decir los dígitos finales de su conjunto de 22. No hacía más que repetir: «Nueve cuarenta y seis coma... Nueve cuarenta y seis coma...». ¿Por qué decía «coma»? (Y seguramente te habrás fijado en que ya lo había dicho en un punto anterior de la secuencia, «cuatro, trece coma uno».) Esto se debe a que al oír los dígitos 9, 4, 6 y 2 él pensó en 9 minutos y 46,2 segundos, un tiempo excelente para una carrera de dos millas. Del mismo modo, 4, 1, 3, 1 se convirtió en 4.13,1, un buen tiempo para la milla. Es lo que los investigadores denominan estructura de recuperación, algo que tiene una importancia especial de la que hablaremos más adelante. Muchos otros estudios desde SF han confirmado que, al parecer, personas que podríamos considerar que poseen una inteligencia media pueden alcanzar una capacidad memorística extraordinaria desarrollando sus propias estructuras de recuperación o si los investigadores se las brindan.

Hay otros tipos de investigaciones que confirman el hallazgo de que la memoria no es innata, sino que se desarrolla. Se suele asumir que los mejores ajedrecistas del mundo, además de ser increíblemente inteligentes, cuentan con una memoria sobrehumana y un buen razonamiento. Es habitual que los campeones hagan exhibiciones en las que juegan con los ojos vendados contra rivales de un nivel inferior; no ven el tablero, así que lo hacen todo de memoria. Algunas de estas exhibiciones nos resultan imposibles de creer. Una vez, el maestro checo Richard Réti jugó 29 partidas simultáneas con los ojos vendados. (Más tarde, olvidó su maletín en el lugar donde había hecho la exhibición y comentó que tenía muy mala memoria.) Miguel Najdorf, el gran maestro de origen polaco-argentino, disputó 45 partidas simultáneas con los ojos vendados en São Paulo, en 1947; ganó 38, hizo tablas en cuatro y perdió dos.

Cuesta creer que personas normales puedan hacer algo así. Pero veamos un estudio en el que se mostraron durante un periodo de tiempo muy breve, entre 5 y 10 segundos, dameros con entre 20 y 25 piezas dispuestas como en una partida real a ajedrecistas expertos y a personas que no practican este deporte y luego se les pidió que recordaran la posición de todas las piezas. Los resultados fueron los esperables: los maestros del ajedrez recordaban todas las posiciones y los no jugadores solo las de cuatro o cinco piezas. Después, los investigadores repitieron el procedimiento, pero esta vez con las piezas dispuestas de forma aleatoria, no como en una partida. Nuevamente, los no jugadores solo pudieron recordar la posición de cuatro o cinco piezas. Pero los maestros, que llevaban la mayor parte de sus vidas estudiando dameros, apenas lo hicieron mejor, y solo lograron colocar bien seis o siete piezas.

Los maestros ajedrecistas no tenían memorias extraordinarias. Lo que tenían era una capacidad increíble de recordar jugadas reales de ajedrez. Esto refuerza los hallazgos anteriormente citados que afirmaban que los ajedrecistas no deben contar necesariamente con un CI elevado; lo que tienen es una capacidad muy desarrollada de jugar a ese juego en concreto. Una vez le pregunté al que fue campeón mundial durante muchos años, Garri Kaspárov, si él consideraba creíbles tales hallazgos. «Por supuesto que sí —me dijo—. La aptitud para jugar al ajedrez no es más que eso, aptitud para jugar al ajedrez.»

Esta investigación sobre la memoria se ha replicado con jugadores de *go*, *gomoku* (un juego que emplea el mismo tablero y fichas que el *go*, pero con un objetivo distinto) y *bridge*, y los resultados fueron los mismos. Los jugadores expertos tienen unas habilidades extremadamente superiores para recordar jugadas reales o, en el caso del *bridge*, manos ordenadas de la forma habitual. Pero cuando los tableros o las manos son aleatorios, la memoria de las personas expertas se convierte en convencional. Del mismo modo, la increíble memoria de SF no funcionaba fuera de la tarea concreta que había practicado. Cuando le leían listas de consonantes aleatorias, en vez de dígitos, su memoria no era mejor que la tuya o la mía.

Resumiendo, esa idea tan extendida de que las personas que han alcanzado grandes logros tienen una memoria tremenda está justificada por un motivo: nos suelen sorprender las cosas que son capaces de recordar. Ahora bien, lo que no tiene ninguna justificación es la idea de que su increíble capacidad es un talento natural escaso. Al parecer todo el mundo puede llegar a tener una capacidad memorística destacable.

Puede resultar sorprendente que no haga falta tener habilidades generales fuera de serie, en especial inteligencia y memoria, para alcanzar grandes logros, pero lo es un poco menos cuando pensamos en las cualidades que buscan las empresas de mucho éxito y los jefes en sus empleados, o más bien las que no buscan. Es cierto, sin duda, que McKinsey, Goldman Sachs, Microsoft, Google y otras empresas punteras buscan, por encima de todo y de forma explícita, a cerebritos. Pero llama la atención que esas empresas no sitúan en lo alto de la lista la presencia de habilidades cognitivas extremas, a veces, ni siquiera aparecen en ella.

La prueba A de la acusación sería la empresa que los cazatalentos suelen poner en el número uno de sus clasificaciones de entornos donde encontrar directivos: General Electric. Cuando Jeff Immelt era el CEO de esta compañía, dejó muy claro qué buscaban: personas centradas en lo externo, que pensaran con claridad, tuvieran imaginación, crearan equipos inclusivos y fueran expertas fiables. Esto son comportamientos, no rasgos, y no hace falta tener un CI de 130 para tenerlos. El predecesor de Immelt, Welch, usaba otros criterios, que tampoco se centraban en lo cognitivo. Él buscaba las cuatro «es»: *e*nergía, la capacidad de transmitir *e*nergía, *e*ntendimiento (que en este caso se refiere a la capacidad de tomar decisiones, pero necesitaba algo que empezara con la letra e) y la capacidad de *e*jecutar. De nuevo, hablamos de comportamientos, que no requieren una inteligencia, memoria o rasgos especiales. Hay que decir que muchos directivos de General Electric parecen extremadamente listos, pero recordemos a esos maestros ajedrecistas que parecían tener una memoria impresionante, pero que en realidad tenían otra cosa. Así que, sin hacer pruebas, es difícil determinar lo que tenemos entre manos. Llama la atención cuántos directivos de General Electric, a diferencia de lo que sucede en McKinsey, Goldman, etcétera, no fueron a universidades de élite.

En general, muchas empresas de gran éxito se han esforzado mucho para desarrollar criterios de contratación y han escrito listas que funcionan y que no incluyen habilidades generales como tales. Southwest Airlines, la única compañía aérea de Estados Unidos que ha obtenido beneficios todos los años durante más de cuarenta, es famosa por buscar una mezcla concreta de actitudes y rasgos de personalidad: sentido del humor, sentido de misión, energía, seguridad.

El mensaje de estas empresas plantea una pregunta importante: aunque contar con una inteligencia y una memoria superiores no sean factores claves para obtener el éxito, ¿podría ser que los rasgos que buscan estas empresas (trabajo en equipo, humor, seguridad, etcétera) estén relacionados con su éxito? Y, en caso afirmativo, ¿son rasgos innatos que se tienen o no se tienen? Las investigaciones sugieren que algunas dimensiones de la personalidad se correlacionan con el éxito en determinados trabajos: por ejemplo, sí, los comerciales suelen ser personas más extrovertidas.

La siguiente pregunta lógica es: ¿te tienes que conformar con los rasgos de personalidad que te hayan tocado? Las investigaciones de las últimas décadas sugieren que las dimensiones de la personalidad no varían demasiado a lo largo de la vida. Pero por supuesto que esto no tiene por qué limitar los logros de una persona; en todo caso, limitaría los campos en los que esa persona puede llegar a destacar. Además, incluso en el contexto de un campo en concreto, sabemos que la personalidad de algunas de las personas más exitosas del mundo de los negocios cambió de forma muy significativa. El exsecretario del Tesoro Robert Rubin, que trabajó durante la mayor parte de su carrera en Goldman Sachs y acabó siendo codirector de la firma, dice que durante sus primeros años en Goldman fue, esencialmente, un capullo. Admite que era «seco con los demás», «impersonal», «brusco y autoritario» y que a menudo no era nada amable con sus compañeros. Nada de eso lastró su carrera como arbitrajista de éxito; a nadie le importaba mucho cómo se comportaran los corredores de Bolsa siempre y cuando sus resultados fueran buenos. Hasta que, un día, un compañero más mayor le dijo que seguramente llegaría a un puesto más alto en la firma si cambiaba de actitud y empezaba a cuidar más a las personas con quienes trabajaba. Como recuerda Rubin en sus memorias: «A menudo me he preguntado por qué me afectó tanto aquel consejo». Le dio algunas vueltas al tema, pero lo que nos interesa es que le afectó. Así que empezó a escuchar más a la gente, a entender sus problemas y a valorar sus opiniones. Cambió un elemento importante de su personalidad. Si no lo hubiera hecho, es poco probable que se hubiera convertido en una de las personas más respetadas y admiradas de Goldman Sachs y de Wall Street.

Los psicólogos pueden argumentar que quienes hacen lo mismo que Rubin no están cambiando su personalidad, sino su comportamiento, para anular aspectos concretos de este. Pues vale, no pienso discutir. Lo importante es que esos rasgos concretos no los limitaban.

Y, llegados a este punto, no puedo evitar preguntarme si de verdad hay alguna cosa que (a) marque de verdad la diferencia a la hora de lograr un desempeño extraordinario y (b) no puedas hacer nada por cambiar. Y la respuesta es sí, por supuesto que sí. Lo más obvio son los problemas físicos o mentales congénitos, aparte de otras enfermedades y trastornos que nos pueden sobrevenir en cualquier momento de nuestra vida por motivos que aún no entendemos del todo. Pero dejando esto a un lado, y si hablamos solo de personas con una buena salud en términos generales, las limitaciones claramente innatas parece que solo son físicas. Una vez alcanzas la madurez física, no puedes hacer mucho para modificar tu altura, y si mides 1,50 metros no vas a dedicarte jamás al baloncesto profesional, mientras que si mides 2,10 metros ya te puedes olvidar de ganar una medalla olímpica en gimnasia artística. El tamaño del cuerpo también es en parte innato, así que los campeones de sumo difícilmente pueden llegar a ser maratonianos de élite. Y aunque puedes desarrollar tu voz de muchas maneras, el tamaño de tus cuerdas vocales te impone ciertos límites; un tenor nunca podrá ser un bajo.

En esto estamos todos de acuerdo. Lo sorprendente es que cuando hablamos de límites innatos e inalterables en relación con lo que puede llegar a hacer un adulto sano, todo lo que queda fuera de esas limitaciones físicas es motivo de disputa. De momento, no se ha hallado ninguna evidencia clara de que existan tales limitaciones no físicas.

Y ese hecho se opone frontalmente a las creencias de la mayoría. Tendemos a pensar que el éxito en muchos ámbitos queda totalmente fuera de nuestro alcance por cómo somos o por nuestras carencias de nacimiento. Y el número de casos en los que esa creencia resulta ser cierta es muy inferior al que suponemos. Casi todos los obstáculos a los que nos enfrentamos son, al parecer, imaginarios.

Sin embargo, este hallazgo resulta frustrante. Puede que hayamos determinado que apenas hay factores inmutables que nos priven de tocar piezas al piano que no sean los primeros compases de *Para Elisa*, o de resolver problemas matemáticos o de dirigir organizaciones más complejas que un equipo de fútbol infantil. Pero lo que de verdad nos gustaría saber no es qué nos impide o no hacer las cosas, sino qué hace que haya personas que llegan mucho más lejos que otras. Y lo que hemos descubierto hasta ahora no es tanto lo que hace destacar a algunas personas sino lo que no. A saber:

- No es la experiencia. No solo estamos rodeados de personas con muchísima experiencia que no están ni siquiera cerca de ser muy buenas en lo suyo, sino que también tenemos evidencias de que hay personas de un amplio número de ámbitos que, en realidad, con los años, se vuelven peores en lo suyo.
- No son las habilidades innatas concretas. Hemos visto muchas evidencias que cuestionan incluso la existencia de tales habilidades y, aunque algunas sí lo hicieran, es

obvio que no determinan la excelencia. Las personas que parecen poseer habilidades de este tipo no alcanzan necesariamente un gran desempeño y hemos visto muchos ejemplos de personas que no dan ninguna muestra de poseer tales habilidades que han alcanzado logros extraordinarios.

- No son las habilidades generales como la inteligencia o la memoria. Las investigaciones han concluido que, en muchos campos, la relación entre inteligencia y desempeño es muy débil o inexistente; hay personas con CI modestos que, a veces, tienen desempeños extraordinarios y personas con CI altos que, a veces, no superan la mediocridad. Al parecer, la memoria es algo que se adquiere.

Resumiendo, sabemos con detalle qué cosas no conducen a un desempeño extraordinario. Pero ¿hay algo que sí lo haga?

4

Una idea mejor

*Una explicación razonable del desempeño
extraordinario*

Al haberse criado en Crawford, Misisipi (636 habitantes), hubo que convencer a Jerry Rice de que se uniera al equipo de fútbol americano de su instituto. El entrenador había oído que el joven era rápido y le convenció para que lo intentara. Rice jugaba bien y fue convocado al equipo estatal, pero eso no le bastó para obtener una beca deportiva en una universidad de prestigio. Al final, fue la Universidad Mississippi Valley State, ubicada en Itta Bena (1.946 habitantes), que se la ofreció, y allí pasó los cuatro años siguientes.

Rice era una gran estrella en aquella pequeña universidad y batió muchos récords locales como receptor. En su última temporada fue convocado al equipo nacional y llegó incluso a ser un candidato, sin muchas opciones, eso sí, para el trofeo Heisman, que se otorga al mejor jugador de fútbol americano universitario (no ganó). Una vez más, sin embargo, no logró que los equipos profesionales se pelearan por ficharlo. El problema era su velocidad; aunque era rápido en Crawford, su pueblo, y también lo bastante como para destacar en el panorama universitario, no tenía nada de especial en el contexto de la liga profesional. En el *draft* de 1985 hubo quince equipos que pasaron de él antes de que los San Francisco 49ers decidieran por fin ficharlo.

Sin embargo, Jerry Rice se convirtió en el mejor receptor de la historia de la liga profesional estadounidense, y hay incluso expertos en fútbol americano que creen que podría considerarse el mejor jugador absoluto, en cualquier posición. Su dominio total cuesta de creer en una liga en que la competición es tan intensa y de un nivel tan elevado. Por ejemplo, sus estadísticas de recepciones, recepciones que acaban en *touchdown* y yardas recorridas tras recibir la pelota superan a las de los segundos de la lista no en un 5 o un 10 por ciento, lo que ya sería impresionante, sino en entre un 20 y un 50 por ciento.

Siempre es peligroso insinuar que un récord es imposible de batir, pero superar los registros de Rice supone un reto muy especial, porque era un hombre de acero. Jugó durante veinte temporadas en una posición conocida por su peligrosidad y jugó prácticamente en todos los partidos de todas ellas excepto una, la de 1997, cuando estuvo catorce semanas de baja debido a una lesión y regresó antes de lo aconsejado por sus médicos. Obviamente no es imposible que haya un jugador en el futuro que logre estar a un nivel tan extremadamente alto durante tantos años en un deporte que es físicamente brutal, pero la historia nos dice que es muy poco probable.

¿Por qué era tan bueno Rice?

Si habláramos de cualquier otro deportista, una pregunta de este tipo suscitaría sin duda una acalorada discusión entre aficionados, pero en el caso de Rice la respuesta no genera ningún tipo de controversia. El mundo del fútbol americano al completo parece coincidir en que Rice fue el mejor porque se esforzaba más que nadie tanto durante la temporada como en los periodos de descanso.

En los entrenamientos de equipo era conocido por su impaciencia; mientras que muchos receptores trotan de vuelta hacia el *quarterback* tras recibir un pase, Rice esprintaba en dirección a la zona de puntuación después de cada recepción. Era habitual en él quedarse entrenando un buen rato cuando el resto del equipo se iba a casa. Lo más llamativo eran los seis días de entrenamiento semanal que llevaba a cabo por su cuenta cuando acababa la temporada. Dedicaba las mañanas al trabajo cardiovascular: corría ocho kilómetros por una pista de montaña y hacía diez esprints de 40 metros cuesta arriba en la rampa más empinada. Por las tardes, hacía un entrenamiento de fuerza igual de extenuante. Estos entrenamientos se convirtieron en leyenda por ser los más exigentes de la liga, y hubo otros jugadores que fueron en alguna ocasión a trabajar con Rice solo para ver cómo eran. Algunos acabaron vomitando antes de terminar la jornada.

De vez en cuando había personas que escribían al preparador físico de los San Francisco 49ers para preguntar por el plan que seguía Rice, pero este nunca publicó la información porque le daba miedo que alguien se hiciera daño al intentar replicarlo.

La lección más obvia que se puede extraer de la historia de Jerry Rice es que el esfuerzo es lo que marca la diferencia. Y, aun así, gracias a las investigaciones, pero también a vivir en el mundo, sabemos que el esfuerzo no siempre conduce a un desempeño extraordinario. También sabemos que, incluso después de hacer una carrera excelente en el deporte universitario, Rice no contaba con una velocidad extraordinaria, una cualidad que los entrenadores suelen considerar obligatoria en un gran receptor. Así que debe haber algo más que se nos escapa en la historia de Rice.

Y lo hay. Vamos a observar algunos detalles importantes:

*Dedicaba muy poco tiempo a jugar
al fútbol americano*

En todo el trabajo que Rice llevaba a cabo para ser un gran jugador, no hay prácticamente nada que consistiera en jugar. Sus entrenamientos independientes fuera de temporada eran meramente físicos y los que hacía en equipo consistían en clases, revisión de partidos grabados, preparación física y trabajo con compañeros para hacer jugadas concretas. Pero ni los San Francisco 49ers ni los demás equipos en los que acabó jugando Rice hacían casi nunca partidillos reales de entrenamiento, porque no querían arriesgarse a lesionar a sus jugadores. Esto implica que casi todo el tiempo que Rice pasó practicando el deporte que le hizo famoso se reduce a los partidos semanales que disputaba.

¿A qué porcentaje de todo el trabajo que hacía equivale esto? Vamos a hacer una estimación muy conservadora y vamos a decir que, a lo largo de un año, Rice dedicaba una media de veinte horas semanales al fútbol americano; hablamos de un trabajo muy exigente al que incluso el jugador más entregado no puede dedicar más de una cantidad de tiempo muy limitada. Hay pruebas de que Rice dedicaba probablemente, de media, mucho más tiempo, pero vamos a curarnos en salud. Estamos hablando de unas 1.000 horas al año o 20.000 horas a lo largo de toda su carrera profesional. Jugó 303 partidos de liga profesional, más que cualquier otro receptor, y si asumimos que, de media, los atacantes tuvieron la posesión la mitad del tiempo de cada partido, podríamos decir que fueron 150 horas de juego, una cantidad que puede estar hinchada, porque Rice no estuvo sobre el terreno de juego en todos los partidos. La conclusión a la que llegamos es que uno de los mejores jugadores de la historia del fútbol americano dedicó menos del 1 por ciento de su trabajo como deportista a disputar partidos.

Y, claro está, esto es igual de cierto para todos los jugadores profesionales de fútbol americano, lo cual es muy significativo. Recuerda esto: estamos hablando de personas que están en el nivel más alto de su ámbito laboral, sometidas a una evaluación continua e implacable, y que, en cambio, no disputan partidos de entrenamiento entre semana, sino que dedican casi todo su tiempo a otras actividades. Y, en el caso de Rice, uno de los mejores jugadores de la historia, la ratio entre una cosa y otra es aún más extrema.

Diseñó su práctica para adaptarla a sus necesidades concretas

Rice no tenía que hacerlo todo bien, solo algunas cosas. Tenía que ejecutar acciones concretas; esquivar a los defensas que lo cubrían, que a veces podían ser dos o tres; saltar más alto que ellos para capturar la pelota y ser más fuerte para que no se la pudieran arrancar de las manos, y, por último, tenía que correr más rápido que los placadores. Así que centró su práctica únicamente en esos requisitos. Resultó que el hecho de no ser el receptor más rápido de la liga no era importante. Se hizo famoso por la precisión de su técnica. Su entrenamiento con pesas lo convirtió en alguien increíblemente fuerte. Entrenar en caminos de montaña le proporcionó mucho control, lo que le permitía cambiar de dirección de forma repentina sin dar pistas de que iba a hacerlo. Los esprints cuesta arriba le proporcionaron una aceleración explosiva. Y, lo más importante, su entrenamiento de resistencia, que no es algo a lo que los atletas de velocidad dediquen mucho tiempo, le daba una ventaja gigantesca en el último cuarto del partido, cuando sus rivales estaban cansados y debilitados, y él parecía igual de fresco que al empezar el partido. Ahí era donde siempre acababa ganando.

Rice y sus entrenadores entendieron a la perfección qué era lo que necesitaba para dominar el juego. Y se centraron en ello en lugar de en otros objetivos que podrían parecer en general deseables, como la velocidad.

Aunque había personas que lo apoyaban, hacía la mayor parte del trabajo por su cuenta

La temporada de fútbol americano dura menos de medio año. Obviamente, en los deportes de equipo, los jugadores deben trabajar mucho juntos y, sin embargo, la mayor parte del trabajo que hacía Rice era fuera de temporada. Había entrenadores y preparadores físicos que le aconsejaban, pero hacía la mayor parte de su trabajo como jugador por su cuenta.

No era divertido

Correr hasta la extenuación o levantar pesas hasta que falla el músculo no tiene nada de placentero. Pero eran actividades claves muy importantes.

Desafió los límites de edad convencionales

De media, los jugadores profesionales de fútbol americano se retiran a los veintitantos; seguir jugando con treinta y cinco años es un logro fuera de lo común. La opinión generalizada dicta que, aunque un jugador logre esquivar las lesiones, el deterioro físico es inevitable y un jugador de treinta y muchos no puede competir con chavales quince años más jóvenes. Los pocos jugadores que han seguido siendo titulares pasados los cuarenta son casi todos *quarterbacks*, que en la mayoría de los partidos ni bloquean ni corren demasiado, o pateadores y pateadores de despeje, que solo entran al terreno de juego unas pocas jugadas en cada partido, y a quienes los rivales no tocan casi nunca. No se espera que los receptores abiertos, que corren como locos en la mayoría de las jugadas y suelen ser placados con fuerza, aguanten veinte temporadas o jueguen hasta los cuarenta y dos años. El único que lo ha hecho en la historia es Rice.

El hallazgo crucial

Es normal preguntarse qué relevancia tiene la carrera profesional de una estrella del fútbol americano para nuestras vidas, sin mencionar que hablamos de una historia individual. Desde la perspectiva científica se trata de una anécdota, no de un dato. Para ver si las aparentes lecciones que se pueden extraer de la carrera de Rice son aplicables de una forma más amplia, vamos a centrarnos en un estudio científico de gran importancia y rigurosidad que se hizo a principios de la década de 1990 en un lugar muy distinto, Berlín, y en un ámbito que no tiene nada que ver, la música.

El objetivo del estudio era determinar por qué hay violinistas que son mejores que otros. Los investigadores fueron a la Academia de Música de Berlín Occidental, como se llamaba entonces, una escuela para alumnos que ya habían finalizado la secundaria, y que resulta que producía músicos extremadamente buenos, muchos de los cuales desarrollaban sus carreras en las mejores orquestas sinfónicas o como solistas. Se pidió a los profesores que indicaran quiénes eran los mejores violinistas, los que tenían un mayor potencial de desarrollar una carrera internacional como solistas. Los profesores también indicaron quiénes eran muy buenos, pero no tanto como los del primer grupo. Además, la academia tenía un departamento aparte, con unos estándares de admisión inferiores, cuyos alumnos solían acabar siendo profesores de música, y los investigadores reclutaron también a un grupo de ese departamento. Así crearon tres grupos de sujetos de examen, los vamos a llamar los mejores, los buenos y los normalitos, que los investigadores procuraron que fueran lo más parecidos posible entre sí en cuanto a edad (veintipocos) y sexo.

A continuación, recopilaron muchos datos biográficos sobre todos los sujetos; a qué edad habían empezado a estudiar música, qué maestros habían tenido, si habían participado en concursos y mucho más. Los datos confirmaron el juicio de los profesores de música: los mejores violinistas habían tenido más éxito en los concursos que los buenos quienes, a su vez, habían obtenido mejores resultados que los normalitos. Se pidió a los sujetos que hicieran una estimación sobre cuántas horas semanales habían ensayado cada año desde que habían empezado a tocar el instrumento. Se les dio una larga lista de actividades relacionadas y no relacionadas con la música y se les pidió que indicaran cuánto tiempo habían dedicado a cada una de ellas en la última semana; también se les pidió que puntuaran la relevancia de cada una de estas actividades para el objetivo de mejorar sus capacidades como violinistas, cuánto esfuerzo demandaban y el grado de disfrute. Les preguntaron muchas cosas más, incluido qué habían hecho el día anterior, minuto a minuto, y les pidieron que rellenaran un formulario muy detallado durante una semana. Y como los informes diarios no siempre son precisos al cien por cien, los investigadores los contrastaron de muchas maneras y llevaron a cabo largas entrevistas con los sujetos para confirmar la validez de esos números.

El resultado de todo esto fue una cantidad enorme de datos muy valiosos. Un lego en la materia habría llegado a la conclusión de que la vida y el comportamiento de estos violinistas habían sido analizados del derecho y del revés, por activa y por pasiva. Pero lo que pasó fue que aquellos resultados eran especialmente claros y potentes.

En muchos aspectos, los tres grupos de violinistas eran casi iguales. Todos habían empezado a estudiar violín hacia los ocho años y habían decidido ser profesionales hacia los quince, sin diferencias estadísticamente significativas entre grupos. En el momento de llevar a cabo este estudio, cada uno de ellos llevaba al menos una década con el violín.

Lo que resulta quizá más sorprendente es que los tres grupos dedicaban la misma cantidad de tiempo, en total, a actividades relacionadas con la música; clases, ensayos, etcétera, unas 51 horas a la semana. Los investigadores no hallaron diferencias estadísticamente significativas en este aspecto, es decir, los tres grupos se levantaban por las mañanas y le echaban horas a su carrera elegida de una forma muy comprometida con un horario semanal exigente similar al de tantas personas en tantos ámbitos.

Los violinistas tenían bastante claro qué actividad era la más importante para mejorar: ensayar por su cuenta. Cuando se les pidió que puntuaran lo importantes que eran para su progreso doce actividades relacionadas con la música y diez no relacionadas con ella (como hacer las tareas del hogar, ir de compras o actividades de ocio), ensayar por su cuenta fue la número uno con diferencia.

Todos lo sabían, pero no todos lo aplicaban. Aunque los violinistas entendían la importancia de ensayar por su cuenta, la cantidad de tiempo que dedicaban en la práctica a ello los distintos grupos variaba muchísimo. Los dos grupos destacados, los mejores y los buenos violinistas, ensayaban por su cuenta unas 24 horas semanales de media. El tercer grupo, el de los violinistas normalitos, lo hacía solo nueve horas cada semana.

Este hallazgo cobra aún más significado si tenemos en cuenta otros aspectos. Del mismo modo que los violinistas estaban convencidos de que aquella actividad era la más importante, también dejaron claro que era cansada y no muy divertida. Cuando puntuaron las actividades en función del esfuerzo que precisaban, ensayar por cuenta propia quedó mucho más arriba que tocar por gusto, por cuenta propia o en grupo, y también que la actividad cotidiana más cansada, el cuidado de los hijos. En cuanto al placer que proporciona, quedó muy por debajo de tocar por gusto e incluso de las actuaciones en grupo, una actividad que se podría pensar que sería la más estresante y menos divertida.

Ensayar es tan cansado que hacerlo mucho precisa que las personas organicen sus vidas teniéndolo en cuenta. Los dos grupos destacados de violinistas ensayaban casi siempre a última hora de la mañana o primera de la tarde, cuando aún estaban relativamente frescos. En cambio, los del tercer grupo lo hacían sobre todo a última hora de la tarde, cuando era probable que estuvieran más cansados. Los dos grupos destacados también se diferenciaban del tercero en otro aspecto: dormían más. No solo durante la noche, sino que también hacían más siestas por la tarde. Al parecer, ensayar mucho requiere mucha recuperación.

Los ensayos por cuenta propia se diferencian de otras actividades relacionadas con la música en el hecho de que dependen mucho del individuo en cuestión. La mayoría del resto de las actividades, como ir a clase o dar conciertos, implican a otras personas y, por tanto, tienen limitaciones. Pero en las 168 horas que tiene una semana, cada cual puede ensayar por su cuenta todo lo que quiera. De hecho, ninguna de las personas que participaron en el estudio estaba cerca siquiera de dedicar todas sus horas disponibles a ensayar.

Así que todos los violinistas entendían que ensayar por su cuenta era lo más importante para mejorar. Y, aunque no lo consideraban ni fácil ni divertido, todos tenían, en teoría, una cantidad de tiempo ilimitada para hacerlo. En ese aspecto, eran todos iguales. La diferencia radicaba en que algunos ensayaban más y, precisamente, eran los mejores.

La ventaja que proporcionan los ensayos es acumulativa. Si te has fijado, habrás visto que, en el momento del estudio, los violinistas mejores y buenos dedicaban más o menos la misma cantidad de horas a la semana, veinticuatro. Y, aunque esto era muchísimo más que el tiempo que le dedicaban los normalitos, los investigadores no hallaron diferencias en el tiempo de ensayo entre los dos grupos destacados. Pero, si no hay diferencia, esto podría plantearnos problemas. Si más ensayo implica un mejor desempeño, ¿por qué el grupo de los mejores no ensaya más horas que el de los buenos?

La respuesta se halla en las historias de los alumnos. Se pidió a todos los sujetos del estudio que hicieran una estimación de cuántas horas habían practicado a la semana cada uno de los años que habían dedicado al estudio del violín, lo que permitió a los investigadores calcular cuántas horas habían dedicado a lo largo de sus vidas. Los resultados fueron más claros que el agua. A los dieciocho años, los violinistas del primer grupo habían acumulado un total de 7.410 horas de ensayo, de media, mientras que los del segundo sumaban 5.301 y los del tercero, 3.420 horas. Todas las diferencias eran estadísticamente significativas.

De nuevo, las implicaciones de esto son más potentes de lo que podría parecer. Sí, hay una gran relación entre ensayar más horas en total y hacerlo mejor. Pero ahora imagina a lo que se enfrenta una persona del tercer grupo que decide, a los dieciocho años, que quiere convertirse en solista internacional y ser el nuevo Joshua Bell o la nueva Anne-Sophie Mutter. La dura realidad es que los mejores violinistas de su edad, las personas a quienes tiene que igualar o superar, ya acumulan más del doble de horas de ensayo. Si quiere ponerse al día, tendrá que ensayar muchas más horas que ellas, aunque ahora mismo lo está haciendo mucho menos (nueve horas semanales frente a veinticuatro). Así que va a tener que multiplicar sus horas de ensayo por un factor altísimo si quiere ponerse al día antes de jubilarse, y tendrá que asumir semejante compromiso en un momento vital en el que se espera que las personas asuman responsabilidades adultas y empiecen a ser económicamente independientes. Resumiendo, en teoría, sería posible que esta persona joven salte a la élite de los solistas del violín, pero, en la práctica, es casi imposible. En general, los problemas que señala esta situación resultan ser muy importantes tanto para individuos como para las organizaciones.

Este estudio dio una muy buena respuesta a la pregunta de por qué hay violinistas que son mucho más buenos que otros. El artículo marcó un antes y un después en la cuestión más amplia de por qué hay personas de todos los campos (los negocios, los deportes, la música, la ciencia, las artes) que son muchísimo mejores que otras. El autor principal del artículo, «The Role of Deliberate Practice in the Acquisition of Expert Performance» [El papel de la práctica consciente en la adquisición de un desempeño experto], fue Anders Ericsson, el hombre que, quince años antes, había ayudado a llevar a cabo el experimento con el estudiante gritón que llegó a recordar 82 dígitos aleatorios. Ericsson nunca había dejado de pensar en las implicaciones de aquella investigación. Ahora, en este artículo, él y sus coautores, Ralf T. Krampe y Clemens Tesch-Römer, del Instituto Max

Planck para el Desarrollo Humano, estaban proponiendo un nuevo marco teórico para entender por qué a algunas personas se les da tan extraordinariamente bien hacer lo que hacen.

Propusieron este nuevo marco porque el existente, que se basaba mucho en la idea del talento innato, era muy poco satisfactorio. Ya hemos abordado muchos de sus problemas, como los numerosos casos de genios que no dieron muestras de precocidad ni de tener ningún don. Además, Ericsson y sus coautores detectaron otro aspecto que surgió durante la investigación de los grandes: independientemente de quienes fueran o qué hipótesis hubiera al respecto de su desempeño, siempre tardaban muchos años en alcanzar la excelencia y, si una persona alcanza un nivel de élite solo tras muchos años de esfuerzo, asumir que el principal culpable de dicho éxito es un don innato supone un problema, en el mejor de los casos.

Ese fenómeno parece ser prácticamente universal. En un famoso estudio llevado a cabo con ajedrecistas, el ganador del Nobel Herbert Simon y William Chase (coautor junto con Ericsson del estudio sobre la memoria) propusieron la «regla de los diez años» basada en su observación de que, al parecer, no había nadie que llegara a los puestos más altos de la clasificación de ajedrecistas sin una década, más o menos, de estudio intenso, y algunos necesitaban mucho más tiempo. Ni Bobby Fischer se libraba: cuando se convirtió en gran maestro a los dieciséis años, llevaba nueve entregado al estudio del ajedrez. Las investigaciones posteriores de un amplio rango de campos han confirmado siempre la regla de los diez años. En los ámbitos de las matemáticas, la composición musical, la natación, el diagnóstico mediante radiografías, el tenis, la literatura, nadie, ni siquiera los más talentosos, llegaron a ser geniales sin dedicar al menos diez años de esfuerzo, aproximadamente, a prepararse. Y, a veces, muchos más. Si el talento implica que el éxito llega con facilidad o rapidez, como parecen creer la mayoría de las personas, queda claro que algo falla al intentar explicar los grandes logros mediante el talento.

A medida que los investigadores avanzaban por esta senda, descubrieron otra cosa: muchos científicos y escritores hacen sus mejores trabajos solo después de veinte años o más de esfuerzo y dedicación, lo que significa que siguen mejorando en su decimonoveno año. Esto planteó nuevos problemas a la hipótesis del talento como fuente de los logros extraordinarios. Francis Galton estaba totalmente convencido de que todas las personas nacen con limitaciones que no pueden superar: «Su desempeño máximo se convierte en un número determinado y rígido». Dichos límites afectan a todos los contextos, tanto físicos como mentales. Galton creía que las personas topan con sus límites muy temprano en la vida y, a continuación, «a menos que estén totalmente cegados por la vanidad, aprenden exactamente de qué son capaces y qué empresas quedan fuera de sus capacidades». En ese momento de humildad, dice Galton, las personas sabias renuncian a intentar hacer más. «Dejan de atormentarse con esfuerzos desesperados empujados por la arrogante y falaz vanidad [...].» Descartan la tontería de que pueden hacerlo mejor, se reconcilian con la idea de que han alcanzado su mayor habilidad y «encuentran una auténtica paz moral en la convicción sincera de que han dedicado todo el trabajo que su naturaleza les permite». Al menos Galton hace que suene como algo noble.

Sin embargo, un siglo después, una gran cantidad de evidencias mostraban de forma clara que las personas pueden seguir mejorando mucho después de alcanzar sus límites naturales «determinados y rígidos», si es que existen. Los ejemplos van más allá de los grandes escritores, artistas, hombres y mujeres de negocios y otras eminencias que llevan a cabo sus mejores trabajos tras tres o cuatro décadas de carrera. A finales del siglo xix, la investigación científica mostraba una y otra vez que, en muchos tipos de trabajo, la gente corriente podía mejorar incluso después de estancarse en su desempeño. Mecanógrafos, operadores de telégrafos, cajistas de imprenta, trabajadores con mucha experiencia en todos esos ámbitos, y cuyo desempeño no había mejorado durante años, mejoraban notablemente y de forma repentina cuando se les ofrecían incentivos o recibían un nuevo tipo de formación. Esto supone un gran problema para la idea de que el talento es algo que se tiene o no se tiene.

Tras sumar todos estos datos, Ericsson y sus coautores observaron que «la búsqueda de características heredables y estables que puedan predecir o, al menos, explicar el desempeño superior de los individuos eminentes ha resultado un sorprendente fracaso». Y, sin embargo, en el momento de la publicación de su artículo, la idea de que el talento era lo que explicaba los grandes logros era la más extendida. ¿Por qué? Los autores proporcionaron un motivo sencillo: «El convencimiento sobre la importancia del talento parece basarse en la insuficiencia de las hipótesis alternativas para explicar la naturaleza excepcional de los expertos».

Que nadie tenía una explicación mejor, vamos. Pero ellos sí la tenían.

Y era muy sencilla: lo que marca la diferencia es lo que los autores denominaron la «práctica consciente». O, citando su artículo, que se expresaba con una claridad asombrosa: «las diferencias entre los expertos y los adultos normales son el reflejo de una vida de esfuerzo dedicado a la mejora del desempeño en un ámbito concreto».

Esta postura fue muy significativa por dos motivos. En primer lugar, rechazaba de forma explícita la idea de que lo tienes o no. Explicaba los grandes logros sin que el talento pintara nada en el proceso. Los autores aceptaban la idea de que los grandes de cualquier campo son cualitativamente distintos del resto de nosotros, pero cuestionaban la idea general sobre el origen de dichas diferencias. Y cito: «Negamos que dichas diferencias sean inmutables, es decir, que se deban a talentos innatos». De modo que aquí teníamos una perspectiva fundamentalmente nueva sobre por qué hay personas que son buenísimas en lo suyo.

El segundo motivo por el que el marco teórico de Ericsson y sus coautores era importante es que resolvía la gran contradicción del grueso de las investigaciones sobre desempeño y grandes logros, así como de nuestra experiencia cotidiana. Por un lado, vemos constantemente que años de esfuerzo no convierten en geniales a las personas. Si nos limitáramos a abrir los ojos y mirar a nuestro alrededor, coincidiríamos con Galton: la gran mayoría de las personas con quienes trabajamos, jugamos al golf o al Doom, mejoran durante un tiempo y después se estancan, porque aparentemente han llegado al límite de sus habilidades; los años de trabajo posteriores no parecen hacerlos mejorar en absoluto. Por otro lado, vemos una y otra vez que las personas que llegan más lejos son las que más se esfuerzan. ¿Cómo pueden ser ciertas ambas cosas?

El planteamiento de Ericsson y sus colegas resuelve esta contradicción. El problema, tal como ellos observaron, es que «la definición actual de práctica es muy vaga». Su enfoque no se basa en la simplificación de «la práctica hace al maestro», sino en una idea muy concreta, definida por ellos: la «práctica consciente».

Y su significado es de vital importancia. Porque no significa lo que la mayoría cree. Y entenderlo ilumina el camino a los grandes logros en cualquier campo, no solo a los individuos, sino también a los equipos y organizaciones. Y, por cierto, demuestra, entre otras cosas, que Jerry Rice sabía muy bien lo que hacía.

5

Qué es y qué no es la práctica consciente

*Para empezar, no es lo que hacemos
la mayoría cuando nos ponemos a practicar algo*

Todos sabemos qué es practicar. Yo me paso el día haciéndolo. Y es probable que tú también, da igual de qué estemos hablando. Cuando practico golf, voy a la zona de entrenamiento con dos cubos llenos de pelotas. Elijo un sitio, dejo la bolsa de palos en el suelo y vuelco uno de los cubos. No sé dónde leí que el calentamiento se hace con hierros cortos, así que cojo un hierro 8 o 9 y empiezo a lanzar pelotas. También leí en algún sitio que siempre debes tener un objetivo, así que elijo uno de los *greens* que me quedan cerca y apunto hacia él, aunque no estoy seguro de a qué distancia está. Mientras voy pasando de los hierros cortos a los medios, a los largos y al *driver* doy algunos golpes malos. Mi reacción habitual es dar otro lo antes posible con la esperanza de que sea decente y poder así olvidar el malo.

A veces, me percato de que debería pararme a pensar por qué lo he hecho mal. Al parecer, hay unos cinco mil errores que puedes cometer cuando golpeas una pelota de golf, así que elijo uno, lo trabajo un poquito y me convenzo de que noto una mejora, hasta que doy otro mal golpe y entonces pienso que, probablemente, debería trabajar también alguna otra de las cinco mil cosas. Al rato ya he vaciado los dos cubos y me vuelvo para la recepción del club de golf con muchas ganas de jugar un partido de verdad y sintiéndome muy orgulloso por haber estado practicando.

Pero, en realidad, no tengo motivos para estarlo. Sea lo que sea lo que haya estado haciendo ahí fuera, y a pesar de que yo lo llame practicar, en realidad no ha servido de nada.

Los elementos

La idea de práctica consciente presentada por Anders Ericsson y sus colegas, y posteriormente investigada por muchos otros académicos, es muy concreta. No es trabajar y no es jugar, sino que es algo en sí mismo. Solemos usar el término practicar o sus sinónimos concretos, entrenar y ensayar, sobre todo en dos ámbitos: el deporte y la música, lo que puede dar lugar a malentendidos. Como ya he insinuado, lo que entendemos por practicar a menudo no es a lo que se refieren los investigadores cuando hablan de práctica consciente. Y, lo que es igual de importante, el hecho de usar un concepto que se aplica sobre todo al deporte y la música puede limitar nuestra idea de práctica consciente y hacernos pensar que no es aplicable en ámbitos como los negocios y la ciencia, que casi nunca asociamos con la idea de practicar. Los ejemplos basados en los deportes y la música son muy útiles, porque nos resultan familiares, pero en los capítulos 7, 8 y 9 te explicaré cómo aplicar esos mismos principios de forma más amplia. Dado que la actividad es la esencia del desempeño extraordinario, tenemos mucho que ganar si dejamos a un lado las ideas preconcebidas y ensanchamos nuestras miras.

La práctica consciente se caracteriza por una serie de elementos que vale la pena examinar por separado. Es una actividad diseñada específicamente para mejorar el desempeño, a menudo con la ayuda de un maestro; obliga a quien practica a esforzarse más y superar sus límites, pero sin pasarse; puede repetirse muchas veces; permite una evaluación constante de los resultados; es muy exigente a nivel mental, da igual si la actividad es puramente intelectual, como el ajedrez o aspectos relacionados con los negocios, o muy física, como sucede en los deportes, y no es muy divertida.

Vamos a profundizar en cada uno de los atributos de la práctica consciente para ver qué implica.

Está diseñada específicamente para mejorar el desempeño

La palabra clave aquí es diseñada. En el ejemplo de mi patética rutina en el campo de golf, soy yo quien diseña la práctica, aunque está clarísimo que no estoy cualificado para hacerlo. La mecánica de golpear pelotas de golf se estudia desde hace décadas, y quienes han convertido esta actividad en su profesión la entienden perfectamente, pero yo apenas tengo conocimientos al respecto. Y lo mismo sucede en casi todos los ámbitos: décadas o siglos de estudio han generado un cuerpo de conocimiento sobre cómo se desarrolla y se mejora el desempeño, que los maestros a tiempo completo suelen dominar. Por tanto, al menos al principio, y a veces hasta mucho tiempo después, casi siempre es necesario que sea un maestro quien diseñe la actividad que mejor se adapte a las necesidades de mejora individuales. En algunos campos, sobre todo en los intelectuales, como el arte, la ciencia y los negocios, las personas pueden llegar a ser capaces, con el tiempo, de diseñar sus propias prácticas. Pero cualquiera que piense que ya sabe suficiente y que un maestro no tiene nada que ofrecerle debería, al menos, darle una vuelta a esa idea. Los mejores golfistas del mundo siguen teniendo maestros, por algo será.

Uno de los motivos no tiene tanto que ver con el conocimiento de quien enseña, sino con su capacidad de verte desde fuera, algo que tú no puedes hacer. En el deporte, la observación es literal: yo no me veo en el momento de golpear la pelota de golf, y me iría muy bien tener la perspectiva de otra persona. En otros ámbitos, esta observación puede ser metafórica. Un maestro de ajedrez está mirando el mismo tablero que el alumno, pero puede ver por qué a este siempre se le pasa por alto una amenaza importante. Un *coach* empresarial observa las mismas situaciones que el directivo, pero puede ver, por ejemplo, que este siempre fracasa a la hora de comunicar sus intenciones de forma clara.

Es obvio por qué ser significativamente bueno en casi cualquier cosa es extremadamente difícil sin la ayuda de un maestro o *coach*, al menos al principio. Sin una mirada clara y no sesgada del desempeño del sujeto, es imposible elegir la mejor actividad para practicar; por motivos que pueden ser meramente físicos (como en el deporte) o profundamente psicológicos, muy pocas personas somos capaces de evaluar de una forma clara y honesta nuestro propio desempeño. Y, aunque podamos, no podemos diseñar la mejor actividad para practicar en ese momento de nuestro desarrollo, la práctica que nos encamina a alcanzar los niveles más altos, a menos que tengamos un enorme conocimiento sobre los mejores y más novedosos métodos para formarse en el campo que hayamos elegido. Y la mayoría no lo tenemos.

Obliga a quien practica a esforzarse más y a superar sus límites, pero sin pasarse

Aunque los mejores métodos de desarrollo están en perpetuo cambio, siempre se construyen en torno al mismo principio: obligarte a hacer algo que no puedes. Y por obvio que suene, la mayoría no seguimos ese principio cuando pensamos en actividades que practicar. En el campo de entrenamiento o frente al piano, la mayoría de los adultos nos limitamos a hacer cosas que ya hemos hecho con la esperanza de mantener un nivel de desempeño que, seguramente, alcanzamos hace mucho.

En cambio, en la práctica consciente hay que identificar elementos muy concretos del desempeño que hay que mejorar y, a continuación, dedicarse a trabajar en ellos para llegar a un nivel superior. Hay innumerables ejemplos de esto. La magnífica soprano Joan Sutherland dedicó infinitas horas a practicar su trino, y no solo el básico, sino los distintos tipos, que son muchos (de tono, de semitono, barroco). Se ha visto a Tiger Woods poner pelotas en un búnker, meterse en él y practicar lanzamientos desde esa superficie casi imposible. Los mejores aíslan aspectos muy concretos de lo que hacen y se centran exclusivamente en ellos hasta que los mejoran y, entonces, pasan a otro.

Elegir estos aspectos constituye una habilidad importante en sí misma. Noel Tichy, profesor de la escuela de negocios de la Universidad de Michigan y exjefe del famoso centro de desarrollo de directivos de Crotonville de General Electric, ilustra esto con tres círculos concéntricos. Al interno lo llama «zona de confort»; al intermedio, «zona de aprendizaje», y al externo, «zona de pánico». Solo se progresa eligiendo actividades de la zona de aprendizaje, ahí es donde están las habilidades que quedan fuera de tu alcance. No podemos progresar en la zona de confort, porque esas actividades son las que ya hacemos con facilidad, mientras que las de la zona de pánico son tan difíciles que no sabemos ni cómo abordarlas.

Identificar la zona de aprendizaje, algo que no resulta sencillo, y después obligarse a permanecer continuamente en ella a medida que cambia, lo que es aún más difícil, son las dos primeras y más importantes características de la práctica consciente.

Puede repetirse muchas veces

La repetición incesante es la diferencia más importante entre la práctica consciente de una tarea y su desempeño real, que es cuando de verdad importa. Probablemente, Tiger Woods no tiene que enfrentarse a una pelota que ha caído en la arena más de dos o tres veces por temporada, pero si esas fueran sus únicas oportunidades de trabajar en ese tipo de lanzamientos, sin duda se le darían bastante mal.

Repetir una actividad concreta una y otra vez es lo que la mayoría de nosotros entendemos por practicar, aunque a casi nadie nos resulta útil. Al fin y al cabo, cuando voy al campo de entrenamiento, estoy repitiendo una actividad: golpear pelotas de golf. Hay dos cosas que diferencian la práctica consciente de lo que hacemos la mayoría. Una es, como ya hemos dicho, la elección de una actividad adecuada y exigente de la zona de aprendizaje. Mi práctica de golf no cumple para nada con ese criterio, porque no me centro en hacer nada en concreto. La otra es el número de repeticiones. Los mejores repiten las cosas hasta la extenuación. Ted William, el mejor bateador de béisbol de la historia, practicaba hasta que le sangraban las manos. Pete Maravich, cuyos récords en el baloncesto universitario siguen vigentes más de cuarenta años después, iba al gimnasio cuando lo abrían por la mañana y lanzaba canastas hasta que lo cerraban por la noche. Un ejemplo extremo y muy instructivo es el del golfista Moe Norman, que jugó desde la década de 1950 hasta la de 1970, y nunca llegó muy lejos en el circuito profesional porque, por motivos personales, nunca le interesó mucho ganar torneos. Lo único que le interesaba era golpear la pelota siempre bien y de la misma manera, en eso, puede que fuera el mejor de la historia. Todos sus lanzamientos eran rectos e iguales entre sí. Su rutina de práctica desde los dieciséis hasta los treinta y dos años consistió en golpear 800 pelotas al día, cinco días a la semana. Estaba (como es obvio) obsesionado con esto, y afirmaba que llevaba la cuenta de todas las pelotas que había golpeado durante su práctica; a mediados de la década de 1990 alcanzaba los cuatro millones. El golf profesional requiere algo más que tiros rectos, pero el alucinante número de repeticiones que dedicó a esta habilidad en concreto lo hizo increíblemente bueno en ella.

En términos más generales, las actividades de práctica consciente más eficaces son las que se pueden repetir mucho. En el siguiente capítulo veremos por qué.

Permite una evaluación constante de los resultados

Steve Kerr, exresponsable de formación en Goldman Sachs y un reconocido investigador sobre desarrollo del liderazgo, afirma que practicar sin recibir una evaluación es como jugar a los bolos con una cortinilla que no permita ver cuántos has tirado. Puedes practicar una técnica cuanto quieras, pero si no ves sus efectos pasarán dos cosas: no mejorarás y te acabará dando igual.

En la mayoría de los casos, es fácil obtener esa evaluación. Si quitas la cortinilla, el jugador de bolos sabe cuántos ha tumbado; en los deportes, en general, no cuesta ver los resultados de la práctica. Los aspirantes a maestros del ajedrez practican estudiando partidas de los mejores ajedrecistas; en cada jugada, el alumno elige un movimiento y obtiene su evaluación al comprobar qué hizo el campeón. El problema surge cuando los resultados precisan algún tipo de interpretación. Quizá creas que ese compás del *Concierto para violín* de Brahms te ha salido perfecto, pero ¿de verdad puedes fiarte de tu criterio? O a lo mejor consideras que el ensayo que has hecho para tu futura entrevista de trabajo ha sido impecable, pero tu opinión no cuenta. En estas situaciones es cuando resulta vital la figura del maestro, el *coach* o el mentor, porque es quien te proporciona esa evaluación tan importante.

Es muy exigente a nivel mental

La práctica consciente es, sobre todo, un esfuerzo de concentración. Eso es lo que marca la diferencia entre «dedicarse» a algo o hacer lo que hace la mayoría, que es tocar escalas o devolver la pelota de tenis sin pensar mucho en ello. La búsqueda constante de los elementos insatisfactorios del desempeño para esforzarse al máximo en mejorarlos pasa mucha factura a las habilidades mentales.

El trabajo es tan impresionante que parecería que nadie puede sostenerlo durante mucho tiempo. Un hallazgo que es llamativamente similar entre disciplinas es que cuatro o cinco horas al día parece ser el límite máximo de práctica consciente, y generalmente se logra mediante sesiones que duran entre 60 y 90 minutos, no más. Los mejores violinistas del estudio de la Academia de Música de Berlín Occidental, por ejemplo, solían ensayar unas tres horas y media diarias, por lo común en dos o tres sesiones. Muchos músicos del más alto nivel dicen que cuatro o cinco horas es su límite máximo. Los campeones de ajedrez también suelen mencionar ese número de horas de práctica. Incluso los atletas de élite dedican mucho tiempo a pensar como parte de su entrenamiento. Por ejemplo, esto es lo que cuenta Hank Haney, entrenador de Tiger Woods durante diez años, sobre su alumno más famoso:

[Un] rasgo muy propio suyo eran los breves descansos que se tomaba. Rara vez golpeaba más de 25 pelotas seguidas antes de parar un momento. Se sentaba en el coche y miraba unos minutos al infinito en silencio. Las primeras veces yo no dije nada, pero al final le pregunté: «¿Qué haces?». Y él me respondió: «Pensar en lo que acabo de hacer». Dado que solíamos practicar cosas incómodas, él se aseguraba de entender en qué punto del proceso estaba y hacia dónde se dirigía.

Nathan Milstein, uno de los violinistas más importantes del siglo xx, fue alumno del famoso maestro Leopold Auer (el que dijo que el *Concierto para violín* de Chaikovski era imposible de tocar, aunque luego se convirtió en un gran entusiasta de la pieza). Cuenta la historia que Milstein le preguntó a Auer si estaba ensayando lo suficiente. Auer respondió: «Si ensayas con los dedos tendrás que dedicar todo el día. Si ensayas con la mente harás lo mismo en una hora y media».

Lo que Auer no dijo es que es bueno que baste con una hora y media, porque si practicas con la mente no puedes hacerlo todo el día.

No es muy divertida

Esto es una consecuencia inevitable del resto de las características de la práctica consciente, que podrían describirse como la receta para no divertirse. Hacer cosas que sabemos hacer bien es placentero, y es exactamente lo contrario a lo que nos pide que hagamos la práctica consciente. En lugar de hacer lo que se nos da bien, buscamos con insistencia lo que se nos da mal. Y, entonces, identificamos las actividades dolorosas y complicadas que nos hacen mejorar y las repetimos una y otra vez. Después de cada repetición, nos obligamos a observar, o pedimos a otros que nos digan exactamente qué no hemos hecho bien del todo para poder repetir las partes más dolorosas y difíciles de lo que acabamos de hacer. Y repetimos ese proceso hasta la extenuación mental.

No dudes que eso es exactamente lo que hacen las estrellas del mundo real. Vamos a volver a escuchar a Hank Haney:

La rutina de Tiger era el ejemplo de un grande haciendo lo que Geoff Colvin denomina «práctica consciente» en su libro *El talento está sobrevalorado*. Es la práctica más difícil y la de más alto nivel, porque nos exige concentrarnos meticulosamente en nuestras debilidades. Hay muchos jugadores que golpean muchas pelotas, pero se centran únicamente en sus fortalezas. Los que más mejoran están dispuestos a fastidiarse y hacer el esfuerzo físico y mental necesario para corregir un defecto, lo que a menudo implica un complicado aprendizaje correctivo «centrado en lo contrario». Pero eso pasaba cuando Tiger estaba en modo «preparación de un gran campeonato».

Ericsson y sus colegas lo decían claramente en su artículo: la práctica consciente «no es disfrutable en sí misma».

No deja de ser un poco deprimente que lo más importante que puedes hacer para mejorar tu desempeño no sea divertido, pero es que así debe ser. Y es un consuelo. Porque si las actividades que conducen a lo más alto fueran sencillas y divertidas, todo el mundo las haría y no se podría distinguir a los mejores del resto. La realidad de que la práctica consciente cuesta puede ser incluso una buena noticia. Porque significa que la mayoría de las personas no la harán. Así que tu disposición a emprender ese camino te hace destacar aún más.

Lecciones de Chris Rock

Lo anterior ha sido una descripción inicial y breve de la práctica consciente, la serie de actividades que parecen explicar de forma más convincente el desempeño extraordinario. Si trabajas en uno de los campos en el que más arraigada está la idea de practicar, los deportes o la música, seguramente pienses que Ericsson y sus colegas han explicado y elaborado ideas que muchas personas de tu mundo profesional tienen asumidísimas desde hace mucho. Pero si formas parte del grupo, más numeroso, de personas que se ganan la vida en campos relacionados con el mundo de la empresa, seguramente estarás pensando: ¡esto no se parece en nada a mi trabajo!

De hecho, la vida en la mayoría de las empresas parece incluso diseñada para romper con todos los principios de la práctica consciente.

Fundamentalmente, lo que solemos hacer en el trabajo contradice del todo el primer principio: no está diseñado para que nadie mejore en nada. En general, no está diseñado y punto; solo se nos asigna un objetivo necesario para cumplir con las metas de nuestro empleador y se espera que lo llevemos a cabo. Desde la perspectiva limitada y cortoplacista de muchos empleadores, esto está totalmente justificado. No se nos contrató para que nos dedicáramos a mejorar nuestras habilidades, sino para dar resultados.

En lo relativo al segundo principio, las actividades que nos harían mejorar no suelen ser muy susceptibles de repetición. Cuando nos enfrentamos a dificultades nuevas o inusuales, una innovación de la competencia, un cambio en la actitud del cliente, no solemos encontrar experiencias anteriores que nos guíen, porque no hemos tenido muchas oportunidades de enfrentarnos a ese tipo de situaciones. Somos golfistas que se enfrentan a un lanzamiento desde un búnker dos o tres veces al año, pero sin haber practicado doscientas.

Ni siquiera en los trabajos donde hacemos las mismas cuatro cosas, negociar con proveedores, administrar beneficios, tenemos muchos incentivos (si los hay) para mejorar superando nuestros límites y descubriendo qué cosas no se nos dan bien. Al contrario, mientras la práctica consciente nos pide que nos esforcemos para ponernos en una situación que nos supere y busquemos una solución, en nuestras vidas laborales el coste de los errores suele ser elevado. Los incentivos nos empujan a seguir con lo seguro y conocido.

¿Evaluación? En la mayoría de las empresas es una farsa, que consiste en una valoración anual del desempeño temida tanto por quien la hace como por quien la recibe. Y aunque esté bien hecha, no puede ser muy eficaz. Decirle a alguien que hizo bien o mal una tarea que realizó hace once meses no sirve de nada.

Se podría decir que el trabajo, como la práctica consciente, es a menudo mentalmente exigente y agotador. Pero, en general, no suele ser porque requiera una gran concentración. Al contrario, el motivo suele ser que hay que pasar horas haciendo una y otra vez cosas que ya sabemos. Y si eso ya nos agota, la perspectiva de sumar unas cuantas horas de actividades de práctica consciente de verdad nos deprime demasiado para pensarlo siquiera. Del mismo modo, trabajar no suele ser divertido. Pero, una vez más, eso no se debe a que estemos llevando al límite nuestras habilidades. Es porque hacer cualquier cosa en el mundo real es un rollo.

Si esta es la realidad en la mayoría de las empresas, podríamos pensar que adoptar los principios del desempeño extraordinario, como individuos y como empresa, supondría una enorme ventaja. Y lo es, y en los próximos capítulos hablaremos en detalle de cómo hacerlo. Pero antes es útil pensar un poco más a fondo en qué es la práctica consciente. De hecho, que las empresas desconozcan sus principios resulta especialmente sorprendente, porque no son antiintuitivos ni difíciles de entender. Al contrario, una vez te los dicen empiezas a verlos, y a entender su eficacia, en muchos ámbitos.

Veamos, por ejemplo, cómo se preparó Chris Rock para una actuación de alto nivel y en la que se jugaba mucho, que tenía que hacer la noche de fin de año frente a 20.000 personas en el Madison Square Garden. Un artículo periodístico explica así la historia:

> Como lleva mucho tiempo en la cresta de la ola como cómico, podríamos asumir que el señor Rock hace reír a carcajadas a grandes salas llenas de gente porque nació para ello. Como Tiger Woods, Bill Clinton o Tom Brady, parece tener una predisposición genética para hacer precisamente lo que hace.

Podría parecer que el artículo va a ser el clásico ejemplo de la teoría de la chispa divina, pero, en realidad, la tesis del artículo es precisamente la contraria. Esta es una muy buena descripción de cómo se preparó Chris Rock para aquella actuación:

> La persona a quien menos sorprende oír la primera risa y cómo esta genera una ola que va subiendo hasta el gallinero es el señor Rock. Ha estado muchos meses probando su monólogo en clubes de Nueva Jersey, Nueva York, Florida y Las Vegas. Bloque a bloque, minuto a minuto, ha construido dos horas de material seleccionando las frases que generan carcajadas y descartando los chistes que no entran [...].

Para él, las 18 funciones previas que hizo en el Stress Factory de New Brunswick, en Nueva Jersey, para prepararse para la gira son más importantes que sus tres Emmys.

«Él es consciente de que la primera carcajada la tiene asegurada por ser quien es —dice Vinnie Brand, propietario del Stress Factory—. Pero vino aquí a trabajar su material una y otra vez, recortando y puliendo, hasta que, el día de la función, resultaba increíble ver lo que había creado. Sigue teniendo esas ansias de ser el mejor monologuista, da igual que ya se haya hecho un nombre en el mundillo.»

Aquí vemos todos los elementos de la práctica consciente. Rock diseñó todas esas funciones en salas pequeñas con el único objetivo de mejorar; como ya es un artista del más alto nivel, está perfectamente cualificado para diseñar su propia práctica. Sorprende, sobre todo, el alto grado de repetición que hallamos en el proceso: actuación tras actuación, trabajando el material una y otra vez. En el oficio de Rock, la evaluación no es un problema: la reacción del público, que es lo único que cuenta, es inmediata y continua (y brutalmente sincera). Está claro que Rock tiene que estar intensamente concentrado en el proceso y que no debe de ser muy divertido, sobre todo cuando un chiste nuevo no entra, como debe de pasar a menudo. El resultado es el enorme éxito de Rock; citando el mismo artículo: «si no es el tipo más gracioso del mundo, el otro se esconde de maravilla».

Hay un ejemplo especialmente llamativo de práctica consciente que resulta útil porque en él destacan muy claramente sus principios. Es la historia de las hermanas Polgár.

En la década de 1960, László Polgár, un psicólogo de la educación húngaro, dio forma a la idea de que los grandes no nacen, se hacen. Sus investigaciones le convencieron de que todos los mejores se habían centrado y trabajado en su campo de especialidad futura desde una edad muy temprana, y creía haber entendido el proceso lo suficientemente bien como para aplicarlo. Escribió un libro sobre cómo hacerlo (cuyo título en castellano sería «¡Cría genios!» y puso un anuncio en busca de una mujer que se casara y tuviera hijos con él para ayudarle a llevar a cabo el experimento. Sorprendentemente, la encontró: una maestra de escuela de Ucrania, que hablaba húngaro, llamada Klara.

László y Klara no tardaron en tener una hija, Susan, y cuando esta cumplió cuatro años, empezó el experimento. No está claro por qué decidió László convertir a Susan en ajedrecista y no en otra cosa. Hay quien dice que fue porque los progresos en ajedrez son evidentes y fáciles de medir desde el principio. Otros, que fue porque el ajedrez es un campo muy masculinizado y la idea predominante era que las mujeres eran sencillamente incapaces de competir al más alto nivel, así que sería un campo ideal para probar la teoría de László.

László y Klara dedicaron su vida a enseñar ajedrez a Susan y, cuando llegaron dos hijas más, Sophia y Judit, las sumaron al programa. Las tres fueron educadas en casa, sus padres dejaron sus respectivos trabajos para dedicarse en exclusiva a su empeño, y su formación estuvo mayormente relacionada con el ajedrez. La familia acumuló una biblioteca de diez mil libros sobre el tema. Un sistema de indexación de la era preordenadores catalogaba fichas de partidas anteriores y posibles adversarios. Las hijas también se formaron en otros ámbitos; las autoridades húngaras insistieron en que todas hicieran los exámenes habituales de las asignaturas escolares, y las tres hablaban varios idiomas. Pero el ajedrez era lo principal y lo practicaban muchas horas al día.

Resultado: a los diecisiete años, Susan se convirtió en la primera mujer en cumplir los requisitos de lo que entonces se llamaba el campeonato del mundo masculino; a pesar de ello, la Federación Mundial de Ajedrez no la dejó competir. Cuando Susan tenía diecinueve años, Sophia catorce y Judit doce, compitieron como equipo en la Olimpiada Femenina y sumaron la primera victoria de Hungría frente a los soviéticos, lo que las convirtió en heroínas nacionales. A los veintiún años, Susan se convirtió en la primera mujer de la historia en ser nombrada gran maestro, el mayor rango en el mundo del ajedrez. Muy poco después, Judit se convirtió en gran maestro a los quince años, la persona más joven de la historia de cualquier sexo en conseguirlo, batiendo el récord anterior, de Bobby Fischer, por unos pocos meses. De niña compitió sobre todo contra chicos porque, según ella, «las otras chicas no se toman en serio el ajedrez [...] Yo practico cinco o seis horas al día, pero ellas se distraen cocinando y haciendo tareas del hogar». Un gran maestro británico que perdió contra ella cuando era pequeña la describió como ese «monstruillo monísimo de pelo rojizo que te destroza».

Judit fue la jugadora número uno de la clasificación todos los meses durante dieciséis años, y estuvo entre los diez mejores jugadores de cualquier sexo. Se retiró del ajedrez de competición en 2014, a los treinta y ocho años. El año siguiente recibió la distinción más alta de Hungría, la Gran Cruz de la Orden de San Esteban, dos meses después de haber sido designada capitana y entrenadora jefa del equipo nacional masculino húngaro.

La historia de las Polgár es excepcionalmente útil, porque ilustra los principios de la práctica consciente tanto con lo que lograron estas hermanas como con lo que no. En conjunto, es obvio, su gran éxito validaría, y mucho, las creencias de su padre. No había ningún motivo que hiciera pensar que László o Klara hubieran transmitido a sus hijas una habilidad innata para el ajedrez; László era un jugador mediocre y Klara no había mostrado ninguna capacidad para el juego. Parece que el éxito de sus hijas es resultado únicamente de sus años de intenso trabajo, que cumplen con todos los requisitos que definen la práctica consciente.

Al mismo tiempo, hay que decir que no todas las hijas alcanzaron el mismo grado de éxito, y ninguna de ellas obtuvo el más alto nivel, el campeonato del mundo. Pero esto también es coherente con los principios de la práctica consciente. La mediana, Sophia, no siguió los mismos pasos de sus hermanas (aunque alcanzó el sexto puesto en la clasificación mundial femenina), y todo el mundo parece coincidir en que era la que se lo tomaba menos en serio. Un amplio perfil de las hermanas publicado en una revista citaba al campeón de ajedrez Josh Waitzkin diciendo que Sophia «era una jugadora de partidas rápidas brillante, penetrante como un alfiler. Pero no se esforzaba tanto como las otras dos». Susan dijo que Sophia «era perezosa». Y hasta Sophia coincidía en el dictamen: «Yo podría dejarlo con más facilidad que Judit. Nunca me he esforzado tanto como ella». De un modo parecido, todo el mundo coincide en que Judit, que llegó más alto, también fue quien más se esforzó en la práctica. Además, se podría argumentar que para cuando llegó

Judit, la pequeña, László había depurado el diseño de sus métodos de práctica.

Y en cuanto al hecho de que ninguna de ellas llegara a campeona del mundo, es arriesgado especular sobre el funcionamiento de las cosas en el hermético ambiente del más alto nivel. Pero sí que vale la pena puntualizar que cuando tenían veintitantos años, que es cuando, generalmente, los futuros campeones se disputan su llegada a la cima, las tres hermanas decidieron que el ajedrez no lo era todo en la vida. (Citando a Sophia: «No es que el ajedrez me superara, es que no me llenaba».) Se casaron, tuvieron hijos, dedicaron tiempo a sus familias y aflojaron el implacable ritmo de trabajo dedicado al ajedrez que había llenado sus vidas hasta entonces.

Sus historias las han convencido de que su padre tenía razón. Susan dijo: «Mi padre cree que el talento innato no existe, que [el éxito] es 99 por ciento esfuerzo y trabajo. Y yo coincido con él». En concreto, la historia de las hermanas Polgár ilustra que cuando se llevan a un nivel extraordinario los principios de la práctica consciente, se obtienen logros extraordinarios. El excampeón del mundo, Garri Kaspárov, que podría decirse que es el mejor jugador de la historia, y que perdió una partida contra Judit, llegó a confirmar uno de los aspectos más importantes de la práctica consciente, la idea de que la posibilidad de mejora es, en teoría, ilimitada: «Las Polgár demostraron que la aptitud no tiene limitaciones inherentes, una idea que muchos jugadores hombres se negaron a aceptar hasta que fueron aplastados sin miramientos por una chica de doce años con coleta».

Qué debemos saber a continuación

Es fácil hallar más historias conocidas que refuerzan la validez del enfoque de la práctica consciente. Se ve enseguida, por ejemplo, que Jerry Rice, y lo que hacía, la intensidad y la concentración que aplicaba, era un ejemplo casi perfecto de estos principios. Vemos que la historia del desarrollo de Tiger Woods descrita en el capítulo se ciñe exactamente a ellos. Encontramos ejemplos en las historias de prácticamente todos los deportistas de élite, así como en las vidas de grandes músicos y muchos otros. En concreto, hay innumerables historias de personas que no solo parecían carecer de cualquier ventaja natural en el campo en el que acabaron destacando, sino que claramente partían con desventaja pero que, a pesar de ello, superaron los obstáculos mediante estos principios. Uno piensa en Wilma Rudolph, que padeció polio de niña, y que ganó tres medallas de oro olímpicas de atletismo. O en Winston Churchill, quien, a pesar de su ceceo, acabó convirtiéndose en uno de los mejores oradores del siglo xx tras practicar intensamente y con enorme rigor sus innumerables discursos durante muchos años.

Y aun así, a pesar de la gran cantidad de pruebas, que no dejan de acumularse, que apoyan la tesis de la práctica consciente, con frecuencia me encuentro con una reacción que, al principio, me confundía: a muchas personas, al menos de primeras, no les gusta la idea. Muchos lectores de este libro me han descrito la experiencia de intentar explicar su tesis a alguien en pocas palabras y obtener casi siempre la misma respuesta: «¡Menuda chorrada!». Al enterarse de que las habilidades concretas e innatas son muchísimo menos importantes de lo que solemos pensar, y podrían no existir, la mayoría de las personas se niegan sin más a creérselo.

Y a menudo me pregunto por qué. Al principio pensaba que odian tener que renunciar al sueño de descubrir un día su don especial, ese talento oculto que, al revelarse, los hará excepcionalmente exitosos en poquísimo tiempo y casi sin esforzarse. Pero los lectores me han señalado un motivo de más peso. Si los dones innatos no son la razón del éxito, entonces todos debemos responsabilizarnos de nuestros propios logros, mucho más de lo que creíamos, al menos. Y esa es una carga muy pesada que incomoda a mucha gente. Por eso, su primer impulso es, en tantas ocasiones, rechazar la tesis.

Cuando se la explican del todo, en general, la suelen aceptar e incluso adoptarla. Pero hay un grupo mucho más pequeño de personas que dudan y a quienes cuesta mucho convencer. Son investigadores universitarios que creen que tienen suficientes pruebas que desacreditan o debilitan la hipótesis de la práctica consciente. Algunos llevan años acumulando evidencias, mientras que otros parecen haber respondido al incremento del interés en la práctica consciente que surgió como consecuencia de la publicación de este y otros libros sobre el tema. Deberíamos tomar en serio sus objeciones; son personas de valía y pueden reflejar dudas que nosotros también podemos albergar.

Podemos dividir a las personas que dudan en dos grupos:

Los partidarios sin fisuras del talento innato. Hay investigadores que afirman sin más que el enfoque de la práctica consciente es totalmente erróneo. «¡El don natural (es decir, el talento innato) sí que existe!», tituló uno de estos investigadores su capítulo en una recopilación de artículos académicos sobre el desempeño extraordinario. Presentan evidencias que pueden parecer potentes, algunas ya las hemos examinado aquí. Niños prodigio, por ejemplo: ¿cómo podemos explicar sus sorprendentes habilidades a edades tan tempranas sino como evidencias de su talento natural extremo? ¿Y qué pasa con los autistas prodigio, conocidos también como *savants*? Hay algunos que pueden decirte al momento qué día de la semana era una fecha elegida al azar mil años atrás o adelante en el tiempo. ¡Parece imposible! Y luego está la inteligencia. Un siglo de investigación ha demostrado más allá de toda duda que el CI es, en gran parte, heredable, es decir, genético.

Y, aun así, los partidarios del talento no sugieren que los grandes lleguen a serlo de forma fácil ni rápida. Citando a uno de ellos, creen que los talentos innatos son «diamantes en bruto» que deben desarrollarse mediante «una búsqueda sistemática [...] durante un periodo significativo de tiempo, con un programa de actividades estructurado que conduzca a un objetivo concreto de excelencia». Obviamente, la práctica consciente se ajusta a dicha descripción. Los partidarios del talento argumentan que las personas con talentos innatos alcanzan sus objetivos más deprisa o con más facilidad que los demás, pero demostrar eso en una investigación es muy difícil, porque resulta casi imposible llevar a cabo un experimento controlado en el que todas las variables, excepto el talento innato, si es que existe, puedan mantenerse constantes durante muchos años.

De hecho, como ya hemos dicho, los partidarios de la práctica consciente nunca han negado que el talento innato pueda influir de algún modo en el desempeño, lo que dicen es que, hasta ahora, esto no se ha podido demostrar con rigor. Y hasta entonces, los partidarios del talento tienen que rebatir las complicadas objeciones a su postura que hemos explicado en los capítulos 2 y 3. La ciencia siempre favorece la explicación más sencilla y, como escribió Ericsson, «las pruebas indican que los individuos más exitosos son los que apuestan por la práctica consciente, que es una explicación más sencilla que la que añade el factor del talento innato».

Los que minimizan la práctica consciente. Otros investigadores no presentan ninguna tesis propia que explique el desempeño extraordinario, pero afirman que, sea cual sea su explicación, la práctica consciente constituiría, como mucho, una parte ínfima. Su estudio más destacado fue un metaanálisis de investigaciones sobre el tema: un estudio de 88 experimentos previos con 11.135 participantes. El objetivo de los autores era revisar «todos los grandes ámbitos en los que se ha investigado la práctica consciente» y concluyeron que no era muy importante, ya que solo explicaba el 21 por ciento de la variación en cuanto a desempeño entre los músicos, por ejemplo, y un mísero 18 por ciento entre los deportistas. La conclusión final del estudio fue: «La práctica consciente es importante, pero no tanto como se ha dicho».

El problema de este metaanálisis, como Ericsson no tardó en señalar, es que casi ninguno de los estudios que incluía investigaban en realidad la práctica consciente. Recordemos uno de los planteamientos claves del trabajo inicial sobre el tema: «La definición actual de práctica es muy vaga». La gente llama «practicar» a todo tipo de actividades, pero la práctica consciente tiene, como hemos visto, una definición muy concreta y la mayoría apenas nos beneficiamos, si es que lo hacemos, de la práctica no intencionada y diseñada por nosotros mismos que llevamos a cabo. Así que algunos de los estudios del metaanálisis ni siquiera mencionaban la «práctica consciente» como tal y muchos otros investigaban actividades de práctica que no cumplían con los criterios necesarios. Si el metaanálisis prueba algo es, en todo caso, que está en consonancia con los hallazgos de quienes defienden la práctica consciente y con lo que experimentamos en nuestras vidas: que la mayoría de las actividades que hacemos como práctica tienen algún tipo de resultado, aunque tampoco mucho.

Sin embargo, a pesar de que las dudas que plantean sus detractores no nos convenzan, el enfoque de la práctica consciente nos plantea a todos preguntas casi instantáneas. Las más urgentes son las siguientes:

¿Eso es todo?

¿La práctica consciente explica los grandes logros en su totalidad? ¿Si una persona hace el doble de este tipo de práctica que otra también será el doble de exitosa? La respuesta a estas preguntas es claramente no. La práctica consciente no explica los logros en su totalidad: la vida real es demasiado compleja. Lo más obvio es que a todos nos afecta el azar; el tiempo y la mala suerte alcanzan a todos, como dice el Eclesiastés. Aunque se ha observado a menudo que quienes más se esfuerzan suelen ser quienes más suerte tienen, también es indudable que si un puente se derrumba mientras lo estás atravesando en coche, ahí se acaba la historia. Algo mucho menos dramático y más significativo son las circunstancias personales, en especial durante la infancia, que pueden afectar enormemente a las oportunidades de emprender una práctica consciente. Podemos afirmar que Tiger Woods es un caso de libro de los principios de práctica consciente, pero también hay que decir que tuvo la increíble suerte de que se los pusieran delante. En este sentido, es muy justo afirmar que el auténtico motivo por el que nunca serás Tiger Woods es que tu padre no es Earl Woods. En el capítulo 10 profundizaremos más en la importancia de tener un contexto que nos apoye, algo que en gran parte queda fuera del control de las personas, sobre todo durante la juventud.

Más allá de la suerte, sabemos que los cambios físicos causados por el paso del tiempo son inevitables. Resulta que la práctica consciente puede aumentar la capacidad personal de desempeñar algo al más alto nivel durante mucho más de lo que la gente cree posible, como veremos en el capítulo 10. Pero, en última instancia, todos somos mortales y nuestras facultades se debilitan. Esto puede ser más importante de lo que parece. El total de horas de práctica consciente que lleva a cabo una persona a lo largo de la vida nunca se puede reducir, así que si este fuera el único factor determinante del desempeño, nadie empeoraría nunca en nada que hubiera aprendido. Pero como todas las personas acaban empeorando, aunque sea a una edad muy avanzada, tiene que haber más factores que no controlamos y que afectan a nuestro desempeño. Hablaremos a fondo de esto más adelante.

Además, aunque según muchos estudios el desempeño mejora si se incrementa la práctica consciente, también parece ser cierto que esta relación no es ni sencilla ni directa en todos los casos, es decir, tienen que existir diferencias cualitativas entre mi práctica y la tuya. En muchos casos pueden surgir de las diferencias de calidad entre maestros, *coaches* y mentores. La práctica se diseña, así que puede estar bien o mal diseñada.

Independientemente de lo bueno que sea su diseño, otra variable importante es el esfuerzo invertido en ella por la persona. Todos hemos emprendido la práctica consciente de algo, un instrumento musical, un deporte u otra cosa, así que todos entendemos a qué se refiere Leopold Auer con lo de practicar con la mente. Hay días que estamos espabilados, centrados y nos esforzamos mucho, y hay otros que estamos cansados, distraídos y nos limitamos a hacer lo que toca. Medir la intensidad de la práctica puede ser difícil, pero es muy significativo. Un estudio sobre cantantes halló que cuando los aficionados hacían una clase de voz, la experimentaban como una forma agradable de liberar tensiones, pero que cuando lo hacían los profesionales, la vivían como un esfuerzo intenso y difícil. Visto desde fuera, estaban haciendo lo mismo, pero desde dentro eran cosas completamente distintas, y eso es lo que importa.

Recordar todos estos factores es clave, porque los libros y artículos para el público general han proporcionado una descripción muy distorsionada de la práctica consciente, que muchas personas han empeorado aún más con sus discursos. La principal fuente de confusión es el famosísimo libro de Malcolm Gladwell *Fuera de serie*, que incluye un capítulo titulado «La regla de las 10.000 horas». La propuesta deriva del estudio de Berlín de Ericsson y sus colegas, en el que se halló que los mejores violinistas habían acumulado, de media, unas 10.000 horas de práctica consciente a los veinte años. Basándose en la magnífica narrativa de Gladwell sobre los Beatles y otras personas, muchos lectores llegaron a la conclusión de que te puedes convertir en uno de los mejores del mundo de casi cualquier cosa si practicas durante 10.000 horas o incluso solo haciendo esa cosa durante 10.000 horas. Si sueltas en una conversación que estás «dedicando tus 10.000 horas» casi todo el mundo asentirá porque entenderán a qué te refieres.

Por desgracia, todo esto constituye un grave error. La «regla de las 10.000 horas» no existe. Las 10.000 horas no tienen nada de mágico. Solo es el número correspondiente a la media total de horas de práctica consciente que habían dedicado los mejores violinistas a los veinte años, aunque la edad no tenga ninguna importancia especial en este caso, ya que solo es a la que se está a punto de empezar la carrera profesional en ese ámbito. A los treinta acumularían muchas más horas y, si nada se torcía, seguirían haciéndolo después de cumplir los cuarenta, los cincuenta y más. Miles de horas más. Convertirse en uno de los mejores violinistas del mundo sin duda requiere más de 10.000 horas de práctica consciente. Y, repito, 10.000 horas a los veinte años era solo una media; había estudiantes que habían invertido más horas y otros que menos.

Siguen siendo un montón, pero recuerda, tocar el violín forma parte de un contexto con un largo historial de intensa competencia internacional; los mejores músicos de clásica se enfrentan a menudo por sus empleos con la élite mundial. ¿Es ese tu caso? Puede ser, claro, porque cada vez hay más trabajos que se pueden deslocalizar. Pero si tu ámbito es nuevo o si tu competencia es, sobre todo, local, puedes convertirte en uno de los mejores en muchas menos horas (aunque es probable que debas dedicar muchas más que tus competidores). No existe un número mágico.

La regla de las 10.000 horas de Gladwell tiene un problema aún peor, que han agravado las muchas personas que han hablado y escrito sobre ella, y es que no acierta nada al respecto de qué tipo de comportamiento conduce al desempeño extraordinario. Como hemos visto, dicho comportamiento, la práctica consciente, tiene una definición muy concreta. No es una práctica genérica y desde luego no consiste en hacer tu trabajo sin más. Aun así, Gladwell argumenta su postura describiendo la cantidad de horas que los Beatles pasaron actuando o el tiempo invertido programando por el cofundador de Microsoft, Bill Gates, y el de Sun Microsystems, Bill Joy. Joy, por ejemplo, calcula que dedicó unas 10.000 horas a programar antes de crear un programa con influencia a gran escala. El problema es que lo que hacían Joy, Gates y los Beatles no cumple en absoluto los criterios de la práctica consciente.

¿Significa eso que la práctica consciente no fue importante para su éxito o que no se esforzaran muchísimo? En absoluto. Lo que significa es que no constituyen una prueba de la existencia de la regla de las 10.000 horas, porque nadie tiene ni la más remota idea de cuántas horas de práctica consciente han hecho, siguiendo la definición estricta. Quizá fueron menos de 10.000 o quizá más. Da lo mismo, porque ni las 10.000 horas ni ninguna otra cantidad tienen nada de mágico.

Vale la pena recordar todo esto la próxima vez que tengas una conversación sobre qué hace falta para llegar a lo más alto. La mayoría de las personas que opinan sobre este tema y han oído hablar sobre la regla de las 10.000 horas no saben lo que es la práctica consciente y no entienden su vital importancia. Pero tú sí.

La importancia de la práctica consciente a la hora de convertirse en uno de los mejores suscita otra pregunta...

¿Qué determina quién lo consigue?

Teniendo en cuenta lo exigente e ingrata que resulta la práctica consciente, y que los grandes logros requieren miles de horas de ella a lo largo de muchos años, ¿por qué algunas personas la aplican mientras que la mayoría no? Si el camino hacia el desempeño extraordinario es tan obvio, ¿por qué hay tan pocas personas que lo emprenden? Esta es una pregunta muy profunda, tanto, que le hemos dedicado todo un capítulo (el 11). De momento, vamos a decir que el simple hecho de plantear esta pregunta hace aflorar otro tema importante...

¿Podría tener una explicación genética?

La idea misma de práctica consciente ha hecho aflorar para muchas personas el conflicto entre naturaleza y adquisición, con los defensores de la práctica peleando contra los que proponen la hipótesis de la chispa divina. Y es importante apuntar que quienes defienden el enfoque de la práctica consciente nunca han descartado la posibilidad de que la genética influya de algún modo en el desempeño de alto nivel. Lo que dicen es que aún no han visto pruebas que sustenten esa idea. Y lo cierto es que si buscas fragmentos concretos de ADN que conviertan a una persona en oboísta, piloto de cazas o comercial, o, visto de otro modo, si buscas fragmentos que limiten una capacidad en concreto de una persona para destacar en esos campos, hay que decir que hasta ahora no se han encontrado. Pero los que defienden la práctica no niegan la posibilidad de que los genes influyan de algún modo en la predisposición de las personas a someterse a las demandas extremadamente rigurosas que conlleva convertirse en excepcionales, es decir, que aunque no exista nada parecido a un gen para el fútbol, por ejemplo, en teoría sí podría existir una combinación de genes que permita a algunas personas sobrellevar más fácilmente las dificultades que implica entrenar durante miles de horas o, incluso, que les permita disfrutar de ello.

A pesar de estar basada en la genética, hay personas a las que no les convence esta posibilidad, en especial a las que apoyan explicaciones sustentadas en el talento innato. La llaman la «teoría de la mula de carga». De momento, lo único que podemos decir es que es una hipótesis que no ha sido examinada, y mucho menos probada o refutada. Podríamos descubrir nuevas informaciones a medida que avanza la investigación sobre el ADN. Al mismo tiempo, los estudios científicos revelan que el ADN y el entorno (naturaleza y adquisición) interactúan de muchas formas desde el momento de la concepción y a lo largo de toda la vida, lo que sugiere de una forma cada vez más insistente que la idea de que existe una clara división entre naturaleza y adquisición no ayuda a entender cómo se desarrollan en realidad las personas. Esto también forma parte de los temas que abordaremos en el capítulo 11, tras observar con mayor detenimiento cómo funciona la práctica consciente.

¿Qué se logra con tanta práctica?

Aunque queda claro que mucha práctica consciente puede convertir a una persona en cirujana, jugadora de billar u oradora de primera categoría, es natural preguntarse si sus efectos se pueden explicar en términos generales. Más allá de hacer que una persona mejore en la tarea concreta que está practicando, ¿hay algún efecto que sea transversal? La respuesta es sí, y vale la pena mencionarlo, porque es lo contrario a lo que pensaría la mayoría.

Los aficionados al golf seguramente habrán visto un vídeo de Jordan Spieth en una situación concreta que han vivido todos los golfistas. Está de pie al lado de la pelota, a punto de golpearla. En algún punto tras iniciar el movimiento, pero antes de llegar a tocar la pelota, surge una distracción importante: un aficionado que grita, una persona que se mueve deprisa, una multitud que aplaude en otra zona del campo de golf... Spieth frena el movimiento a la mitad, da un paso atrás para alejarse de la pelota, se recompone, da un paso adelante y ejecuta su golpe.

Un golfista cualquiera se asombra ante semejante gesto, porque sabe lo que haría él si le sucediera eso mismo: incapaz de frenar el movimiento a la mitad, acabaría dando un golpe horroroso y, quizá, hasta perdería la pelota.

¿Qué tiene esto de importante? A menudo, cuando vemos a los grandes hacer lo que hacen, lo que nos llama la atención es que lo han practicado tanto, lo han hecho tantas veces, que les sale de forma automática. Pero, en realidad, lo que han logrado es tener la capacidad de no hacer las cosas de manera maquinal.

Cuando aprendemos a hacer algo nuevo, por ejemplo, conducir, pasamos por tres fases. La primera nos consume mucha atención, porque tenemos que aprender a manejar los mandos, memorizar las normas de circulación, etcétera. En la segunda fase, empezamos a coordinar lo aprendido, a enlazar los movimientos y combinar nuestras acciones y el conocimiento de nuestro coche, de la situación y de las normas con mayor fluidez. En la tercera fase conducimos casi sin pensar. Nos sale de forma automática. Y, a partir de entonces, y con mucha rapidez, empezamos a dejar de mejorar hasta estancarnos por completo.

En la mayoría de los casos, incluido la conducción, esto no supone un problema. No necesitamos alcanzar la excelencia, nos basta con ir tirando. Y, para la mayoría de las personas que lo practican, esto incluye el golf. No necesitan ganarse la vida con ello, solo quieren divertirse. No tener que pensar mucho en cómo hacemos esas actividades es una bendición, porque libera nuestras mentes y nos permite centrarnos en asuntos que consideramos de mayor importancia. Pero eso no significa que nuestros cerebros se desconecten al hacerlas. Si tu oponente durante un partido de golf agita las monedas de su bolsillo justo en el momento en el que tu palo está en lo más alto durante un golpe, seguramente active la parte de tu cerebro que reacciona instintivamente a los sonidos inesperados y, como vas en piloto automático, no podrás hacer nada para frenar ese golpe que ahora ya está condenado al fracaso.

En cambio, los grandes nunca se permiten ponerse en modo automático, sino que se mantienen en un estado de desarrollo sostenido. Ese es el efecto de la práctica consciente continua: evita los automatismos. La esencia de la práctica, que es intentar hacer constantemente cosas que no se nos dan bien, imposibilita los comportamientos automáticos. Es cierto, sin duda, que los grandes pueden hacer muchas cosas relacionadas con su ámbito de especialidad con menos carga mental que un novato; los buenos pilotos aterrizan un 747 sin despeinarse. Pero, en última instancia, esa persona siempre es consciente de ello y controla lo que hace, su mente no va en modo automático.

Evitar los automatismos mediante la práctica continua es otra forma de expresar algo aún más importante: que los grandes siempre se están esforzando para mejorar y que sus entrenadores y maestros los fuerzan también a ello. Esto es crucial. Yo fui testigo de un ejemplo sorprendente meses después de la primera publicación de este libro, cuando el gerente de una librería que hay en la Escuela Juilliard de Nueva York me invitó a que fuera a firmar ejemplares. Yo le dije que encantado, pero me mostré escéptico ante la idea de que los alumnos de Juilliard sacaran mucho provecho de lo que yo había escrito. Teniendo en cuenta que son algunos de los mejores estudiantes de música del mundo, la mayoría habían estado aplicando punto por punto los principios de la práctica consciente durante gran parte de sus vidas: se habían entregado a ellos. Si había un grupo de personas que no necesitaba este libro, pensé, era ese. Imaginé que, con suerte, vendería un ejemplar.

—Pues la verdad es que es el libro más vendido de la historia de mi librería —me dijo el gerente.

Aquella afirmación me dejó boquiabierto. Pero también me mostró algo que ya había empezado a percibir en otros sitios. Por ejemplo, me invitaron a dar una charla sobre el libro en un congreso de neurocirujanos. Lo más intimidante que he hecho en mi vida: imagina explicar a una sala con 800 neurocirujanos cómo hacer mejor su trabajo. Y, sin embargo, durante la firma de libros que siguió a la charla, hicieron fila durante casi una hora con sus ejemplares.

Para mi sorpresa, los entrenadores deportivos también respondieron con entusiasmo al mensaje del libro. A mí me parecía obvio que el deporte, al igual que la música, era un campo en el que la idea de práctica consciente estaba ya profundamente asumida. ¿Cómo podían interesar las ideas de este libro a personas que se ganaban la vida poniéndolas en práctica?

Pues lo hacían. Y, al parecer, por dos motivos. El primero, muchos entrenadores no querían el libro para ellos, sino para sus alumnos. Por ejemplo, descubrí toda una red de profesores de golf que había empezado a recomendarlo, y un excelente columnista sobre este deporte de *The Wall Street Journal*, John Paul Newport, escribió un artículo al respecto. Al parecer, muchos alumnos, algunos incluso adultos, de estos profesores y muchos otros entrenadores adolecen del mismo delirio que muchos niños. Se creen que el desempeño excelente es muchísimo más fácil de lo que es.

Una vez le pregunté a un profesor veterano en el famoso campo de golf East Lake de Atlanta cuáles creía que eran los mayores errores que cometían los golfistas aficionados. Me dijo dos: por un lado, el agarre y la postura del golfista medio son tan malos que sus golpes están condenados a fracasar antes siquiera de empezar a moverse y, por otro, sus expectativas no son nada realistas. La mayoría de los golfistas practican muy poco, pero esperan jugar como los profesionales que ven por televisión. Y, en consecuencia, se frustran muchísimo en lugar de divertirse. Ahora entiendo que los entrenadores de muchos deportes esperan que este libro ayude a sus alumnos a calibrar mejor sus expectativas, y quizá mejorar mucho, al entender en qué consiste en realidad el desempeño extraordinario.

El otro motivo por el que parece que los entrenadores consideran que este libro vale la pena es que los ayuda a hacer su trabajo, aunque este haya sido siempre aplicar precisamente estos principios. La mayoría de los entrenadores no conocen la investigación científica que sustenta lo que hacen y, cuando la descubren, empiezan a entender mucho mejor que la mayoría de nosotros los problemas a los que se enfrentan. Cuando entienden de forma cabal cómo y por qué funciona la práctica consciente pueden empezar a pensar enseguida en nuevas maneras de aplicarla. Hubo un periódico para entrenadores de béisbol que me entrevistó sobre este libro y sacó el artículo en primera plana. Yo entonces me pregunté por qué la dirección había considerado que el material era tan valioso para sus lectores, pero al final he acabado entendiéndolo.

Mediante esta y otras experiencias, vi de primera mano que los mejores de cualquier campo, quienes ya han alcanzado lo que la mayoría solo aspiramos, son los más interesados en aprender más sobre el desempeño extraordinario. Por muy buenos que sean, siempre quieren llegar a ser aún mejores.

¿Cómo funciona?

Aunque podemos afirmar por intuición que dedicar muchas horas a la práctica consciente puede hacer que alguien desarrolle mucho sus capacidades, no entendemos del todo qué es lo que sucede y no podemos obtener todo el potencial de esta técnica si desconocemos su funcionamiento. ¿Qué sucede en concreto en el interior de una persona como resultado de este tipo de actividades? ¿Qué cambia? ¿Cómo podemos contribuir a esos cambios? A continuación, vamos a centrarnos en estas preguntas tan importantes.

6

Cómo funciona la práctica consciente

*Qué cambios concretos provoca en las personas
y por qué son tan cruciales*

Llegados a este punto, parece que las pruebas que sustentan la afirmación de que practicar de forma correcta puede hacer que alguien sin dotes llamativas mejore muchísimo o se convierta incluso en alguien excepcional en un ámbito determinado son sólidas. Pero aún nos preguntamos cómo sucede. Y hasta que lo entendamos, el marco teórico no nos resultará tan convincente y no podremos aplicarlo de modo eficaz. Es un poco como saber que un coche se mueve porque tiene motor: es un dato importante, pero si no sabemos cómo funciona ese motor, no podremos hacer que el coche corra más o sea más eficiente. Así que, ¿cómo funciona la práctica consciente?

En general, hemos visto que el eje de la práctica consiste en obligarnos a hacer más de lo que hacemos en la actualidad. Pero ahora vamos a concretar. Tenemos que saber qué sistemas físicos o mentales refuerzan y construyen los mejores. Resulta que la respuesta es siempre la misma, independientemente de que hablemos de negocios, deporte u otro campo, y no es la que podrías suponer.

De hecho, el efecto más importante de la práctica en los mejores es que los ayuda a ir más allá, o más bien, los hace superar limitaciones que la mayoría consideramos críticas. En concreto, les permite percibir más, saber más y recordar más que la mayoría de las personas. Y, con el tiempo, estos efectos van aún más lejos. Tras muchos años de práctica consciente intensiva, aparecen cambios reales en el cuerpo y el cerebro. En general, cuando vemos a los mejores pensamos que no son como nosotros, que funcionan en un plano distinto, y con razón: porque así es. Pero al principio no lo era, y la transformación no fue espontánea.

Veamos ahora todos los cambios que provoca la práctica consciente en una persona.

Percibir más

Vic Braden tenía la inquietante capacidad de predecir cuándo un tenista iba a cometer una doble falta. En ese deporte, tienes dos oportunidades de hacer un servicio válido y, cuando un tenista fallaba el primero, Braden era capaz de predecir si también fallaría el segundo en el momento en el que el tenista lanzaba la pelota al aire, antes de tocarla con la raqueta, y acertaba casi siempre. Braden era un profesor de tenis muy famoso y había tenido una larga carrera como jugador profesional, pero afirmaba que aquella capacidad le superaba, no tenía ni idea de cómo la había adquirido.

Al parecer, nadie lo ha investigado, por lo que nosotros tampoco podemos afirmarlo con rotundidad, pero lo que sí tenemos son otras investigaciones que se han llevado a cabo con excelentes tenistas, que muestran que, en general, suelen adivinar dónde va a ir a parar un servicio antes que los tenistas mediocres (como Braden, lo saben incluso antes de que la raqueta golpee la pelota), y que explica muy claramente cómo lo deducen. Esto es importante, porque es un buen ejemplo de que la mayoría no entendemos por qué los mejores son tan buenos.

Un tenista masculino de los primeros puestos de la clasificación general sirve a velocidades que pueden llegar a superar los 240 kilómetros por hora. Así, la pelota viaja de la raqueta de quien sirve al lado contrario de la pista en menos de un cuarto de segundo. A la mayoría, si tuviéramos que enfrentarnos a un servicio así, nos costaría incluso girar la cabeza lo bastante deprisa para ver pasar la pelota. Pero los mejores jugadores devuelven rutinariamente ese tipo de saques. La conclusión que solemos sacar es que tienen unos tiempos de reacción increíbles, lo que les permite ver acercarse la pelota y desplazarse en un cuarto de segundo.

Y sí, los mejores profesionales tienen unos tiempos de reacción muy bajos, y esta velocidad de reacción se puede mejorar, así que forma parte de su entrenamiento. El problema es que las mejoras de los tiempos de reacción siguen una curva exponencial o, lo que es lo mismo, que se rigen por lo que los demás llamamos la regla del 80-20, es decir, que el grueso de la mejora sucede durante la primera época de entrenamiento. Y, en adelante, hay que practicar muchísimo para mejorar muy poco. Todos los mejores profesionales del tenis han llegado a un punto en el que les cuesta mucho mejorar sus tiempos de reacción. Sin embargo, los mejores entre los mejores encuentran una forma de superar esa limitación.

Los investigadores mostraron a un grupo de tenistas vídeos de servicios de sus adversarios y usaron un equipo muy sofisticado para seguir con precisión sus movimientos oculares. Los jugadores mediocres se fijaban en la pelota. Pero en el breve periodo de tiempo que transcurre entre el inicio del servicio y el momento en el que la raqueta la golpea, el periodo en el que Braden podía detectar la inminente falta, los mejores jugadores no la miraban. Miraban las caderas, los hombros y los brazos del contrario, que era lo que les decía adónde iría a parar el servicio. Después, los investigadores detenían la grabación en el momento en el que la raqueta tocaba la pelota y preguntaban a los sujetos dónde creían que iría a parar. Los jugadores mediocres, que se fijaban en la pelota, no tenían ni idea. Pero los mejores sí lo sabían y, en consecuencia, podían empezar a posicionarse para devolver el servicio, incluso antes de que la pelota empezara a moverse. Para cuando tocaba suelo, ya estaban ahí para recibirla.

Habían hallado una forma de reaccionar más rápidamente sin tener que mejorar sus tiempos de reacción.

Los investigadores han descubierto este mismo fenómeno en muchos deportes y un gran número de actividades. Los mejores pueden saber qué es lo que va a pasar antes que los mediocres, porque se fijan en más cosas, en deportes como el bádminton, el críquet, el *hockey* sobre hierba, el *squash* y el voleibol. Fuera del deporte, observamos unos resultados similares en el aburrido, pero también instructivo, campo de la mecanografía. ¿Por qué hay algunas personas que son capaces de escribir a máquina muchísimo más deprisa que otras? Como sucede en el tenis, el incremento del tiempo de reacción de las personas tiene un límite. Los mecanógrafos más rápidos adquieren su ventaja adelantándose más en el texto, lo que les permite posicionar los dedos sobre el teclado un poco antes que los demás (y, en concreto, pulsar letras sucesivas con ambas manos especialmente rápido, que es la forma más eficaz que tienen de mecanografiar más deprisa que los mediocres). Cuando los investigadores no permitieron a los mejores mecanógrafos poder adelantarse al texto, apenas lo hicieron mejor que los novatos.

A veces, los mejores de un ámbito ven más porque entienden mejor y más deprisa lo que están viendo. Por ejemplo, se hizo una prueba para observar las reacciones de conductores novatos y expertos frente a situaciones peligrosas, mostrándoles grabaciones de incidentes desde la perspectiva de quien conducía. De nuevo, los expertos, que se enfrentaban a las limitaciones típicas del tiempo de respuesta, no reaccionaban más rápidamente que los novatos, pero sí entendían mucho antes lo que estaban viendo. Los novatos se quedaban mirando el peligro mucho más tiempo que los expertos, porque estaban intentando entender qué sucedía. Los mejores conductores lo pillaban a la primera y, por lo tanto, tenían más tiempo para reaccionar.

Hasta los malabaristas demostraron esta habilidad. Los malabares, que es lo que muchos afirmamos hacer en nuestra vida diaria, son una habilidad de monitorización constante, que implica mirar las pelotas y hacer microajustes continuos. Los buenos malabaristas no necesitan ver toda la trayectoria de las pelotas. Cuando se limita su visión, pueden hacer los ajustes necesarios siempre y cuando se les permita ver el punto más alto de la trayectoria de cada una de ellas. Aunque apenas vean nada, ven mucho más que un malabarista mediocre y con eso les basta.

La historia se repite una y otra vez, y de momento solo hemos hablado de un tipo de situación en la que los mejores ven más: los casos en los que se precisan respuestas rápidas. Pero la percepción superior de los expertos se manifiesta de muchas otras formas.

Veamos, por ejemplo, la interpretación de radiografías. Aquí el tiempo de reacción no es muy importante, pero lo que hay en juego sí. En un estudio, se pidió a radiólogos expertos y a residentes de primer a cuarto año que examinaran distintas radiografías tomándose todo el tiempo que necesitaran, hicieran sus diagnósticos y señalaran las zonas problemáticas de las imágenes. Las radiografías del estudio mostraban dolencias serias como tumores o colapsos pulmonares.

No debería sorprendernos saber que los expertos lo hicieron mejor; por ejemplo, era mucho más probable que detectaran el colapso pulmonar. Pero ¿por qué? El colapso se encontraba en el lóbulo medio del pulmón, lo que provocaba una sombra densa, que podría hacer que se diagnosticara como tumor. El diagnóstico correcto precisaba que los médicos detectaran también pistas más sutiles, como que los lóbulos adyacentes estaban hiperinsuflados. Al marcar las radiografías, los expertos señalaban características más concretas y significativas; veían más pistas que los ayudaban a resolver el puzle del diagnóstico. También discriminaban con más precisión. Por ejemplo, la radiografía de los tumores tenía algunos puntos borrosos. Los residentes lo interpretaban como «pulmones borrosos en general» y lo marcaban como líquido en los pulmones, síntoma de fallo cardiaco por congestión. Los expertos detectaban que cada una de las manchas era un tumor.

No es que su vista fuera mejor. Todos miraban las mismas radiografías y veían igual de bien. La diferencia no estaba en lo que veían, sino en lo que percibían.

La mejor percepción de los mejores va más allá de su sentido de la vista. Oyen más cuando escuchan y notan más cuando tocan. Se pidió a pilotos con mucha formación y a novatos que escucharan una conversación entre pilotos y controladores aéreos y que eligieran, a continuación, el diagrama que mejor representara la situación que acababan de escuchar. Los pilotos mejor entrenados eran el doble de buenos. A los músicos se les da mucho mejor que a los no músicos detectar diferencias muy pequeñas de tono y volumen en las notas. Todas las personas que se sometieron a esos estudios oían lo mismo, pero, tras años de práctica, algunos percibían más.

La relevancia de estos hallazgos para la esfera de los negocios parece obvia. En concreto, podemos extraer de esta investigación unas cuantas manifestaciones de mejor percepción directamente aplicables al mundo de los negocios.

Entienden la importancia de indicios en los que los mediocres ni siquiera se fijan

Del mismo modo que los mejores tenistas se fijan en el cuerpo y no en la pelota durante un servicio, los mejores de otros campos también han aprendido a detectar importante información que no es evidente a simple vista. A veces, se trata de pistas profundas que acaban siendo conocidas por el común de la población. Hace más de cuarenta años, el fundador de Walmart, Sam Walton, descubrió una forma innovadora de incrementar la satisfacción de sus clientes. Vio que la mejor manera de saber si estaban contentos era medir la felicidad de sus empleados, porque estos trataban a los clientes del mismo modo que los trataban a ellos sus encargados.

Otras veces, estos indicadores son sutiles, pero elocuentes. Algunos ejecutivos de establecimientos minoristas controlan la cantidad de manchas de aceite que hay en los suelos de los aparcamientos de sus tiendas para determinar si sus clientes hacen un buen mantenimiento de sus vehículos, lo que les sirve para extrapolar su situación económica. En la década de 1980, cuando se puso muy de moda el *fitness*, una empresa de estudios de mercado se sumergió en las estadísticas de venta de ropa y vio que el volumen de ventas de las tallas L y XL se había incrementado muy deprisa, una pista muy temprana de que Estados Unidos estaba engordando y no poniéndose en forma. Laura Rittenhouse, una analista económica poco convencional, cuenta el número de veces que aparece la palabra «yo» en las cartas anuales de los CEO a los accionistas. Su teoría es que esta y otras características de esos textos ayudan a predecir el desempeño de la empresa (hallazgo sencillo: los egocéntricos no son buenos para el negocio).

A menudo, estos indicadores no evidentes se guardan a buen recaudo. Algunos fondos de cobertura, por ejemplo, usan modelos matemáticos basados en correlaciones fiables dentro de los mercados financieros descubiertas por los propietarios de los fondos. Renaissance Technologies usa un modelo de este tipo y su fundador James Simons ha ganado para sí más de mil millones durante varios años seguidos gracias a ese fondo. Si los modelos de Renaissance fueran de dominio público y se aplicaran, el fondo perdería su ventaja, por eso es comprensible que a Simons no le apetezca comentarlo. En términos más generales, tanto en los negocios como en otros ámbitos, los indicadores no evidentes pueden ser tan valiosos que la mayoría no lleguemos a conocerlos jamás.

En general, independientemente de si son secretos o no, desarrollarlos y usarlos requiere muchísima práctica. Por ejemplo, si juegas a tenis, ahora ya sabes uno de los motivos por los que los profesionales devuelven tan bien los servicios. Y, aun así, no es probable que esa información te sirva de algo la próxima vez que juegues, porque no has dedicado cientos de horas a aprender a leer los movimientos sutiles de las caderas, los hombros y los brazos de tu contrario. Hay que tener mucha práctica para poder usar la mayoría de los indicadores de los mejores.

Se adelantan a lo que está por venir

Cuando los mejores músicos o mecanógrafos se fijan más que los mediocres en lo que está por venir en la página, lo que están haciendo es ver su propio futuro. Saber lo que les espera les permite prepararse y, por lo tanto, hacerlo mejor. Quizá solo se estén adelantando un segundo, pero, para ellos, ese extra marca totalmente la diferencia. En otros campos, los tiempos son, por supuesto, muy superiores, y las ventajas son igual de importantes.

Esto no va de que te lean la buena ventura, ni de contratar a Nostradamus o a un astrólogo. La mayor parte del poder que conlleva mirar un poco más allá reside en el sencillo gesto de elevar la vista y obtener una perspectiva, no solo de vez en cuando, sino a menudo y cada vez mejor, gracias a la práctica. ¿Cuándo fue la última vez que participaste en una conversación a fondo en tu lugar de trabajo sobre el estado de tu sector dentro de cinco años? ¿Y dentro de quince, teniendo en cuenta el contexto de tu negocio, la competencia, la regulación estatal y otros factores? Este tipo de conversaciones rara vez suceden por debajo del nivel de director ejecutivo y, sin embargo, la experiencia de los mejores nos sugiere que todo el mundo se beneficiaría de ellas.

Hay muy pocas empresas que implementen políticas de mirada a muy largo plazo. El experto en Japón John Nathan recuerda una reunión con el fundador de Panasonic, Konosuke Matsushita, considerado por muchos uno de los mejores hombres de negocios del siglo XX; estaban en una barquita en un lago de las instalaciones de la empresa. Matsushita dio una palmada. Al momento, emergieron unos cuantos peces grandes, que habían reconocido la señal de comida. «Estos peces entienden qué es el largo plazo —dijo—. Viven cien años.» Matsushita miraba aún más lejos: tenía un plan de cinco siglos para su empresa, que en estos momentos ya tiene cien años de antigüedad y sigue siendo potente en una industria tan volátil como la de los productos electrónicos.

Las petroleras miran más a largo plazo que la mayoría, porque no tienen otro remedio. Negociar los derechos de explotación de un yacimiento puede llevar años, desarrollarlo, otra década y, con suerte, producirá petróleo durante unas cuantas décadas más. Por eso, las grandes petroleras comprueban regularmente las previsiones de oferta y demanda de petróleo de los próximos cien años. Las mejores van más allá de los números y buscan posibles causas y efectos para esas situaciones. Un ejemplo es el conocido proceso de planificación de distintos escenarios hipotéticos de Shell, que le permitió hacer frente a la crisis del petróleo árabe de la década de 1970. Ningún escenario podía advertir a Shell de que habría una crisis, porque hablamos de conjeturas, no de pronósticos. Pero uno de los creados por el equipo de estrategia imaginó un accidente en Arabia Saudí que hacía subir el precio del petróleo, porque llevaba a los productores árabes a reconsiderar sus políticas a la hora de fijar precios. Los directivos de Shell llevaron su análisis aún más lejos y entendieron que los productores árabes, indignados con Estados Unidos por su apoyo a Israel en la guerra de los Seis Días, podrían pensar que restringir el suministro y ejecutar un embargo podría ser útil para muchas cosas.

Y, como habían hecho ese ejercicio, los directivos de Shell vieron que había una serie de sucesos que podían conducir a un embargo y, cuando pasó, estaban mucho mejor preparados que su competencia para enfrentarse a él. Ya habían visto esa película, así que frenaron la expansión de sus refinerías y las adaptaron para gestionar distintos tipos de crudo, mientras sus competidores dudaban sobre qué hacer. La opinión general en el sector es que Shell sobrellevó la crisis del petróleo mucho mejor que cualquier otro gran productor.

Hoy lo habitual es cuestionar el valor de adelantarse a lo que está por venir, porque el cortoplacismo está a la orden del día. La opinión más extendida es que nadie mira más allá del próximo trimestre. Pero como muchas opiniones extendidas, esta no es del todo cierta. Si miras las tablas de cotización de un día cualquiera, verás cantidad de empresas, muchas de ellas de biotecnología o tecnologías de la información, que no dan beneficios ni parece que vayan a darlos en mucho tiempo, y, sin embargo, el precio de sus acciones es considerable. Los inversores valoran estas empresas a muchos años vista. Las modas de los mercados cambian, pero el futuro siempre es importante, y cuanta más larga, y racional, sea tu visión mayor será tu ventaja.

Obtienen más información viendo menos

Esta capacidad es esencial para el éxito en cualquier ámbito del mundo real, porque nunca tenemos tanta información como nos gustaría. La obtención de información está limitada por dos aspectos que nos afectan a todos: cuesta tiempo y dinero. Tomar buenas decisiones de forma rápida y económica siempre es una ventaja competitiva.

Los mejores adquieren la capacidad de tomar decisiones críticas en su sector mediante mucha práctica. Los agentes de policía aprenden a decidir si hay que disparar o no en cuestión de segundos. Los *quarterbacks* aprenden a decidir con muy pocas pistas si deben o no lanzar la pelota, y en qué dirección. Incluso en los negocios, donde no hay peligro de que otros jugadores te plaquen para arrebatarte el balón, tomar decisiones rápidas con una información escasa suele ser una ventaja. Jack Welch, que consideraba que las decisiones que atañían al personal constituían el núcleo de su trabajo como director ejecutivo, a veces decidía extremadamente rápido. Conoció a un joven auditor de General Electric llamado John Rice durante una comida y recuerda que «Me cayó bien inmediatamente». A Welch le había impresionado una presentación que había hecho Rice y, por eso, le concedió un «ascenso» instantáneo. Gracias a ese punto de inflexión en su carrera, Rice se convirtió en una de las grandes estrellas de General Electric y vicepresidente de la empresa a los cincuenta años. En ese momento, Welch apenas conocía a Rice, pero lo que sabía le bastó. Y le bastó porque la evaluación intensiva y disciplinada del personal había sido una pieza central de la carrera de Welch durante décadas.

Discriminan mejor que los mediocres

Se decía que Charles Revson, el emprendedor que convirtió Revlon en una de las marcas de cosméticos más importantes del mundo, era capaz de distinguir varios tonos de negro, algo especialmente complicado, incluso para quienes trabajan con colores. Esta capacidad es una metáfora para todo tipo de evaluaciones. Por ejemplo, una cosa es decir que a un encargado «se le da bien el trato con el personal», pero otra muy distinta es preguntar si el encargado en cuestión ve cuando un subordinado directo parece aburrirse con su trabajo. Y, si lo hace, ¿lo considera un problema o una oportunidad? ¿Qué soluciones propone? Y esas soluciones ¿parecen eficaces o no? ¿Ha acabado aplicando alguna? Es la diferencia entre distinguir el color negro o cinco tonos distintos de negro, y funciona en la evaluación de personal, de situaciones, de propuestas, de desempeño, de productos y de cualquier otra cosa. En cada caso, captar diferencias que los demás no ven es otra forma de percibir más.

Hay que tener en cuenta que todas estas habilidades tan importantes son, sin duda, resultado de formarse y practicar. Lo sabemos porque, en muchos casos, las personas que se dedican a un ámbito determinado trabajan mucho en ellas, y los formadores las consideran difíciles de enseñar. También lo sabemos porque las investigaciones nos muestran que estas habilidades no suelen ser transferibles a un campo distinto de aquel en el que se han aprendido. Podríamos asumir, por ejemplo, que los músicos excelentes tienen «buen oído», es decir, que poseen la capacidad de discriminar muy bien el sonido. Pero las investigaciones muestran que los músicos que discriminan diferencias prácticamente inapreciables entre tonos musicales, son igual de mediocres que el resto a la hora de discriminar tonos de voz. La práctica consciente funciona ayudándonos a adquirir habilidades concretas que necesitamos para destacar en un determinado ámbito.

Saber más

Puede parecer increíblemente obvio que los grandes saben más que los mediocres; por ejemplo, solemos presuponer que un gran inversor sabe mucho más sobre su ámbito de inversión que uno mediocre. Pero en realidad no es tan obvio y, de hecho, durante un tiempo, los investigadores pensaban que no era cierto. Y es probable que nuestras propias creencias a este respecto aún contengan trazas de su punto de vista anticuado.

Los investigadores pensaban que el desempeño extraordinario no era consecuencia de un mayor conocimiento sino de una mayor capacidad de razonamiento, que aplicaba mejores métodos. No tenías que saber mucho sobre un determinado ámbito si sabías la mejor forma de analizar un problema y meditar sobre él, y necesitabas aún menos información si apoyabas tu análisis y capacidad de razonamiento con una computadora. Estas ideas se popularizaron mucho con la llegada de los primeros ordenadores, entre las décadas de 1950 y 1970, cuando los científicos buscaban formas de crear máquinas inteligentes y todo parecía posible. Tan obcecados estaban con esto que, en 1957, dos científicos (Herbert Simon y Allen Newell) anunciaron un programa de ordenador que bautizaron con el ambicioso nombre de Resolvedor de Problemas Generales. No sabía nada sobre ningún tema en concreto, pero contaba con normas lógicas y estrategias de resolución de problemas de aplicación, en teoría, universal. Jamás resolvió ningún conflicto del mundo real, pero sí constituye una muestra de la dirección que estaba tomando gran parte del pensamiento científico: no necesitabas conocimientos específicos, siempre y cuando contaras con una máquina intelectual lo bastante potente.

Al final, los investigadores entendieron que el poder de computación sin conocimiento no estaba dando los resultados esperados. Como ejemplo de lo mal que abordaban la situación, veamos uno de los intentos más célebres de crear a un experto artificial: la búsqueda de un programa de ordenador que fuera capaz de jugar al ajedrez. Era un marco perfecto para aplicar la hipótesis de «el conocimiento no importa». Tú le dices al ordenador cuáles son las normas y el objetivo del juego, y después lo sueltas con su increíble velocidad y su capacidad de razonamiento inigualable por ninguna persona. El triunfo de la máquina era inevitable.

El problema radicaba en que los humanos seguían ganando una partida tras otra. Y eso suponía un problemón, porque los investigadores del ajedrez estiman que, a partir de un punto concreto de la partida, hasta los mejores jugadores necesitan unos quince segundos para valorar todos los movimientos posibles. En cambio, los primeros programas de ajedrez podían probar miles de movimientos por segundo. ¿Cómo era posible que ganaran los humanos? Cuando Garri Kaspárov, el campeón del mundo en ese momento, se enfrentó por primera vez al famoso programa Deep Blue de IBM en 1996, el ordenador evaluaba 100 millones de movimientos por segundo, y Kaspárov le ganó. Un año después, el ordenador había sido mejorado para evaluar 200 millones de movimientos por segundo, y, por fin, Deep Blue ganó el enfrentamiento a seis partidas: dos victorias a una, con tres tablas.

Sin embargo, y teniendo en cuenta su increíble ventaja, ¿cómo iba el ordenador a perder o hacer tablas siquiera una vez contra jugadores humanos? La respuesta es que los humanos poseen una cosa que el ordenador no: un enorme conocimiento sobre el ajedrez; sabían qué habían hecho los maestros anteriores en muchos casos distintos frente a determinadas jugadas y qué consecuencias suelen tener determinadas decisiones. Con el tiempo, los investigadores de un amplio número de campos entendieron dónde residía el secreto. «El ingrediente más importante en cualquier sistema experto es el conocimiento», escribieron tres científicos eminentes (Bruce G. Buchanan, Randall Davis y Edward A. Feigenbaum) que trabajan con sistemas de computación expertos. «Se podría decir que no hay ninguna tarea en la que los programas con muchos métodos de inferencia general, o incluso con cierta capacidad para la lógica matemática, pero con pocos conocimientos sobre el ámbito en concreto, puedan comportarse como expertos.» La conclusión fue la siguiente: «El poder reside en el conocimiento». Las maravillas de la inteligencia artificial no fueron posibles hasta que los ordenadores pudieron empezar a digerir y entender cantidades extraordinarias de datos. Y los humanos nos parecemos mucho a esos ordenadores.

Otros investigadores llegaron a la misma conclusión tomando un camino distinto, aunque también se dedicaban al estudio del ajedrez. Un psicólogo holandés llamado Adriaan de Groot comparó a ajedrecistas de talla mundial con jugadores buenos de distintas federaciones y concluyó, para su sorpresa, que los jugadores de talla mundial no eran capaces de valorar más posibles movimientos que los menos expertos, y tampoco podían predecir más movimientos futuros ni se regían por normas distintas a la hora de elegir sus jugadas. En resumen, la velocidad de sus máquinas de pensar no era superior. Entonces, ¿por qué eran mejores?

Una parte de la respuesta, que, al parecer, es aplicable a todos los ámbitos, es que tenían un mayor conocimiento de su campo de especialidad. Los investigadores han hallado (usando un método que describiré un poco más adelante) que, en el ajedrez, los jugadores de nivel maestro poseen unos conocimientos del juego que pueden ser diez veces o, a veces, hasta cien veces superiores a los de los simples federados. Y, lo que es igual de importante, los mejores de muchos ámbitos tienen un conocimiento más ordenado y consolidado, lo que les permite abordar los problemas de formas esencialmente distintas y más útiles. Por ejemplo, se dieron 24 problemas de física a físicos expertos y estudiantes de primero de carrera y se les pidió que los clasificaran por tipos. Los principiantes lo hicieron basándose en sus características más obvias, por ejemplo, si implicaban fricción o planos inclinados. Los expertos lo hicieron según qué principios había que aplicar para resolverlos, por ejemplo, la segunda ley de Newton.

Otros estudios han replicado este hallazgo en muchos otros campos. Los psicólogos expertos clasifican las afirmaciones de sus pacientes según los factores más relevantes para la terapia elegida, mientras que los novatos lo hacen basándose en detalles superficiales. Los pescadores profesionales clasifican las criaturas que pescan siguiendo criterios muy prácticos, como su comportamiento o valor comercial; los inexpertos lo hacen basándose en su aspecto. En general, el conocimiento de los mejores se integra y se conecta con principios de más alto nivel.

Y en los negocios hallamos este mismo fenómeno. Muchas empresas dedican un esfuerzo especial a proporcionar a sus mejores empleados el conocimiento más amplio posible asignándoles una gran variedad de trabajos distintos en cuanto a naturaleza y ubicación (toma de decisiones, trato con el personal, puestos por todo el mundo) y, en general, es así como los mejores suelen aprender muchas, y a veces todas, de las facetas más importantes de su negocio.

Es especialmente significativo que muchas de las empresas más exitosas reconozcan explícitamente la importancia de conocer en profundidad su campo concreto, en comparación con las habilidades generales de gestión. La diferencia es la misma a la que se enfrentaban años atrás los ingenieros informáticos que intentaban crear el Resolvedor de Problemas Generales; los empresarios de Estados Unidos siguieron básicamente el mismo camino. Las mejores escuelas de negocios y muchas de las empresas líderes intentaron durante décadas formar gerentes excelentes, personas que, en teoría, pudieran aterrizar en cualquier compañía y ponerla en solfa con solo las potentes técnicas que habían aprendido. Según lo que se pensaba entonces, no hacía falta que supieran gran cosa del negocio en cuestión; bastaba con que conocieran las estrategias para resolver problemas en el ámbito empresarial.

Pero resultó que la dirección de muchas de las empresas más exitosas no funcionaba así. Cuando Jeff Immelt se convirtió en el director de General Electric en 2001, emprendió un estudio sobre las mejores empresas del mundo, las que habían crecido más rápido que la economía durante muchos años y habían generado excelentes beneficios a los accionistas. ¿Qué tenían en común? Un rasgo clave que halló el estudio era que dichas compañías valoraban la «experiencia en el campo» de los gerentes, es decir, que supieran mucho sobre el ámbito de sus empresas. Immelt añadió la «gran experiencia en el campo» como rasgo obligatorio para ascender en General Electric. Como explicó en *Harvard Business Review*: «Los departamentos más exitosos de General Electric son los que tienen a los mismos directivos desde hace años. Mira la larga trayectoria de Brian Rowe en motores de aviación. Tomó cuatro o cinco grandes decisiones basadas en su profundo conocimiento del negocio, que nos convirtieron en líderes de la industria durante cincuenta años [...] En las áreas con mucha rotación de personal, como reaseguros, allí es donde hemos fracasado».

La práctica consciente facilita la construcción y el desarrollo de conocimiento. El intento constante de aplicar las propias habilidades en un campo requiere la obtención de conocimiento adicional, y hacerlo durante años genera conexiones críticas que organizan todo el conocimiento y lo convierten en útil. Hay que tener en cuenta, por cierto, que la importancia central del conocimiento para el desempeño extraordinario complica mucho la teoría de que este surge del talento innato, dado que nadie nace con un gran conocimiento sobre nada.

La gran importancia que tiene el conocimiento requiere que los grandes desarrollen otro rasgo clave. Al fin y al cabo, ¿de qué sirve tener un montón de conocimiento si no puedes recordarlo y aplicarlo cuando toca?

Recordar más

En el capítulo 3 hemos descrito una investigación sobre la memoria de los ajedrecistas que decía que los expertos eran capaces de mirar un tablero con una jugada real, con hasta 25 piezas, durante solo unos segundos y recordarlo a la perfección, mientras que los novatos que miraban el mismo tablero solo recordaban la posición de unas cinco. Sin embargo, cuando las piezas estaban colocadas de forma aleatoria, los expertos apenas podían recordar las posiciones de más piezas que los novatos. La conclusión era que los ajedrecistas de más alto nivel no tenían una memoria general increíble, sino una gran capacidad de recordar jugadas de ajedrez reales. La pregunta que no planteamos en ese momento, pero que ahora pide a gritos una respuesta es ¿cómo lo hacen? ¿Cómo son capaces, en concreto, de recordar tanta información? Y, en general, ¿cómo son capaces los grandes de todos los campos de recordar cosas que parecen imposibles? Cuando estaba en activo, se sabe que el golfista Jack Nicklaus era capaz de recordar todos sus lanzamientos durante un campeonato. Los hombres y mujeres de negocios de más éxito son capaces, a menudo, de recordar cifras concretas de informes económicos de años atrás. Los investigadores han llegado a la conclusión de que los mejores de la mayoría de los ámbitos cuentan con una memoria superior para los datos que manejan en sus campos. ¿Cómo se explica esto?

Parte de la respuesta se encuentra en la misma investigación que desveló el importante hallazgo sobre los ajedrecistas. El experimento, mostrar una jugada de ajedrez durante unos segundos a expertos y novatos para que la recordaran, parece una prueba muy clara de memoria a corto plazo, que solo guarda la información durante un periodo de tiempo muy breve, de manera que si una tarea más exigente nos distrae, olvidamos lo que estábamos intentando recordar. Muchas décadas de investigación han mostrado que la memoria a corto plazo media solo retiene unos siete elementos. La capacidad de memoria a corto plazo no varía mucho entre personas; podríamos decir que la de todo el mundo se encuentra en un rango de entre cinco y nueve elementos.

Ya hemos dicho que los investigadores hallaron que los maestros del ajedrez tenían una memoria a corto plazo media cuando se trataba de recordar piezas puestas aleatoriamente sobre el tablero. Lo que se puede considerar más sorprendente es su hallazgo de que, incluso con jugadas reales, la memoria de los maestros seguía siendo media, en el sentido de que, igual que los novatos, solo recordaban entre cinco y nueve «elementos». La diferencia radica en la naturaleza de dichos «elementos».

Los investigadores propusieron lo que se conoce como teoría de los fragmentos. Todas las personas que participaron en el experimento recordaban más o menos el mismo número de fragmentos de información. Para los novatos, un fragmento era una pieza concreta sobre una casilla concreta. Pero para los maestros, que llevaban años estudiando jugadas reales, los fragmentos eran mucho más grandes y consistían en un conjunto de piezas dispuestas de una forma concreta.

La diferencia se parece mucho a la que existe entre letras y palabras. Imagina conocer todas las letras del alfabeto, pero no tener ni idea de cómo juntarlas para formar palabras. Imagina ahora que te enseñan durante cinco segundos un conjunto de letras ordenadas, por ejemplo, «lexicografía», y te piden que recuerdes las letras en el orden correcto. Como solo verías un montón de letras, te costaría bastante recordar cómo sigue la secuencia después de las primeras siete más o menos. Pero en el mundo real reconocerías esas letras como una palabra que te suena, en este caso, de doce letras, de forma que te resulta sencillo recordar las doce letras en orden. En el segundo caso no necesitarías cinco segundos para memorizar las letras; con medio segundo te sobra. Y, aunque quizá tendrías que pensarlo un poco, podrías incluso llegar a repetir toda la retahíla de letras en orden inverso.

Cuando los mejores ajedrecistas miran un tablero, ven palabras, no letras. En lugar de ver 25 piezas, lo que ven son unos cinco o seis grupos. Por eso les resulta fácil recordar dónde están. Podemos llevar aún más lejos la analogía. Recordarás, porque lo hemos comentado antes al hablar del conocimiento, que los mejores jugadores saben entre diez y cien veces más que los buenos jugadores federados. En este caso, los fragmentos son las unidades de conocimiento. Los investigadores estiman que un buen jugador federado cuenta con un «vocabulario» de unos 1.000 fragmentos, mientras que el de los mejores jugadores es de entre 10.000 y 100.000.

La teoría de los fragmentos es convincente y valiosa, y su aplicación es muy amplia. Pero, como explicación de las muchas exhibiciones de gran memoria de los mejores ajedrecistas y, por extensión, de los mejores de cualquier campo, tiene sus problemas. Es buena explicando la memorización inmediata de jugadas que ven solo un momento, que presumiblemente se almacenan en la memoria a corto plazo; el almacenamiento de fragmentos más grandes permite a los expertos superar los límites inherentes a ese tipo de memoria. Pero, como su propio nombre indica, la memoria a corto plazo no dura mucho, y se vacía cuando la mente se centra en otra cosa. Por eso tenemos que anotar los números de teléfono en cuanto nos los dicen, porque como antes de hacerlo suene el timbre de la puerta seguramente se te olvidará.

Pero piensa en los ajedrecistas que juegan diez partidas simultáneas con los ojos vendados. No pueden guardar todos esos tableros en la memoria a corto plazo, porque, si lo hicieran, cada vez que cambiaran de oponente olvidarían al que acaban de dejar. Y tampoco pueden estar usando la memoria a largo plazo porque, al menos en su definición habitual, no permitiría almacenar y recuperar información de forma suficientemente rápida y fiable para usarla en una partida de ajedrez. Entonces, ¿cómo lo hacen? La respuesta nos ayuda a explicar el desempeño excepcional, no solo de los mejores ajedrecistas, sino también de los mejores médicos diagnosticadores, los mejores programadores de *softwa-*

re, los mejores arquitectos diseñadores de edificios, los mejores ejecutivos estrategas y cualquiera que sea excelente en su campo.

Todas estas personas han desarrollado lo que podríamos denominar una habilidad de memoria, una habilidad especial que les permite acceder a la memoria a largo plazo, y a su enorme capacidad, de una forma rápida y fiable. No emplean la memoria a corto plazo ni lo que se define tradicionalmente como memoria a largo plazo. Los investigadores que propusieron esta explicación por primera vez, Anders Ericsson y Walter Kintsch, la llamaron memoria de trabajo a largo plazo. Otros la han denominado memoria de trabajo experta. Para entender este elemento tan importante, hay que recordar la historia de SF, el corredor gritón capaz de recordar listas de números aleatorios extraordinariamente largas. Lo hacía relacionando los dígitos con números que tenían sentido para él; por ejemplo, recordaba los dígitos 4 1 3 1 de esta forma: 4:13,1, un tiempo habitual para correr una milla. Había creado lo que se denomina una estructura de recuperación, una forma de conectar los datos con conceptos que ya se poseen.

SF solo intentaba recordar dígitos. No tenía un objetivo ulterior, así que creó una estructura de recuperación a partir de conceptos que, por casualidad, ya poseía y que no estaban en absoluto relacionados con la tarea en sí. En el mundo real, el gran poder de la memoria de trabajo a largo plazo, el motivo por la que es un rasgo característico de los mejores, es que se construye con una estructura de recuperación conectada con la esencia misma de la actividad. Efectivamente, la absoluta comprensión del propio campo se convierte en la estructura en la que los expertos pueden fijar cantidades enormes de información que aprenden al respecto.

Para ilustrarlo, piensa en una sencilla investigación llevada a cabo con dos grupos: fanáticos del béisbol y espectadores casuales de este deporte. Se dio a ambos una emocionante descripción escrita de una media entrada de un partido. Después, los fanáticos recordaban mucho mejor los sucesos importantes para el resultado final del partido: jugadores adelantados, carreras evitadas, etcétera. Los espectadores casuales tendían a recordar detalles llamativos pero irrelevantes, como la actitud del público y el clima. El gran conocimiento sobre el deporte de los fanáticos les proporcionaba un marco para fijar la información que habían leído.

Estos hallazgos se pueden aplicar de forma general: los mejores entienden su campo a un nivel más alto que los mediocres y, por lo tanto, tienen una mejor estructura a la hora de recordar información al respecto. Los mejores diagnosticadores recuerdan más cosas de cada paciente, porque usan los datos para hacer inferencias diagnósticas de mayor nivel que los que están en la media. Los mejores programadores recuerdan las estructuras de los programas mucho mejor que los novatos, porque entienden mejor lo que hacen y cómo. Los ingenieros electrónicos que están empezando solo ven componentes cuando miran un circuito, mientras que los expertos detectan grupos funcionales y los recuerdan mejor. Investigaciones muy serias han hallado estos y muchos más ejemplos.

En lo relativo a los ajedrecistas, ahora sabemos que su increíble memoria se basa en algo más que su capacidad para percibir las piezas en grupos. Los mejores jugadores también entienden la importancia estratégica de cada uno de ellos, su rol de ataque, defensa o distracción, etcétera. En la analogía de las letras y las palabras, no es solo que los novatos vean letras y los expertos palabras, es que los segundos también conocen el significado de dichas palabras.

Queda claro que la memoria sobresaliente de los mejores no es casual, teniendo en cuenta que se construye sobre los cimientos de una comprensión profunda de su campo que solo se alcanza tras años de estudio intensivo. Además, requiere relacionar coherentemente la información nueva con los conceptos más elevados, y eso cuesta. También es fácil ver por qué la memoria superior de los expertos no es aplicable fuera de su campo de especialidad: es un elemento central e inseparable de su calidad de expertos. Lejos de ser una habilidad general, se trata, en última instancia, de una capacidad que se adquiere tras muchos años de práctica consciente.

Hemos visto que la práctica consciente bien estructurada y a lo largo de mucho tiempo desarrolla habilidades concretas de los grandes, que les permiten percibir más, saber más y recordar más, y hemos visto también lo importantísimas que son estas habilidades para su desempeño. Pero estas no son las únicas consecuencias de la práctica, sino que también ejerce una influencia extra que, de algún modo, resulta incluso más impresionante: puede llegar a alterar la naturaleza física del cuerpo y el cerebro de una persona.

No hablamos de efectos evidentes, como el desarrollo muscular que provoca el entrenamiento de fuerza, por ejemplo, sino de la modificación de características que la mayoría creemos que son inalterables. Por ejemplo, el tamaño del corazón de los corredores de grandes distancias es mayor al de la media, una singularidad que casi todos consideramos una ventaja natural con la que han sido agraciados. Pero no, la investigación ha demostrado que sus corazones crecen tras años de intenso entrenamiento; cuando abandonan la práctica, sus corazones recuperan su tamaño normal. Los deportistas no solo pueden cambiar el tamaño de sus músculos, sino también su composición (la proporción de fibras de contracción rápida y lenta) mediante años de práctica. Los mejores bailarines ganan mayor apertura de caderas más que la media y los lanzadores de béisbol la de extender más el brazo con el que lanzan mediante mucha práctica a edades anteriores a la calcificación de las articulaciones.

Hasta los cerebros son susceptibles de ser modificados. Cuando los niños empiezan a tocar un instrumento musical, su cerebro se desarrolla de una forma distinta: la corteza cerebral cambia. Las regiones cerebrales que distinguen tonos y controlan los dedos ganan terreno, y cuanto más pronto empieza una persona a tocar, mayor es este efecto. La capacidad de cambio cerebral es mayor en la infancia, pero no desaparece. Un estudio de los taxistas de Londres, que se preparan duramente durante dos años de media, halló que las áreas de sus cerebros que controlan la orientación espacial habían crecido. Algo que parece especialmente importante para que sucedan esos cambios es la acumulación de una sustancia llamada «mielina» alrededor de fibras nerviosas y neuronas, que funcionan mejor cuanto más las rodea. Los cerebros de pianistas profesionales, por ejemplo, muestran un incremento de la mielinización en las áreas relevantes.

Es importante tener en cuenta que la mielinización es un proceso lento. Acumular mielina alrededor de una fibra nerviosa que controla, por decir algo, la pulsación de una tecla concreta del piano de una forma concreta implica mandar constantemente la señal en cuestión mediante esa fibra. Este proceso de acumulación de mielina mediante el envío de señales por las fibras nerviosas que vemos tanto en los ámbitos estrictamente intelectuales, como los negocios, como en el deporte y la música, tiene que suceder millones de veces para dar lugar a un gran ejecutante. En otras palabras, el proceso de desarrollo de mielina es paralelo al funcionamiento de la práctica consciente e ilustra de una forma nueva por qué se necesitan tantos años de trabajo intenso, en concreto, de mucha repetición de actividades prácticas, para convertirse en uno de los mejores. La investigación sobre la mielina y su relación con la práctica consciente está aún en su fase inicial, pero parece posible que, a un nivel fundamentalmente molecular, la mielina sea lo que conecta la práctica intensa con el desempeño extraordinario.

Al ver o contemplar a alguien excepcional en lo suyo, todos hemos tenido la poderosa sensación de que, en lo más hondo, esa persona no era como nosotros. Ya sea estudiando las inversiones de Buffett, escuchando una grabación de Pavarotti o viendo golpear una pelota a Roger Federer, no somos capaces de ver la relación entre nuestro desempeño en sus campos y lo que ellos hacen; no somos capaces de imaginar ningún camino que nos conduzca desde donde estamos hasta donde están ellos. Por eso siempre recurrimos a las mismas metáforas para describir a esas personas: son de otro planeta; son sobrehumanos; son increíbles.

Y hemos visto que, hasta cierto punto, tenemos razón: los grandes son esencialmente distintos. Sus cuerpos y sus cerebros son de verdad diferentes de los nuestros a nivel muy profundo. Además, sus habilidades de percepción, organización y memorización de la información están mucho más desarrolladas que las de la mayoría de nosotros. Pero nos equivocamos al pensar, como hacen muchos, que la naturaleza excepcional de los grandes tiene algo de misterioso o está predestinada. En realidad, es el resultado de un proceso cuyos elementos generales tenemos claros.

De hecho, hay un camino que conduce del estado en el que se encuentran nuestras habilidades al de las suyas, aunque sea extremadamente largo y exigente, y muy pocos lo seguirán hasta el final. Sin embargo, independientemente de hasta dónde avancemos, el viaje siempre resultará beneficioso y empieza aplicando los elementos del proceso de práctica. La pregunta es cómo.

7

Aplicar los principios a nuestra vida

*Si pensamos en nuestro trabajo de una forma nueva,
abundan las oportunidades*

Benjamin Franklin fue, según David Hume y muchos otros, el «primer gran hombre de letras de Estados Unidos», así que es normal preguntarse cómo llegó a ser un escritor tan extraordinario. Su propio relato al respecto en su autobiografía es bien conocido, la mayoría de los escolares estadounidenses lo tienen como lectura obligatoria, pero a la luz de lo que sabemos ahora sobre el desarrollo de los grandes, hay algunos elementos de su historia que cobran relevancia y aportan más información de la que podríamos creer.

De adolescente, Franklin creía escribir bastante bien, pero, entonces, un día, su padre encontró un intercambio de cartas entre Ben y un amigo suyo, John Collins, con un toma y daca de argumentos sobre un tema. (El tema en cuestión era si las mujeres debían recibir educación formal; Collins argumentaba que su capacidad natural de aprendizaje era inferior a la de los hombres y Franklin estaba en desacuerdo.) En primer lugar, el padre de Ben le dijo a su hijo qué tenían de bueno sus cartas: eran mejores que las de Collins en cuanto a ortografía y puntuación. Y, después, le mostró en qué aspectos eran peores: «en cuanto a estilo, método y perspicacia, con las cuales me ha convencido en varios casos», recordaba Franklin. Vale la pena comentar que podemos tomar como referente al viejo Josiah Franklin para hacer evaluaciones de otras personas: empezar por los halagos y seguir con las críticas, sustentadas con ejemplos.

Ben reaccionó de varias maneras a las observaciones de su padre. Para empezar, buscó ejemplos de prosa claramente superior a cualquier cosa que él pudiera escribir, un grueso tomo de *The Spectator*, una magnífica publicación periódica inglesa fundada por Joseph Addison y Richard Steele. Cualquiera de nosotros podría haber hecho algo así. Pero Franklin emprendió entonces un llamativo programa que a la mayoría no se nos habría ocurrido.

Empezaba leyendo un artículo de *The Spectator* y tomando breves notas del significado de cada una de las frases; unos días después, recuperaba esas notas e intentaba expresar con sus propias palabras el sentido de las frases. Cuando acababa, comparaba su texto con el original, «encontraba algunos errores y los corregía».

Una de las cosas que notó fue la pobreza de su vocabulario. ¿Qué podía hacer al respecto? Se le ocurrió que escribir poesía requeriría un gran «inventario de palabras», porque necesitaría expresar cualquier significado de muchas formas distintas en función de las limitaciones métricas y de rima. Así que empezó a reescribir los ensayos de *The Spectator* en verso. Después, cuando los olvidaba, cogía sus textos en verso, los reescribía en prosa y volvía a compararlos con el original.

Franklin comprendió además que el elemento clave de un buen texto es su organización, así que también desarrolló un método para eso. Volvía a tomar notas breves de cada frase del texto original, pero esta vez lo hacía en trozos de papel independientes. Después, mezclaba todas las notas y las guardaba unas semanas, hasta olvidar el texto. Entonces, intentaba ordenarlas, escribía un nuevo texto y después lo comparaba con el original; una vez más «descubrí muchos errores y los corregí».

Lo que más llama la atención del método de Franklin es lo mucho que cumple los principios de la práctica consciente bien estructurada, teniendo en cuenta sus circunstancias. Aunque su padre identificó algunos errores concretos de su escritura, Ben no tuvo un maestro; lo que hizo fue crearse uno buscando ejemplos de prosa que estaban más allá de sus habilidades. No podría haber elegido mejor; los textos de *The Spectator* eran exactamente del tipo que Franklin quería aprender a escribir: interesantes, de actualidad e innovadores, y eran tan buenos que el tomo que empleó sigue siendo muy fácil de leer casi trescientos años después. Así que Franklin identificó qué aspectos de su desempeño tenía que mejorar y buscó la manera de ir más allá, lo que constituye el núcleo esencial de la práctica consciente.

Llama la atención que su forma de intentar mejorar no consistiera en sentarse a escribir. En lugar de eso, como los deportistas y los músicos de élite, trabajó una y otra vez los aspectos concretos que precisaban una mejora. Primero se centró en la estructura de las frases, que abordó de acuerdo con los principios de la práctica consciente. Su método de resumir y reformular frases de *The Spectator* una a una fue ingeniosamente diseñado con esa finalidad. Repitió muchísimo esta rutina, ya que cada texto tenía cientos de frases, y obtenía una evaluación inmediata al comparar las suyas con el original. Cuando decidió trabajar en otro elemento de su desempeño, el vocabulario, volvió a diseñar una estructura de práctica brillante, la versificación, con mucha repetición y evaluación inmediata. Hay que destacar que, dado que al final volvía a pasar a prosa sus textos en verso, seguía trabajando en la estructura de sus frases. Su abordaje del tercer elemento, la organización, volvió a ser extremadamente inteligente, ya que le permitía practicar de forma constante esa habilidad concreta sin dejar de lado las demás.

El plan de Franklin para escribir mejor cuenta con otra característica importante: lo ejecutó con diligencia. Cuando, hoy en día, la gente se entera de lo que hizo, lo que suele maravillarlos no es el brillante diseño de la práctica en sí, sino su capacidad para llevarla a cabo, porque parece que supone mucho trabajo. Lo cierto es que, en teoría, se trata de una rutina que podría haber seguido cualquiera; que podría y que puede, porque seguiría siendo eficaz hoy. Pero nadie lo hace, ni siquiera los alumnos de escritura creativa. Y eso que Franklin ni siquiera era estudiante. En aquella época, trabajaba de aprendiz en la imprenta de su hermano, una labor exigente que le dejaba poco tiempo libre. Practicaba su escritura por las mañanas, antes de ir a trabajar; por las noches, cuando regresaba; y los domingos, «cuando lograba quedarme solo en la imprenta». Criado en una familia puritana, sabía que los domingos tenía que ir a la iglesia, pero «en mi opinión, no tenía tiempo».

Los detalles de cómo aprendió a escribir bien Franklin deben interesarnos por dos motivos. En primer lugar, porque proporcionan un ejemplo especialmente claro del funcionamiento de la práctica consciente, en este caso, de cómo contribuyó a la formación de uno de los escritores de prosa más eficaces e influyentes en lengua inglesa. En segundo, porque son una muestra inspiradora de cómo se pueden aplicar estos principios por cuenta propia en circunstancias que no se pueden considerar ideales, y que, por desgracia, son las que se encuentran en la actualidad muchas personas y organizaciones.

Ya hemos visto la hostilidad que muestran la mayoría de las empresas frente a los principios de la práctica consciente bien estructurada. Y esto resulta aún más sorprendente cuando piensas en cuántas organizaciones de perfil alto no dedicadas al mundo de los negocios hay que sí aplican estos principios. Nos fascinan las actuaciones de equipos deportivos, orquestas y compañías teatrales, pero, en las oficinas, a casi nadie se le ocurre pensar que podemos aprender algo de cómo llegan algunas personas a lograr ese desempeño. El ejército de Estados Unidos ha llegado a ser más eficaz tras estudiar y adoptar estos principios, y subvenciona algunos de los estudios más importantes en este campo. Pero la mayoría de las empresas, al igual que la mayoría de las instituciones educativas y organizaciones sin ánimo de lucro, no reconocen o ignoran los fundamentos del desempeño extraordinario.

Y esto es así en muchísimas empresas, aunque no en todas. En el próximo capítulo veremos cómo hay algunas organizaciones que aplican estas ideas de diversas formas y cómo podrían hacerlo aún más. Pero dado que son muy pocas las que aplican y entienden estos principios, y como casi nadie está en posición de cambiar el funcionamiento de su empleador, lo primero que vamos a hacer es ver cómo pueden mejorar por su cuenta los individuos en sus respectivos campos, como hizo Ben Franklin.

Ten claro adónde quieres llegar

El primer paso, que obviamente merece cierta reflexión, es saber adónde quieres llegar. La palabra clave aquí no es «dónde» sino «saber». Porque como las exigencias de alcanzar el desempeño excepcional son tan grandes y duran tantos años, nadie puede cumplir con ellas sin comprometerse al máximo. Por eso, debes saber qué es lo que quieres hacer, no intuirlo, ni sentir cierta inclinación por ello, ni estar dándole vueltas. En el último capítulo entraremos más a fondo en la misteriosa cuestión del origen de este compromiso. Pero, de momento, vamos a asumir que sabes qué es lo que quieres, aunque solo sea el siguiente paso en una dirección más o menos amplia.

La primera dificultad a la que te enfrentas al diseñar un sistema de práctica consciente es identificar los siguientes pasos. Hay campos en los que están claros. Si quieres tocar el piano, las habilidades concretas que hay que aprender y el orden en el que hay que hacerlo es algo que generaciones de maestros ya han desentrañado. Lo mismo sucede en profesiones muy estructuradas; los primeros pasos para llegar a ser contable, abogado o médico están muy bien establecidos, y hay profesores que pueden guiarte.

Pero para la mayoría de las carreras profesionales, y para las últimas fases de cualquier especialidad, no existen temarios, ni planes de estudios ni materiales obligatorios que deban estudiarse y dominarse. Y casi nadie está cualificado para averiguar esas cosas por su cuenta: necesitamos ayuda.

Esto cambia nuestra perspectiva sobre los mentores: no solo son personas sabias a quienes recurrimos en busca de guía, sino maestros con experiencia en nuestro ámbito que nos pueden aconsejar sobre qué habilidades necesitamos adquirir a continuación y evaluar nuestro progreso. Nos referimos a un mentor ideal en su aplicación ideal y encontrar a alguien así no resulta fácil, pero siempre es posible seguir el principio general: en todas las actividades de práctica son muy valiosas las opiniones ajenas sobre qué deberías hacer y qué tal lo estás haciendo.

Las habilidades que se puede elegir llevar a cabo son infinitas, pero las oportunidades de practicarlas se pueden dividir en dos categorías generales: la práctica directa, que está separada del uso real de la habilidad en cuestión y es lo que hacen los músicos cuando ensayan antes de una actuación, y la práctica como parte del trabajo en sí.

La práctica directa

En la mayoría de los empleos, la idea misma de practicar directamente no está bien instaurada aparte de, quizá, en la preparación de discursos. Pero, de hecho, las posibilidades que nos brinda son sorprendentemente amplias y profundas. Podemos pensar en tres categorías generales, basadas en modelos de uso en campos donde se acepta que practicar es de suma importancia.

El modelo de la música

En la tradición clásica, los músicos saben qué es lo que van a tocar, la música está escrita. Lo que distingue a los mejores del resto es lo bien que la ejecutan. En los negocios encontramos numerosas situaciones análogas, muchas más de las que podrías pensar. Las más obvias son las que implican hacer presentaciones o dar discursos, que constituyen el único elemento del contexto empresarial que suele practicarse. Pero ¿se hace bien? Estos eventos pueden ser de una importancia extraordinaria; una presentación a un analista de Wall Street, a la cúpula directiva, a tu jefe, a un comité del Congreso o simplemente a tus compañeros puede tener consecuencias importantes para ti o tu organización. Y, sin embargo, la mayoría de las personas limitan su práctica a repetir la presentación en cuestión unas cuantas veces.

Piensa de cuántas formas se podría mejorar esa práctica. Podrías analizar el texto de la charla y determinar la idea más importante que se quiere transmitir en cada párrafo (pasión, inevitabilidad lógica, lazos comunes con el público, humor) y después trabajar cada uno de ellos por separado haciendo hincapié en expresar esa idea clave de una forma más eficaz, con evaluación tras cada repetición, ya sea por parte de un *coach* o viendo una grabación. En la era de YouTube, también sería fácil encontrar un vídeo de alguien haciendo una presentación similar para analizarlo y aprender, prestando especial atención a las decisiones, buenas y malas, que ha tomado ese conferenciante para expresar las mismas ideas que tú quieres transmitir.

¿Implica esto más trabajo del que nadie ha dedicado nunca a una presentación? Seguramente sí. Pero es exactamente el tipo de preparación que emplean los mejores en sus ámbitos.

Hay otros muchos elementos cruciales del mundo empresarial que se pueden practicar de una forma parecida.

Una de las tareas que más teme cualquier encargado es la evaluación de sus subordinados directos. Esta es una tarea que se ajusta al modelo de la música; sabes qué es lo que quieres transmitir, la dificultad es hacerlo de forma eficaz. El mensaje se puede dividir en piezas más pequeñas y analizar la intención de cada una de ellas antes de hacer repetidos ensayos con evaluación inmediata de un *coach* o mediante un vídeo. También se pueden ensayar así las entrevistas en las que tú eres el objeto, ya sean por parte de un empleador o un periodista. Al fin y al cabo, en esas situaciones, seguramente tienes claro qué mensajes claves quieres transmitir, independientemente de las preguntas que te hagan.

Hemos pasado por alto el tema de cómo se redactan estas presentaciones o estos discursos. Se suele decir que cualquier cosa que se escribe es una puesta en escena, lo que sugiere que escribir se puede considerar una actividad que sigue el modelo de la música. Para trabajos de escritura, podrías aplicar la técnica por partes de Ben Franklin, aunque en lugar de imitar *The Spectator*, podrías tomar como modelo cartas de tus superiores a los accionistas, anuncios, entradas de blog o cualquier otro texto apropiado a tus necesidades. Para presentaciones orales, un abordaje muy eficaz sería uno extraído de las técnicas de Ben Franklin: mira una presentación que consideres especialmente bien hecha y toma notas de sus distintos argumentos; más tarde, cuando hayas olvidado la mayoría, usa tus notas para crear una charla usando los mismos argumentos; da la charla y grábala; después, compara tu vídeo con el original.

El modelo del ajedrez

Los ajedrecistas excelentes practican estudiando jugadas de partidas reales entre jugadores de primer nivel, que organizan por tipos: aperturas, jaques, ataques, defensas y muchas otras categorías mucho más afinadas. Hay miles de libros de jugadas. La rutina de la práctica consiste en estudiar una disposición de piezas en concreto, elegir qué movimiento harías tú a continuación y, después, compararlo con el elegido por el maestro. Si difieren, se trata de averiguar por qué y cuál es mejor.

Esta práctica es de otro tipo, pero sigue cumpliendo con los requisitos de la práctica consciente bien estructurada: está diseñada para cubrir las principales demandas de la disciplina, en este caso, la selección de un movimiento, y se puede centrar aún más en el tipo de jugadas que necesites mejorar; además, incluye una alta repetición y evaluación inmediata. Hay muchos elementos del desempeño laboral que se pueden mejorar mediante abordajes similares a este.

De hecho, el modelo del ajedrez se ha utilizado mucho en la formación empresarial durante noventa años, pero con otro nombre: estudio de casos. Usada por primera vez por la Escuela de Negocios de Harvard, esta técnica se parece muchísimo a la práctica ajedrecística: se presenta un problema al alumno, que debe encontrar una solución. Al estar basado en la vida real, este método no permite saber si las medidas que tomaron los protagonistas del caso fueron las mejores posibles, o si habría sido preferible aplicar tu propuesta. Pero el proceso de concentrarse en el problema y evaluar las posibles soluciones es muy instructivo, lo que explica por qué el estudio de casos se usa en centenares de universidades de todo el mundo.

Una de las grandes fortalezas de este abordaje es que se puede centrar con precisión en habilidades concretas que haya que mejorar, tal como dictan los principios de la práctica consciente. Puede que lleves años trabajando en *marketing*, pero aún no hayas tenido la oportunidad de vender productos en China, por ejemplo, así que seguramente no sea esa tu mejor habilidad. Pero sí puedes estudiar decenas de casos de campañas de *marketing* de productos en China en poco tiempo. Es cierto que eso no es lo mismo que hacer la campaña de verdad, pero te da ventaja frente a quienes no han estudiado esa habilidad en concreto de manera intensa y repetida.

Una forma de aplicar el modelo del ajedrez es asistir a cursos de empresariales que empleen el estudio de casos. Es una opción que no siempre está al alcance de todos, pero que comporta muchas ventajas. Dado que la respuesta correcta al problema planteado en el caso no siempre está clara, ayuda mucho escuchar a otros alumnos argumentar sus puntos de vista y, sobre todo, al profesor, que puede ser incluso el creador del caso. Además, las clases suelen plantear muchos casos distintos; los alumnos de la Escuela de Negocios de Harvard hacen más de quinientos en los dos años que duran sus estudios.

Que no puedas asistir a una escuela de negocios o a clases de empresariales no significa que no puedas usar el modelo del ajedrez a tu medida. Para empezar, muchos de los casos que se estudian en las escuelas de negocios más famosas del mundo se pueden comprar en línea, así que puedes estudiarlos por tu cuenta. Y, en términos más generales, tener consciencia del modelo del ajedrez cambia tu forma de leer las noticias u observar lo que sucede en tu propia industria o en la empresa en la que trabajas. La esencia del modelo del ajedrez reside en la pregunta: ¿qué harías tú? Cada noticia que leas, cada avance de tu empresa o industria es una oportunidad para responder a esa pregunta. Subidas del precio del petróleo, recortes en el gasto de los consumidores, un corredor de Bolsa independiente pierde 7.000 millones de dólares, Apple presenta el iPhone... No te limites a leer las noticias, imagina cómo pueden afectar al negocio en el que trabajas o en el que quieres trabajar y responde a la pregunta: ¿qué harías tú? A continuación, llega un paso importantísimo: escribe tu respuesta y guárdala. Recuerda, la evaluación es básica para la eficacia de la práctica, y las personas tendemos a recordar mal lo que pensamos en el pasado; casi siempre ajustamos nuestros recuerdos para que nos hagan quedar mejor a la luz de cómo se han sucedido los acontecimientos. Pero esto es imposible cuando las cosas están por escrito. Comparar qué habrías hecho tú con el resultado de lo que hicieron los protagonistas en el mundo real es la única forma de extraer un aprendizaje real, que puede ser muy importante, de esta técnica.

El modelo del deporte

La práctica de los deportistas de élite puede ser de uno de estos dos tipos. Por un lado, de condicionamiento y fortalecimiento de las capacidades más útiles en el deporte en cuestión: los líneas de fútbol americano musculan sus piernas para tener potencia explosiva; los tenistas trabajan su resistencia para poder seguir devolviendo la pelota tras tres horas de partido. La otra categoría de práctica es el trabajo en habilidades importantes muy concretas: el bateo en béisbol, el lanzamiento en fútbol americano, sacar la pelota del búnker en golf. Una característica que comparten muchas de estas habilidades es que hay que ejecutarlas de forma distinta cada vez, porque las situaciones en las que se dan casi nunca coinciden. Esto es lo que lo distingue del modelo de la música. Para un pianista, las notas de la sonata *Claro de luna* de Beethoven no cambian nunca, pero para un *quarterback* no hay dos pases exactamente iguales.

¿En qué se parece esto a los negocios? Si hablamos de condicionamiento, vamos a asumir que tu trabajo no implica una condición física concreta, porque de lo contrario es evidente cómo aplicar el condicionamiento físico en este caso. Pero si trabajas en el ámbito de la información y los servicios, como es lo más habitual en el mundo desarrollado, entonces el condicionamiento consiste en reforzar las habilidades cognitivas subyacentes que seguramente ya tienes: matemática básica y contabilidad en trabajos financieros, ciencia básica en trabajos de ingeniería, habilidades de lenguaje básicas en trabajos editoriales. En muchos casos, son cosas que aprendiste en el instituto o la universidad y es tentador pensar que darle un repaso no te va a beneficiar en nada. Pero lo cierto es que estas fortalezas, como la fuerza física, se pierden si no se mantienen.

En este contexto, el condicionamiento puede adquirir distintas formas. Puede significar desempolvar antiguos manuales y libros de texto y repasar habilidades fundamentales relacionadas con tu trabajo para mejorar tu rapidez, tu agilidad y tu seguridad. Por ejemplo, da igual cuánto tiempo lleves trabajando en inversión, sin duda te va a ir bien volver a leer *Security Analysis*, de Graham y Dodd, un libro que seguramente tenías cuando empezaste, y del que te garantizo que aprenderás algo importante que has olvidado. Lo mismo sucede con quienes escriben y editan, y los manuales de estilo, por ejemplo. Cada ámbito tiene sus guías que siempre vale la pena volver a estudiar, igual que los líneas de fútbol americano no dejan de hacer sentadillas. La diferencia es que todos los líneas las hacen desde que empiezan el instituto hasta que se retiran de la liga profesional, mientras que un número sorprendentemente pequeño de personas dedicadas a los negocios llevan a cabo un condicionamiento básico que apoye su trabajo.

También se puede practicar el condicionamiento con material nuevo. Analiza a mano, con lápiz y papel, ratios básicos de un informe económico que no conozcas aunque tengas programas informáticos que te lo hagan con un clic. Analiza el valor de unas acciones. Corrige a boli un artículo de revista. No estarás aprendiendo nada nuevo, sino construyendo las fortalezas que sustentan tus habilidades.

El segundo tipo de práctica del modelo del deporte, el desarrollo de habilidades concretas, se basa en concentrarse en la simulación, y eso también se puede aplicar a muchos aspectos empresariales, aunque hacerlo en solitario puede ser difícil. Los deportistas dedican gran parte de su tiempo a trabajar en habilidades concretas que no son como tocar una pieza musical, que no cambia, o como determinadas habilidades deportivas, que son totalmente controlables por el deportista, como lanzar una pelota en béisbol o servirla en tenis. Estas otras habilidades son complicadas, en parte, porque tienen uno de estos rasgos, o ambos. En primer lugar, pueden implicar una respuesta rápida a una acción impredecible del contrario, batear una pelota de béisbol o devolver un servicio en tenis, por ejemplo. En segundo, pueden ser fluidas y dinámicas; el receptor de un pase puede no estar en posición cuando el *quarterback* lanza la pelota, pero sí puede estarlo cuando esta llega.

Contrarios impredecibles, respuestas rápidas, situaciones dinámicas, esto se parece mucho a la vida. Practicar este tipo de situaciones en solitario puede ser difícil porque, por definición, implican a otras personas. Si puedes lograr que alguien te ayude a practicar llamadas de ventas o negociaciones, por ejemplo, no dudes en hacerlo, sin olvidar, claro está, los principios: intentar mejorar un aspecto concreto de tu desempeño, repetir mucho y obtener evaluación inmediata.

Y si no consigues que nadie te ayude, no te preocupes, porque la tecnología puede acudir en tu rescate. Las personas que juegan a videojuegos seguramente ya se habrán percatado a estas alturas de que estos son la encarnación perfecta de los principios de práctica consciente. Te obligan sin cesar a mejorar tus habilidades actuales; cada vez que obtienes un determinado logro, el juego aumenta un poco la dificultad. Puedes repetir mucho la práctica; de hecho, estos juegos están ingeniosamente diseñados para ser casi adictivos. Recibes una evaluación continua, de forma que sabes exactamente qué aspectos de tu juego debes mejorar. Los jugadores creen que están jugando, pero en realidad están llevando a cabo una práctica consciente intensiva, y mientras lo hagan no dejarán de mejorar.

Cada vez más, emprendedores y organizaciones buscan nuevas formas de usar el poder de la práctica consciente, disfrazada de juegos digitales, para mejorar el desempeño de las personas. Por ejemplo, el ejército de Estados Unidos usa entrenamiento basado en juegos para enseñar a los soldados habilidades de interacción con humanos muy importantes para las misiones en las que tienen que tratar con civiles de aldeas iraquíes y afganas. Los departamentos de bomberos usan simulaciones en forma de juegos para entrenar habilidades concretas de su oficio, y es muy útil porque, al haber cada vez menos incendios, muchos bomberos se enfrentan a ellos con poca o nula experiencia real. Las empresas usan simulaciones digitales para formar a encargados en la gestión de proyectos de construcción gigantescos y multimillonarios en los que hay mucho en juego, y acumular experiencia pertinente en el mundo real puede ser cuestión de décadas; en cambio, las simulaciones en forma de juego les presentan decenas de situaciones realistas durante las cuales pueden cometer errores a coste cero, recibir evaluación inmediata y adquirir habilidades de manera rápida. Hay cientos de miles de ejemplos similares.

Es un cambio muy importante en nuestra forma de mejorar. En cada ámbito, la simulación digital nos permite usar la práctica consciente para ganar habilidades que no pensábamos que se pudieran practicar, o que, en todo caso, ahora podemos practicar de forma más rápida, intensiva y eficaz. La revolución en este aspecto está en pañales, pero podemos intuir hacia dónde irá si observamos el camino que ha emprendido el ajedrez, en el que los programas informáticos han transformado el aprendizaje. Bobby Fischer sorprendió al mundo en 1958 al convertirse en el gran maestro más joven de la historia con quince años y medio. Pero desde la llegada de programas informáticos de ajedrez de gran calidad, hay multitud de jugadores que han pulverizado su récord, entre ellos, un chico de Ucrania, Serguéi Kariakin, que se convirtió en gran maestro con doce años y siete meses.

¿Crees que lo que tú haces no se puede practicar de forma eficaz? Quizá fuera cierto en algún momento. Pero, aunque aún lo sea, esto no va a durar. Ahora prácticamente todo el mundo se puede beneficiar de la práctica consciente.

Practicar en el trabajo

Las oportunidades de practicar las habilidades para los negocios son más habituales de lo que solemos pensar, pero es que hay más. Todos disponemos de una forma distinta de practicar estas habilidades, que consiste en hacerlo directamente en el trabajo. Insisto en que esto es una actividad distinta. Si estás hablando con tu jefe sobre cuáles van a ser los objetivos para cobrar un bono, seguramente no puedas decirle: «Un momento, vamos a volver a discutir esto cinco veces más». Pero tanto en esa como en otras situaciones, sí que puedes hacer cosas distintas que te ayuden a mejorar mucho. Y todas suceden dentro de tu cabeza.

Los investigadores llaman a estas actividades «autorregulación». El término agrupa un gran número de comportamientos, algunos muy relevantes para lo que estamos explicando. El profesor Barry J. Zimmerman, de la Universidad Municipal de Nueva York, y sus colegas han estudiado a fondo estos comportamientos, y han llegado a la conclusión de que «las propiedades de la práctica consciente [...] se han estudiado como componentes claves de la autorregulación». La autorregulación eficaz se puede hacer antes, durante y después de la actividad laboral en sí.

Antes de la actividad laboral

La autorregulación empieza poniéndose objetivos. No hablamos de grandes objetivos vitales, sino de metas inmediatas, relacionadas con lo que vas a hacer hoy. La investigación muestra que los peores no se marcan ningún objetivo, sino que avanzan a trompicones en sus tareas. Los mediocres se ponen objetivos generales, a menudo centrados, básicamente, en obtener un resultado positivo: conseguir el pedido, vender las acciones obteniendo beneficios, escribir la propuesta del nuevo proyecto. Los mejores se marcan objetivos no relacionados con el resultado sino con el proceso que conduce a él. Por ejemplo, en lugar de conseguir el pedido, el objetivo puede ser centrarse especialmente en averiguar las necesidades no verbalizadas del cliente.

Como ves, esto es muy parecido al primer paso de la práctica consciente. No es exactamente igual, porque aquí no diseñas tú la actividad para practicar, sino que te ajustas a las necesidades del trabajo del día, pero, en el contexto de esa actividad, los mejores se centran en cómo mejorar en elementos concretos del trabajo, igual que un pianista se centraría en mejorar un fragmento determinado.

Una vez se marca el objetivo, el siguiente paso previo al trabajo es planificar cómo alcanzarlo. De nuevo, los mejores son quienes trazan una planificación más concreta y centrada en la técnica. Piensan con exactitud y no en general cómo llegar a donde pretenden ir. De modo que si su objetivo es discernir las necesidades no verbalizadas del cliente, su plan para conseguirlo ese día puede ser prestar atención a determinadas palabras claves que pueda decir este o hacer preguntas concretas para que emerjan temas importantes para él.

Un factor clave de la autorregulación previa a la actividad laboral se centra en creencias y actitudes. Puedes opinar que pensar en objetivos concretos para cada día y planificarlos es un rollo. Y lo es. Y para hacerlo todos los días hay que tener una gran motivación. ¿De dónde la sacamos? Los mejores acuden a trabajar creyendo firmemente en lo que los investigadores llaman su autoeficacia: su capacidad para hacer las cosas bien. También están convencidos de que todo ese esfuerzo valdrá la pena.

Durante la actividad laboral

La habilidad de autorregulación más importante que emplean los mejores durante su actividad laboral es la autoobservación. Por ejemplo, durante una carrera, los corredores de resistencia normalitos suelen pensar en cualquier cosa que no sea lo que están haciendo; es una actividad dolorosa, por lo que intentan no centrarse en ella. En cambio, los corredores de élite se concentran intensamente en sí mismos; por ejemplo, cuentan sus respiraciones simultáneamente a sus zancadas para intentar mantener determinadas ratios.

La mayoría no tenemos empleos con un componente físico importante, pero este mismo principio es aplicable al trabajo mental. Los mejores se observan muy de cerca. Son capaces de salir de sí mismos, monitorizar qué está sucediendo en su mente y preguntarse qué tal van. Los investigadores llaman a esto metacognición: conocimiento sobre el conocimiento, pensar sobre el propio proceso de pensamiento. Los mejores hacen esto de una forma mucho más sistemática que otros; es una parte fija de su rutina.

La metacognición es importante porque la situación cambia a medida que se desarrolla. Aparte del papel que tiene a la hora de hallar oportunidades para practicar, también es muy valiosa para adaptarse a condiciones cambiantes. Cuando un cliente plantea un problema del todo inesperado durante la negociación de un trato, los hombres y mujeres de negocios excelentes pueden tomarse una pausa mental y observar sus propios procesos mentales desde fuera: ¿he entendido bien lo que hay detrás de esa objeción? ¿Me he enfadado? ¿Me están secuestrando mis emociones? ¿Necesito aplicar otra estrategia? ¿Cuál?

Además, la metacognición ayuda a los mejores a hallar oportunidades de practicar en situaciones que evolucionan. Esas personas pueden observar sus pensamientos y preguntarse: ¿qué habilidades se están poniendo a prueba en esta situación? ¿Hay alguna otra que pueda probar? ¿Puedo esforzarme un poco más? ¿Cómo está yendo? Mediante su capacidad para observarse, pueden practicar mientras hacen lo que estén haciendo.

Después de la actividad laboral

Las actividades de práctica no sirven de nada sin una evaluación útil de los resultados. De un modo parecido, las oportunidades para practicar que encontramos en la actividad laboral no nos aportarán nada si no las evaluamos después. Esto es algo que debemos hacer por nuestra cuenta, ya que hablamos de actividades que suceden dentro de nuestra cabeza, y solo nosotros sabemos con exactitud qué estábamos juzgando o intentando hacer, y cómo ha acabado la cosa.

Los mejores se juzgan de una forma distinta a como lo hacen los demás. Son más concretos, como ya lo fueron al marcarse los objetivos y estrategias. Los mediocres se conforman con decirse que lo hicieron muy bien, mal o normal. Los mejores se juzgan con un estándar adecuado a lo que estén intentando hacer. A veces comparan su desempeño con su propia marca personal, a veces lo hacen con el desempeño de sus competidores actuales o con quienes aspiran competir; a veces se comparan con el mejor desempeño conocido en su campo. Cualquiera de esos estándares puede ser adecuado; la clave, como en toda práctica consciente, es elegir una comparación que nos lleve solo un poco más allá de nuestro límite actual. Las investigaciones confirman lo que dicta el sentido común, que ponerse un estándar demasiado alto es desalentador y no nos enseña nada, mientras que ponérselo muy bajo no nos hace avanzar.

Si tu estándar es el apropiado y te evalúas con rigurosidad, identificarás tus errores. Un elemento vital de la autoevaluación es determinar qué causó el fallo. Los mediocres creen que sus errores son fruto de factores que no pueden controlar: mi oponente tuvo suerte, la tarea era muy difícil, esto en concreto no se me da bien. Los mejores, en cambio, asumen la responsabilidad. Fíjate en que eso no solo constituye una diferencia en cuanto a personalidad o actitud. Recuerda que los mejores se han puesto objetivos y se han marcado estrategias muy concretos y basados en la técnica; y han reflexionado muy bien sobre cómo pensaban alcanzarlos. Así que, cuando algo no sale bien, pueden relacionar el fracaso con elementos concretos de su desempeño que no han salido como esperaban. Una investigación sobre campeones de golf, por ejemplo, halló este patrón punto por punto. Tienden mucho menos que los golfistas mediocres a culpar de sus problemas al clima, el recorrido o factores fortuitos. En lugar de eso, se centran con perseverancia en su desempeño.

El elemento final de la fase posterior a la actividad laboral recibe influencias de los demás e influye en todos los demás. Has tenido una experiencia laboral: una reunión con tu equipo, una sesión de compraventa de acciones, una revisión del presupuesto trimestral o una visita de un cliente. Has pensado qué querías alcanzar y mejorar y ha ido como haya ido. Ahora: ¿cuál va a ser tu respuesta? Las probabilidades de que la experiencia no haya sido perfecta son elevadas, puede que incluso haya habido cosas desagradables. En esos casos, los mejores responden adaptando su forma de actuar, mientras que los mediocres intentan evitar dichas situaciones en el futuro. Y tiene sentido. Los mediocres abordan los escenarios sin tener una idea clara de cómo van a actuar o en qué medida pueden contribuir sus actos a alcanzar su objetivo. Así que cuando las cosas no salen a la perfección, atribuyen sus problemas a fuerzas indeterminadas que quedan fuera de su control. Como resultado de esto, son incapaces de adaptarse y hacerlo mejor la próxima vez. No hay duda de por qué prefieren evitar la actividad en cuestión en el futuro, aunque esto implique que no tienen ninguna posibilidad de mejorar.

Dado que los mejores ponen en práctica procesos muy afinados desde el principio, pueden desarrollar buenas hipótesis de adaptación, es decir, que las ideas que se les ocurran para hacerlo mejor la próxima vez seguramente funcionarán. Así que no resulta muy sorprendente que tiendan más a repetir la experiencia en vez de tratar de evitarla, como hacen los mediocres. Y esto hace que ahora podamos entender por qué la afrontan con algunos de los rasgos y actitudes que hemos observado en la situación previa: abordan su trabajo con más objetivos y estrategias concretos, porque su experiencia previa consistió esencialmente en probar nuevos objetivos y estrategias, y es más probable que crean en su propia eficacia, puesto que su análisis detallado de su desempeño es más eficaz que el análisis vago y disperso que hacen los mediocres. Así, su creencia fundada en su propia eficacia les proporciona la tan importante motivación que necesitan, e impulsan un ciclo que se autorrefuerza.

Ampliar tus conocimientos

Además de hallar oportunidades para practicar habilidades tanto de forma directa como en el contexto de su actividad laboral, las personas que se dedican a los negocios pueden llevar a cabo aún otra categoría más de actividades de práctica que emplean los principios del desempeño extraordinario para mejorar en lo que hacen. Hemos visto lo fundamental que es conocer a fondo el propio ámbito para llegar a lo más alto. Y no tienes por qué esperar a que el conocimiento venga a ti en el desarrollo de tu trabajo. Puedes perseguirlo activamente.

Es alucinante constatar que en la mayoría de los puestos de trabajo y empresas apenas se forma al personal sobre la naturaleza de su área de especialidad. Ingenieros, abogados, contables y demás van a la universidad a aprender las habilidades de su profesión, pero, en lo relativo a la empresa, la industria, las relaciones económicas y el funcionamiento del negocio, la mayoría asumen que ya irán pillando lo que tengan que saber, y casi todas las empresas coinciden con esta idea. La realidad es que puede que acabes pillando lo que necesites saber y puede que no. Pero a la luz de lo importante que es el conocimiento sobre tu ámbito, es obvio que esta idea de ir pillándolo sobre la marcha no tiene ningún sentido.

Imagina lo distinto que sería convertir el conocimiento sobre tu ámbito en un objetivo directo en lugar de en una consecuencia de ejercer tu labor. Si te marcas el objetivo de convertirte en una persona experta en tu negocio, empezarás de inmediato a hacer muchas cosas que ahora mismo no estás haciendo. Te estudiarás la historia de tu sector, identificarás a los principales expertos actuales, leerás todo lo que caiga en tus manos sobre este tema, te entrevistarás con personas de dentro y fuera de tu organización que te puedan proporcionar nuevas perspectivas y estarás al día de las estadísticas y tendencias claves. Los pasos exactos que tienes que seguir variarán en función del negocio al que te dediques, pero enseguida te darás cuenta de que puedes saber mucho más de lo que sabes y que, probablemente, lo puedes hacer de forma relativamente rápida. Con el tiempo, este conocimiento te dará una gran ventaja sobre los demás.

Y es una oportunidad más valiosa de lo que podrías pensar. Michael Porter, un profesor de la Escuela de Negocios de Harvard que es, además, una de las mayores autoridades de la historia en cuanto a estrategia corporativa, prepara rigurosamente sus encargos de consultoría estudiando la empresa cliente y su industria. Porter dijo una vez que con veinte horas de investigación en la biblioteca (hablamos de la era preinternet) era capaz de saber tanto sobre un negocio como el director ejecutivo en cuestión. Claro está, Porter había dedicado muchos años a aprender qué datos tenía que buscar, así que quizá tú tardes cuarenta horas. Aun así, es una buenísima inversión. Imagina la ventaja que te proporcionará tener ese conocimiento, en especial si tu empleador, como la mayoría, no facilita explícitamente a sus empleados la información más importante sobre la empresa y la industria.

La potencia de un modelo mental

Al adquirir conocimientos sobre tu ámbito, recuerda que el objetivo no es acumular información. Lo que estás haciendo es construir un modelo mental: una imagen del funcionamiento de tu ámbito como sistema. Este es uno de los rasgos que define a los grandes: todos tienen amplios e intrincados modelos mentales, muy desarrollados, de su sector.

Este principio es válido para todos los campos que sean complejos y exigentes: la estrategia empresarial, la medicina, la política y muchos otros. Por ejemplo, tu modelo mental de la conducción, aunque seguramente sirve a su propósito, probablemente es muy esquemático. Entiendes de forma general cómo funciona el automóvil, dominas las rutas que haces muy a menudo y estás más o menos pendiente del precio de la gasolina. Pero los mejores camioneros tienen un modelo mental extremadamente rico al respecto. Entienden con mucho detalle todos los subsistemas de su vehículo, mecánico, hidráulico y eléctrico, y cómo interactúan entre sí. Conocen centenares de rutas y sus características, incluidos los límites de velocidad, el estado de la calzada, las estaciones de servicio, los límites de peso, la ubicación de las básculas para camiones, la actuación de la policía, los precios de la gasolina, los requisitos de circulación de cada territorio y muchas otras cosas. Lo más importante, entienden las sutilezas que rigen la interrelación de todos estos factores cambiantes y cómo influyen en su negocio.

Hay tres motivos principales que hacen que tener un modelo mental rico contribuya a que cualquiera mejore su desempeño:

Un modelo mental constituye un marco para fijar tu conocimiento creciente sobre tu sector

Ya hemos visto que los mejores pueden acceder a su memoria a largo plazo de formas que los mediocres no, y que esto no se debe a que sus memorias sean excepcionales sino a que cuentan con un conocimiento excepcional de su ámbito. Lo que les proporciona esta potencia es tener todo ese vasto conocimiento organizado en un modelo mental. Un modelo mental no solo permite tener una gran memoria, sino que también ayuda a los grandes a aprender y entender mejor que la media las nuevas informaciones, porque no las ven como piezas aisladas de datos, sino como parte de una imagen más grande y comprensible. Por ejemplo, un contable corriente puede considerar que un cambio concreto en la legislación que obliga a las empresas a calcular el riesgo de sus activos de una forma nueva es un enorme rollo complicado que, encima, modifica o elimina fragmentos de otras cincuenta normas. Sin embargo, un gran contable verá que esa modificación forma parte de un cambio de perspectiva, consecuencia de lo sucedido con Enron, que busca que la evaluación de riesgos sea más detallada, y entenderá qué mejora, a quién va a complicar la vida y por qué se ha hecho.

Un modelo mental te ayuda a separar la información relevante de la irrelevante

Esta capacidad es valiosa cuando te enfrentas a nuevos factores en una situación, porque libera recursos mentales para trabajar en lo que realmente importa. En un estudio, pilotos de primer nivel y principiantes escuchaban grabaciones de comunicaciones con controladores aéreos y, después, les pedían que explicaran qué habían oído. Los principiantes recordaban más palabras «de relleno», sin sentido práctico, que los pilotos de primer nivel. En cambio, los expertos recordaban muchas más palabras referidas a conceptos importantes. Al haber escuchado esas comunicaciones en el contexto de un modelo mental rico, habían podido concentrarse en la información pertinente.

Lo que es más importante, un modelo mental te permite prever qué va a pasar a continuación

Como tu modelo mental no deja de ser tu forma de entender cómo funciona tu ámbito como sistema, sabes de qué modo los cambios en las entradas al sistema (*inputs*) afectarán a las salidas (*outputs*), es decir, cómo afecta lo que sucede en cada momento a lo que sucederá a continuación. Se mostró a dos grupos de bomberos, uno de novatos y otro de expertos, escenas de incendios, y se les preguntó qué veían. Los novatos vieron lo obvio: la intensidad y el color de las llamas. Pero los expertos vieron una historia; usaron sus modelos mentales para inferir qué debía de haber sucedido para llegar al estado actual del fuego y predecir cuál era el siguiente suceso más probable. Ten en cuenta que dichas inferencias y pronósticos no son solo interesantes: son la prueba de que los expertos están muchísimo mejor preparados para enfrentarse al fuego que los novatos.

Un modelo mental nunca está terminado. Los grandes no solo poseen modelos mentales muy desarrollados, sino que nunca dejan de expandirlos y revisarlos. Es imposible hacer todo este trabajo empleando únicamente el estudio. En muchos ámbitos, la mayoría de este trabajo hay que hacerlo mediante actividades de práctica consciente o procesos metacognitivos en el propio trabajo, tal y como hemos explicado. Pero, además, también se puede obtener una buena construcción y enriquecimiento de los modelos mentales mediante el estudio y otras formas de adquisición de conocimiento, y sería una tontería no usar esas herramientas.

Hay mucho que puedes hacer por tu cuenta para aplicar los principios del desempeño extraordinario en tu vida y en tu trabajo. Hacerlo siempre es beneficioso. Da igual cuántos pasos decidas dar en esa dirección, el resultado será mejor que si no los hubieras dado. No hay que superar ningún obstáculo para empezar a sumar ventajas. Solo hay que aprovechar la oportunidad que se te ofrece a ti, como persona individual. Es probable que trabajes en una empresa. Para obtener el máximo beneficio de la práctica consciente en el menor tiempo posible, los principios de la práctica consciente deben aplicarse también a nivel de organización. Y es factible. Y el hecho de que no se haga mucho, lo convierte en una oportunidad aún mejor. De eso vamos a hablar a continuación.

8

Aplicar los principios a nuestras organizaciones

Pocas lo hacen bien y la mayoría simplemente no lo hace; cuanto antes empieces, mejor

La cruda realidad es que no todas las organizaciones aspiran a ser grandes. A las que desean sinceramente llegar a lo más alto, los principios del desempeño extraordinario les muestran con mucha claridad qué hay que hacer para lograrlo. Y a las que se esfuerzan únicamente en mantenerse a flote, aquellas cuyos dueños y gerentes creen que no pueden permitirse el lujo de pensar siquiera en la grandeza, estos mismos principios pueden ayudarlos a mejorar mucho su desempeño. De hecho, los principios del desempeño extraordinario pueden ayudar a mejorar dichas organizaciones hasta el punto de poder llegar incluso a atreverse a pensar en la grandeza, eso siempre que los apliquen, claro está.

Porque la mayoría no lo hace. En la economía actual, hacerlo no supone tan solo una oportunidad, sino que se está convirtiendo en un imperativo para cualquier organización que aspire a sobrevivir. Ya hemos visto en el capítulo 1 que la economía se basa cada vez más en el capital humano y menos en el financiero, y que las habilidades de las personas que conforman una organización determinan el éxito o fracaso de esta, mucho más que factores considerados tradicionalmente importantes, como las economías de escala o la protección de patentes. Y también hemos visto que, en una economía global, los estándares de desempeño crecen mucho más rápido y en muchos más aspectos que nunca, lo que deja fuera de juego a cualquiera que esté por debajo de la media. Por si esto no basta para que las organizaciones empiecen a aplicar ampliamente los principios del desempeño extraordinario, tengo más argumentos.

Los mejores empleados jóvenes actuales, de quienes depende el éxito futuro, están exigiendo a sus empleadores que los ayuden a mejorar. Parece que las nuevas generaciones han entendido la singular naturaleza de la economía actual antes que un montón de directores ejecutivos, y se quedan con los empleadores que los ayudan a seguir desarrollándose. Un alto ejecutivo de Capital One Financial, que hace mucho que aplica muy bien los principios del desempeño extraordinario, me contó que los nuevos empleados acostumbran a poner el desarrollo profesional continuo en los primeros puestos de la lista de criterios para elegir empleador. Muchos otros jefes de recursos humanos afirman haberse encontrado con lo mismo (y todos aseguran que el dinero nunca está entre los tres primeros puestos de la lista). General Electric, pionera en la aplicación de los principios del desempeño extraordinario en su compañía, ha respondido a este nuevo contexto, entre otras cosas, llevando a los empleados con mucho potencial a su conocido centro de desarrollo para directivos de la empresa, situado en Crotonville, en un punto mucho más temprano de sus carreras que antes; el exdirector ejecutivo Jeff Immelt dijo que «era y sigue siendo un argumento muy potente» a la hora de atraer a los mejores aspirantes.

Cómo aplican las mejores organizaciones los principios del desempeño extraordinario

Unas pocas empresas pioneras empezaron a estudiar y aplicar hace años los principios de la práctica consciente. Un gran ejemplo es el abordaje que empleó la empresa de productos médicos B. Braun para incrementar las ventas de un producto en concreto. Se trataba de un artículo especializado y complejo, así que los comerciales necesitaban mucha formación sobre su funcionamiento y su uso para su venta a médicos y hospitales. Por eso, en lugar de limitarse a pedir a los comerciales que estudiaran todo el material, como habían hecho en otras ocasiones, la empresa les pidió que lo estudiaran y que luego se prepararan para formar a otros. Basándose en los hallazgos sobre práctica consciente, los equipos de ventas prepararon, ensayaron y corrigieron sus presentaciones, que acabarían siendo las que usarían para vender el producto, durante un periodo de seis semanas, recibiendo horas de evaluación y orientación por parte de sus encargados. Grabarse, como se describe en el capítulo 7, les proporcionó un medio de evaluación adicional. Como resultado, los comerciales dominaron ese material mucho más que otros que habían estudiado antes. La empresa también formó al equipo de ventas en el uso del producto con dispositivos médicos simulados, siguiendo una vez más los principios del desempeño extraordinario: mejorar las habilidades actuales mediante el esfuerzo, la repetición y la evaluación conscientes.

Los resultados, según me explicó un ejecutivo de la empresa, fueron: «increíbles». Las ventas del producto pasaron de un 1,5 por ciento anual a un 10,5 por ciento. Antes de la formación, aproximadamente el 25 por ciento de los clientes que probaban el producto lo adquirían. Después de mejorar las habilidades del equipo, durante la recesión del año 2008, empezó a hacerlo el 95 por ciento.

Fíjate en dos aspectos de este experimento que son importantes porque son típicos. En primer lugar, los comerciales se quejaron. Un ejecutivo me dijo que «hubo muchas reticencias» por su parte, debido a la cantidad de tiempo y trabajo que esto requería, mucho más del que solían dedicar. Esto pasa casi siempre; la práctica consciente cuesta, por lo que genera malestar. En segundo lugar, los resultados valieron muchísimo la pena. Al mejorar las habilidades de los comerciales mediante un proceso bien conocido, aunque poco usado, la empresa incrementó en varios millones de dólares sus ventas y beneficios durante una recesión históricamente mala.

Empujada por ese éxito, B. Braun empezó a usar la práctica consciente para formar a sus clientes en el uso de sus productos. El programa tiene tanto éxito que un ejecutivo me dijo: «Ya ni siquiera firmamos contratos con los hospitales que no están dispuestos a que sus auxiliares de enfermería se formen con nosotros». Así de seguros están de lo mucho que valorarán los hospitales la formación que recibirán sus auxiliares de enfermería.

Las organizaciones están viendo que ganarse fama de promover el desarrollo de sus empleados tiene más beneficios de los que pensaban. Esa reputación les confiere la «ventaja de ser la primera opción», como dice la consultora RBL Group, un gran incentivo a la hora de atraer a los mejores alumnos universitarios y de escuelas de negocio. Al atraer continuamente a los graduados más prometedores y después proporcionarles formación, estas empresas empiezan a funcionar aún mejor, lo que incrementa su capacidad de atraer a los mejores: un círculo virtuoso que hace crecer el liderazgo de la empresa año tras año.

La élite de organizaciones que aplica los principios del desempeño extraordinario sigue algunas normas básicas.

Entiende que los individuos de su organización no solo trabajan, sino que también crecen y se esfuerzan

Es decir, que las organizaciones designan a cada persona para un puesto de una forma muy similar a como los entrenadores deportivos o los profesores de música asignan ejercicios a sus alumnos, para que vayan un poco más allá de sus capacidades actuales y desarrollen las habilidades más importantes. Cuando John Lechleiter era director ejecutivo de Eli Lilly, describió un modelo típico: unos dos tercios del desarrollo personal proceden de trabajos cuidadosamente asignados, aproximadamente un tercio de la mentorización (*mentoring*) y el acompañamiento (examinaremos esto más de cerca) y solo un poquito de la formación en las aulas.

Formar a las personas mediante la asignación de trabajos parece algo obvio en teoría, pero en la práctica es duro. Las organizaciones tienden a elegir a la persona que va a cubrir determinado puesto basándose en los aspectos en los que ya es buena, no en los que necesita trabajar. La presión de la competencia sin cuartel en las empresas complica que se pueda apartar a los buenos empleados de las tareas que ya hacen extremadamente bien y asignarlos a puestos donde les pueda costar realizar las tareas. Es un problema que todas las organizaciones deben afrontar para alcanzar un mayor éxito.

No hay ninguna compañía que construya carreras sobre los principios del desempeño extraordinario mejor que General Electric. Cuenta con la ventaja de que su negocio es tan amplio que le permite ofrecer un rango de experiencias mayor que casi cualquier otra empresa. Y es una ventaja que exprime al máximo para crear a algunos de los ejecutivos más completos y solicitados.

Durante mucho tiempo, una de las armas de desarrollo secretas de General Electric, un ejemplo del tipo de encargos útiles que puede asignar, fue la gestión de GE Transportation, su antiguo negocio de construcción de locomotoras en Erie, Pensilvania. Veamos todos los ámbitos en los que pone a prueba a un directivo: comprar una locomotora es una decisión muy importante para el cliente, así que la persona que se encarga de ello gana experiencia en el trato directo con los directores ejecutivos de las empresas clientes. Es un sector con un porcentaje muy alto de trabajadores sindicados, de forma que aprendes sobre negociación laboral. El producto y la cadena de suministro son complicados, más aprendizaje disponible. Erie es un destino lo suficientemente lejano y poco glamuroso como para que el directivo se pueda desarrollar sin que los medios de comunicación nacionales se fijen en él. Y si, Dios no lo quiera, resulta ser un fiasco, General Electric es lo bastante grande para gestionar el problema sin que esto afecte mucho a sus ingresos.

Poner a los gerentes en puestos que les exigirán aprender y crecer es una técnica de desarrollo central de las organizaciones más exitosas. No funciona por sí sola; debe ir acompañada del resto de las prácticas que hemos descrito aquí para ser eficaz. Pero esas empresas entienden que, para los empleados que buscan mejorar la toma de decisiones reales en tiempo real, es una actividad de práctica central que genera crecimiento. Algunas empresas tienen normas muy detalladas sobre qué tipo de experiencia buscan; por ejemplo, que sus ejecutivos hayan trabajado al menos en dos territorios o en dos líneas de negocio. Otras son más informales, pero siguen observando ese principio. Los ejecutivos suelen afirmar que sus peores experiencias, las que más llevaron al límite sus conocimientos y habilidades, fueron las que les resultaron más útiles. A. G. Lafley, director ejecutivo de Procter & Gamble de 2000 a 2010 y de 2013 a 2015, fue el responsable de las operaciones de la empresa en Asia durante un fuerte terremoto en Japón y también durante el colapso económico en Asia. Dice que fue entonces cuando descubrió que «aprendes diez veces más durante una crisis que durante una época normal».

Él adquirió experiencia en una crisis por casualidad, pero, aunque estas no se pueden crear ni simular, sí se puede decidir que alguien adquiera experiencia en una. En 1988 General Electric se enfrentó a una crisis cuando los compresores de millones de sus neveras resultaron tener un defecto de fabricación y hubo que sustituirlos. El director ejecutivo Jack Welch y el jefe de Recursos Humanos Bill Conaty decidieron poner a Jeff Immelt al mando de la mayor retirada del mercado de un electrodoméstico de la historia, aunque no tenían ninguna experiencia ni con electrodomésticos ni con retiradas del mercado. «Fue un huracán —afirma Immelt—. Pero Welch y Conaty sabían perfectamente lo que hacían. Y estoy convencido de que, si no hubiera pasado por aquello, hoy en día no sería director ejecutivo.»

Busca formas de desarrollar el liderazgo
de sus empleados en sus puestos de trabajo

Hemos visto lo valioso que es dominar el propio ámbito en cualquier sector. Y parece que, en los negocios, esto es aún más cierto. Muchas de las mejores empresas han detectado una nueva tensión entre la necesidad de cambiar de puesto a sus trabajadores para promover el desarrollo de sus distintas facetas y la exigencia de pasar mucho tiempo en un puesto en concreto para obtener experiencia en ese ámbito. Esto puede ser consecuencia del aumento de la competitividad en el contexto de la economía global; una división puede ser menos competitiva si cambia de jefe cada 18 o 24 meses, un patrón típico en muchas empresas. Así que, en este caso, la dificultad radica en permitir el crecimiento de las personas mediante encargos nuevos que las pongan a prueba, pero sin moverlas mucho de puesto de trabajo.

Una técnica que usan bastantes empresas son las tareas a corto plazo. Los encargados no dejan sus puestos, sino que asumen una tarea adicional fuera de su área de especialidad o interés. Esto incrementa la carga sobre los empleados, que no se dedican a algo distinto sino que asumen más trabajo, aunque no parece importarles, porque entienden que han sido elegidos para incrementar su desarrollo. De hecho, las empresas afirman que estos programas son muy populares.

Anima a sus directivos a participar en las actividades de su comunidad

Esto comporta muchas ventajas para una empresa. La mayoría de las organizaciones afirman promover una serie de valores que incluyen el respeto por los individuos, el civismo y la integridad. Cuando los directivos de una empresa dirigen también iniciativas solidarias, escuelas u otras organizaciones sin ánimo de lucro, muestran su compromiso con dichos valores, lo que, a su vez, anima e inspira a sus empleados.

Otros beneficios son más pragmáticos. Los roles de liderazgo en la comunidad son una oportunidad para que los empleados practiquen habilidades que pueden ser valiosas en su desempeño. Por ejemplo, la mayoría de los empleados nunca asistirá a una junta directiva ni a ninguna otra reunión de dirección. Pero muchos pueden formar parte de la junta de una asociación local, y la experiencia es una oportunidad excelente para desarrollar el pensamiento estratégico, el análisis financiero y otras muchas habilidades. Algunos empleadores incluso convierten participar en la junta de una organización en un requisito explícito de los planes de desarrollo creados por los jefes para muchos de sus empleados.

Entiende el importante papel que tienen los maestros y la evaluación

Ya hemos visto que el desempeño extraordinario se construye mediante actividades diseñadas específicamente para mejorar habilidades concretas y que, en muchos ámbitos, es de gran ayuda contar con maestros y *coaches* que ayuden a diseñarlas. En la mayoría de las organizaciones, nadie asume el papel de maestro o *coach*. Nadie les dice a los empleados qué habilidades les resultarán más útiles y, por supuesto, tampoco cuál es la mejor manera de desarrollarlas. En cambio, las mejores organizaciones cuentan con programas de *coaching* y *mentoring* así denominados. En ellas, la cuidadosa asignación de trabajos y otros programas a gran escala determinan la dirección general del desarrollo de los empleados; los mentores, por su parte, dan consejos detallados sobre a qué subhabilidades hay que prestar atención en estos momentos. Cuando se pregunta a muchos de los directores ejecutivos de estas empresas cómo llegaron a lo más alto, cuentan relatos similares sobre la importancia de unos pocos mentores claves que los guiaron y los ayudaron en todo momento. Por ejemplo, cuando Jeff Fettig era director ejecutivo de Whirlpool me explicó que: «Si he llegado hasta aquí es en parte gracias a un puñado de personas que, antes de estar yo en el candelero, me guiaron y tutelaron en mis inicios. Eso me ayudó a desarrollarme».

La otra cara de esta moneda es la evaluación. Ya hemos examinado a fondo la importancia de contar con evaluación frecuente, rápida y precisa para mejorar el desempeño. A la mayoría de las organizaciones se les da fatal proporcionar evaluaciones sinceras. El ejercicio de evaluación anual suele ser breve, artificial y cargado de evasivas. Los empleados no tienen ni idea de si lo han hecho bien o no y, por tanto, no hay perspectiva de mejora.

Sin embargo, nada impide la evaluación frecuente y sincera, excepto la costumbre y la cultura empresarial. Es obvio que las costumbres de una empresa pueden ser horribles, pero se pueden cambiar. Cualquier organización que quiera contar con una cultura sincera de verdad puede tenerla, y no hay excusas para no hacerlo.

Muchas compañías ejemplares podrían hacer aún más. Una potente herramienta con mucho potencial para la mayoría de las organizaciones es la revisión postacción del ejército de Estados Unidos. «Ha transformado literalmente el ejército», afirma Thomas Kolditz, un general retirado que dirigía el programa de desarrollo de liderazgo en la academia militar estadounidense de West Point. La idea es sencilla: después de cualquier acción significativa, durante un entrenamiento o en combate, todos los soldados y oficiales implicados se reúnen para comentar lo sucedido. Se quitan los cascos como muestra de que «en esa sala no existen los rangos», dice Kolditz. «Los comentarios son directos. Si el jefe ha tomado una mala decisión, suele ser un subordinado quien se lo señala.» Las sesiones no son para buscar culpables, son «una discusión profesional», como dice una circular sobre formación militar. Parte de su valor reside en que proporcionan una evaluación muy completa. «Lo genial de esto es que los novatos siempre saben qué es lo que está pasando y, si les das pie a hablar con libertad, lo harán», dice Kolditz.

El ejército ha hallado otro beneficio más de las revisiones postacción: cuando alguien entiende de verdad qué ha pasado, se muere de ganas de hacerlo mejor la siguiente vez. Esto refuerza los principios del desempeño extraordinario. Como dice la citada circular, cuando una revisión postacción se hace bien, «no solo todo el mundo entenderá qué pasó, qué no pasó y por qué, sino que, y eso es lo más importante, tendrá muchas ganas de volver a tener la oportunidad de practicar esa tarea».

La revisión postacción «es un proceso muy potente», dice Kolditz. Su valor potencial para las empresas y otras organizaciones es evidente. Hay algunas que han empezado a aplicarla, con resultados de todo tipo, y los problemas suelen ser culturales: lo que pasa es que la evaluación veraz y sincera no está bien vista en muchas organizaciones. Pero las culturas se pueden cambiar con el tiempo, y las mejores compañías harán lo que sea necesario para lograrlo y obtener los beneficios que proporcionan las evaluaciones a fondo y bien hechas.

Identifica muy pronto a las personas prometedoras

Cuanto antes empieza el desarrollo de las habilidades, mejor, ya lo hemos apuntado antes, y profundizaremos en ello más adelante. John Rice, el vicepresidente de General Electric cuya carrera despegó después de que lo ascendieran a un puesto problemático, dijo: «La capacidad de liderazgo puede evaluarse el primer día en un nuevo puesto de trabajo». Esto se debe a que, a menudo, ese primer día no es, en realidad, el primero para muchos empleados, que suelen trabajar como becarios en General Electric durante al menos un verano entero antes de convertirse en empleados, lo que permite a la empresa observar su desempeño. Un indicador importante es si estos becarios logran que los demás trabajen con ellos, a pesar de no tener ninguna autoridad. Otro indicador que buscan en General Electric, que no tiene nada que ver con el trabajo durante ese periodo de aprendizaje, es si la persona ha formado parte de un equipo deportivo en la universidad y de qué hacía.

Trabajar en el desarrollo precoz de las personas marca la diferencia para la mayoría de las empresas, donde los programas de desarrollo se reservaron durante mucho tiempo para un grupo de élite que ya llevaba unos cuantos años trabajando. Muchas de las mejores empresas intentan superar esos tiempos. Creen que formar a los futuros directivos antes que otras compañías genera una ventaja competitiva que dura décadas, porque aumenta y mejora su capacidad de canalizar a las personas más ambiciosas, y la hace más fiable.

Entiende que inspirar contribuye más al desarrollo que ejercer autoridad

Las actividades de práctica consciente son tan exigentes que nadie puede llevarlas a cabo mucho tiempo si no experimenta una gran motivación. ¿Y cómo puede una empresa alimentar dicha motivación? La respuesta tradicional era que una compañía lograba que sus empleados hicieran lo que ella quería despidiendo, degradando o castigando de cualquier otro modo a quienes no lo hicieran. Eso nunca funcionó especialmente bien, y funciona aún peor en la actual economía basada en la información, donde la mayoría de los empleados no aprietan tornillos sino que emplean sus conocimientos y relaciones con resultados que pueden no ser fácilmente observables en el día a día. Prueba a que hagan lo que tú digas o, aún peor, a decirles exactamente lo que deben hacer. Citando a A. G. Lafley: «El modelo de liderazgo basado en el control y las órdenes no funciona el 99 por ciento de las veces».

Por eso, una de las palabras favoritas de las empresas actuales con mejores resultados es *inspirar*. Han entendido que se motiva mejor con una idea de misión. En algunos negocios, por ejemplo, los sanitarios, es fácil invocarla. Para otros, identificar o incluso crear esta idea de misión requiere sumergirse en el alma de la corporación. Un viaje poco recomendable para los fácilmente impresionables. Pero todos los negocios tienen un objetivo noble inherente, e identificarlo y articularlo es uno de los trabajos más valiosos de sus directivos. Es obligatorio para cualquier organización que quiera motivar lo suficiente a sus empleados para convertirse en los mejores del mundo.

Invierte una cantidad importante de tiempo, dinero y energía en el desarrollo de las personas

La formación de personal no es barata y no consiste en añadir un programa de desarrollo a los protocolos de recursos humanos ya existentes. Los directores ejecutivos de las empresas con mejores resultados coinciden en que el desarrollo del personal es un eje central de su trabajo. Efectivamente, se podría decir que la mayor inversión relacionada con él es el tiempo de los directores y otros ejecutivos. A lo largo de los años, los directores ejecutivos de muchas de las empresas con mejores resultados me han dicho que dedican el 40 por ciento de su tiempo a temas de personal. Es el aspecto al que dedican más horas de todos. Hay muchas empresas que afirman estar interesadas en el desarrollo de líderes, pero Noel Tichy, de la Universidad de Michigan, una autoridad mundial en el tema, dice que es fácil poner a prueba esa afirmación: «Tú enséñame el calendario del director ejecutivo».

Muchos de esos jefes ven el efecto cascada de sus acciones: como sus subordinados directos ven en qué se centra su jefe, estos acaban también dedicándose al desarrollo del personal, cosa que también harán sus subordinados, etcétera.

Aunque estas empresas no se sustentan únicamente en el poder del ejemplo. Prácticamente todas evalúan a sus ejecutivos, y uno de los aspectos es la calidad del desarrollo del personal, incluido el de sí mismos.

Convierte el desarrollo del liderazgo en parte de la cultura empresarial

Aunque los ejecutivos de las mejores empresas hablan sobre programas de desarrollo de liderazgo, la mayoría coincide en que el término no es del todo correcto. Crear líderes no es un programa, es una forma de vida. Por ejemplo, la evaluación sincera tiene que estar bien vista, y esto no pasa en muchas empresas. Dedicar mucho tiempo al *mentoring* tiene que ser algo aceptado. Hay que promover, y no solo tolerar, que la gente trabaje para entidades sin ánimo de lucro. Estas normas culturales no se pueden dictar de hoy para mañana; tienen que crecer con el tiempo.

Aplicar los principios a equipos

Cualquier organización que implemente todo esto estará construyendo una enorme ventaja competitiva en su industria, porque su equipo se desarrollará hasta alcanzar niveles inusualmente elevados. Todas las empresas quieren contar con jugadores de primer nivel, y con razón. Pero eso no basta.

Al fin y al cabo, la mayoría de las personas que están en una organización no trabajan solas, sino que lo hacen en equipos que pueden ser informales o estar estrictamente defini-

dos. Y el desempeño de un equipo no se determina única y
categóricamente por las capacidades de sus miembros por
separado. Vamos a ilustrarlo con el World Baseball Classic,
un torneo que se lleva a cabo entre un grupo de selecciones
nacionales cada tres o cuatro años. Se podría pensar que es
imposible ganar a Estados Unidos en su deporte nacional,
sobre todo en la primera edición del torneo, en 2006, cuando
el equipo estadounidense estaba copado por jugadores inne-
gablemente magníficos, como Roger Clemens, Derek Jeter,
Alex Rodriguez y Johnny Damon, entre otros. Y aun así, el
equipo no ganó el torneo y encima perdió partidos contra
México, Corea del Sur y (lo que es aún peor) contra Canadá.
(Estados Unidos volvió a perder en 2009 y 2013 antes de ganar por fin el torneo en 2017.) De un modo similar, el equipo
olímpico de baloncesto de Estados Unidos de 2004, integrado únicamente por jugadores millonarios de la NBA, acabó
tercero y perdió frente a Lituania, un buen equipo pero que
no es precisamente una potencia de ese deporte.

Convertir a grupos de grandes individuos en grandes
equipos es una disciplina en sí misma, que también se rige
por los principios del desempeño extraordinario. Por eso, la
élite de las organizaciones sigue una norma más:

Desarrolla equipos, no solo individuos

Aplicar los principios del desempeño extraordinario al desarrollo de equipos no es difícil a nivel conceptual. Los mismos
elementos básicos que funcionan para los individuos, actividades de práctica bien diseñadas, asesoramiento, repetición,
evaluación, autorregulación, construcción de conocimiento

y modelos mentales, funcionan también para los equipos. Los problemas son de tipo práctico y se centran en las fuerzas del propio equipo que pueden evitar que este entienda los beneficios que proporciona el abordaje del desempeño excelente. A las organizaciones más exitosas en la construcción del desempeño en equipo se les da especialmente bien evitar o tratar posibles problemas como los siguientes, que son particularmente tóxicos para los elementos de la práctica consciente:

Elegir mal a los miembros del equipo. Todos los equipos necesitan grandes individuos, pero mezclarlos es una habilidad en sí, tanto en los negocios como en cualquier otro ámbito. «Algunos de los peores equipos en los que he estado eran de esos en los que todo el mundo tenía madera de director ejecutivo», me dijo una vez el consultor David Nadler, que había trabajado con equipos ejecutivos en empresas punteras a nivel global durante más de treinta años. «Si se está disputando una partida de un juego de suma cero llamado sucesión, es muy difícil que el equipo sea eficaz.»

Las claves son la química y la cultura. Cuando Henry Ford II pensó que la compañía necesitaba una revolución tras la Segunda Guerra Mundial, creó a los Whiz Kids, un equipo integrado por estrellas de la gestión del ejército de Estados Unidos, que incluía a Tex Thornton, que más tarde fundó Litton Industries, y Robert McNamara, que llegaría a ser presidente de Ford y entonces era secretario de Defensa de Estados Unidos, un grupo avalado por un historial de trabajo eficaz durante su etapa en el ejército. Pero cincuenta años después, cuando el director ejecutivo de Ford, Jacques Nasser, decidió con acierto que la empresa necesitaba otra revolución, se quedó con el equipo de la vieja guardia que ya tenía montado. Y, como la mayoría de las viejas guardias, no estaba lista para una auténtica revolución, por lo que cuando llegó el golpe, quien salió despedido fue Nasser. Y, lo que fue peor para Ford, la revolución no sucedió.

Si buscas un método muy exitoso para elegir miembros para un equipo, fíjate en Worthington Industries, una empresa siderúrgica de Ohio. Cuando contratan a alguien para que se una al equipo de planta, esta persona trabaja a prueba durante noventa días y, después, el equipo vota para decidir si se queda o no. Funciona, porque el equipo se juega una parte de su sueldo, que depende de su desempeño, por lo que sus miembros evalúan la contribución del candidato con claridad y rigor. En palabras del director ejecutivo, John McConnell, eso se podría aplicar a todo tipo de grupos: «Si me das personas entregadas al trabajo en equipo y me enfrentas a un puñado de gente con talento y grandes egos, ganaré yo siempre».

El equipo olímpico estadounidense más inspirador de la historia, el de *hockey* sobre hielo de 1980, que ganó a los soviéticos en Lake Placid, se creó siguiendo explícitamente esos principios. En aquella época no se podía seleccionar a jugadores profesionales. Obligado a elegir entre jugadores universitarios, el entrenador Herb Brooks quiso basar su equipo en la química personal combinada con entrenamientos extremadamente intensivos. En la versión cinematográfica de la historia, titulada *El milagro*, el ayudante de Brooks mira la selección del entrenador y le dice que ha dejado fuera a muchos de los mejores jugadores universitarios del país. A lo que Brooks responde con la esencia de la filosofía que dicta que la mezcla es lo más importante: «No busco a los mejores, Craig. Tan solo a los adecuados».

Poca confianza. Si lees la gran cantidad existente de libros y artículos sobre eficacia y equipos, o hablas con personas que forman parte de uno, ya sea deportivo, del mundo de los negocios o de cualquier otro ámbito, la cosa siempre se reduce a que la confianza es el elemento fundamental de un equipo ganador. Si alguien cree que sus compañeros le mienten, le ocultan información o están planeando darle una puñalada trapera, de ahí no saldrá nada de valor. De una forma parecida, los miembros de un equipo pueden desconfiar de las aptitudes de los demás. Y esos grupos no crean sinergias, sino lo opuesto, disergias, es decir, que, con suerte, dos y dos serán tres.

Los denominados *dream teams* ['equipos de ensueño', o sea, equipos compuestos por grandes figuras] pueden ser un problema desde el principio, porque sus miembros suelen tener un motivo en concreto para la desconfianza. En el contexto deportivo, los equipos de estrellas existen solo durante un periodo breve de tiempo, y sus jugadores proceden de equipos que se pasan el resto del año compitiendo entre sí. En estos casos, aunque sus integrantes puedan dejar de lado ese antagonismo, rara vez tienen tiempo de desarrollar confianza en el comportamiento y las habilidades de los demás. Y algo parecido sucede en el ámbito empresarial: aunque los miembros de un equipo no se estén enfrentando para lograr el siguiente ascenso, siempre hay alguien que cambia de puesto o lo fichan de otra empresa. «Un problema grave es que las personas son temporales», dice el consultor Ram Charan. Sobre todo en los equipos de estrellas, «están los *headhunters* ['cazatalentos'] y existe la tensión constante de que se lleven a alguien del equipo. El principal problema es la inestabilidad». Y lo es porque la confianza, por naturaleza, es algo que se construye poco a poco.

Muchas empresas intentan acelerar el proceso de adquisición de confianza. En la década de 1980 hubo una oleada de personas que se lanzaban de espaldas desde encima de la mesa en brazos de sus compañeros de trabajo, una forma de aprender a confiar. Puede que sirviera de algo. Hoy en día, las consultoras han desarrollado muchos otros ejercicios, que implican compartir historias vitales o mostrar el tipo de personalidad de cada miembro, basándose en una idea válida que dice que mostrar vulnerabilidad por ambas partes es una forma de construir confianza entre individuos. Pero es un proceso que no se puede acelerar mucho.

De hecho, la confianza es tan frágil y laboriosa de crear que puede que nunca llegue a desarrollarse mucho en un equipo de élite. «Crear un equipo de alto rendimiento de ejecutivos del más alto nivel es un espejismo», dice un famoso consultor de gerencia que no quiere ser nombrado, porque este mensaje en concreto es muy desalentador. «Y, cuando existen, estos equipos suelen ser de dos personas, tres, como mucho.» Sencillamente, cuesta mucho establecer una confianza profunda en lo más alto, donde se supone que todo el mundo es una estrella.

Y, efectivamente, los mejores equipos de ejecutivos legendarios son casi siempre parejas. Tenemos a Roberto Goizueta y Donald Keough en Coca-Cola en las décadas de 1980 y 1990, a Tom Murphy y Dan Burke en Capital Cities/ABC desde la década de 1960 a la de 1990, a Reuben Mark y Bill Shanahan en Colgate-Palmolive durante dos décadas hasta 2005 y a Warren Buffett y Charlie Munger en Berkshire Hathaway desde la década de 1960 hasta la actualidad. Nadie habría calificado de *dream teams* a esas parejas cuando se juntaron; por aquel entonces, la mayoría no había oído hablar de ninguno de ellos. Todos desarrollaron una gran confianza mutua a lo largo de los años y obtuvieron resultados incomparables.

También habrás notado otra cosa que tienen en común esos equipos: todos ellos están formados por un jefe que se hizo famoso y un número dos mucho menos conocido que dedicó su carrera al éxito de la empresa. Tanta dedicación no es habitual y nos da una pista sobre otra patología que acostumbra a hundir a los equipos...

Planes de futuro incompatibles. No es habitual hallar un ejemplo del mejor y el peor equipo de ejecutivos y que ambos contengan a la misma persona, pero vamos a ver el caso de Michael Eisner. Durante sus primeros diez años de reinado en Disney, él y su director general, Frank Wells, formaron uno de los grandes equipos, salvaron a una empresa histórica y enriquecieron a los accionistas. Eran una gran pareja clásica, con un número uno y un número dos claros, ninguno de los dos conocido fuera de la industria en la que trabajaban. Esta productiva relación de pareja acabó de forma repentina y terrible cuando Wells falleció en un accidente de helicóptero en 1994.

Entonces, Eisner formó uno de los equipos más célebremente desastrosos de la historia reciente, cuando nombró presidente a Michael Ovitz, apodado el *überagent* ['superagente'] por sus muchos contactos en la industria. Solo estuvo catorce meses en el cargo. En los extensos análisis *a posteriori* que se llevaron a cabo, el motivo que afloraba siempre era el mismo: incompatibilidad de planes de futuro personales y empresariales. Ovitz quería comprar un paquete de acciones mayoritario de Yahoo!, expandir los negocios editoriales y discográficos de Disney y adquirir una franquicia de la NFL, entre otras grandes ideas que Eisner rechazó por tratarse de estrategias equivocadas. Al parecer, Ovitz también tenía ciertas ideas sobre su propio futuro: se gastó dos millones de dólares en remodelar su despacho, algo que no le sentó nada bien a Eisner. En resumen, que el equipo fue un fracaso.

Es un problema habitual. Del mismo modo que los grandes individuos tienen un modelo mental muy desarrollado de su ámbito, los mejores equipos los forman miembros que comparten un mismo modelo mental, tanto de su ámbito como de la forma de proceder para ser eficaces. Los modelos de Eisner y Ovitz sobre el sector de Disney y sobre su propio proceder como equipo eran gravemente incompatibles. Es más, como ya hemos dicho, cuando todo el mundo quiere ser director ejecutivo y tiene motivos para pensar que puede llegar a serlo, los conflictos pueden llegar a ser insuperables. Y, aunque es fácil condenar los tejemanejes que esto provoca, no hay que sacar conclusiones precipitadas. Al fin y al cabo, imagina que te estás dejando la piel trabajando entre bambalinas y resulta que despiden a tu jefe: ¿qué va a ser de tu carrera? A algunas empresas hasta les gusta poner en el candelero a sus estrellas incipientes, porque es bueno para el negocio: a medida que esos encargados suben en el escalafón, sus empleados quieren seguirlos.

El reto en este caso consiste en hacer que los inevitables planes de futuro personales no se conviertan en algo destructivo. Y eso es responsabilidad de los directivos. Por ejemplo, en la década de 1990, Ameritech tenía un equipo estrella de altos ejecutivos que incluía a Richard Notebaert, futuro director ejecutivo de Ameritech, Tellabs y Qwest, y

Richard Brown, futuro director ejecutivo de Cable & Wire-
less y EDS. El profesor de la escuela de negocios de Míchi-
gan Noel Tichy, que asesoraba a la empresa sobre desarrollo
de liderazgo en ese momento, recuerda que el director ejecutivo Bill Weiss decía claramente a su equipo todas las semanas que si pillaba a alguien intentando minar el trabajo de
alguno de los demás, el culpable sería despedido.

Jack Welch empleó un abordaje distinto para gestionar
posibles conflictos de sucesión en General Electric. Recordó
su malísima experiencia como uno de los directores finalistas
veinte años antes, cuando la empresa lo ascendió a él y a los
otros grandes competidores a puestos en la oficina central y
las intrigas pronto convirtieron aquel lugar en una ciénaga.
Dos décadas después, Welch mantuvo a sus mejores candi-
datos en puestos de operaciones a centenares de kilómetros
de distancia.

Sin embargo, cuando las estrellas y sus egos no están
peleando por el mismo puesto de trabajo, aún hay otra mal-
dición que puede romper un equipo.

Conflictos no resueltos. Cuando el coronel Stas Preczewski era el entrenador del equipo de remo del ejército en
West Point se enfrentó a un desconcertante problema. Había
determinado las fortalezas y habilidades de cada uno de los
remeros de su equipo mediante un gran número de pruebas.
Había medido la potencia de cada hombre con ergómetros y
había formado equipos mediante todas las combinaciones posibles para calcular la contribución de cada uno de sus miembros. Tras ser capaz de ordenar a sus remeros de mejor a peor
de forma objetiva y precisa, asignó a los ocho mejores hombres a su embarcación y a los ocho restantes, a los más débiles,

los mandó a la embarcación secundaria. El problema fue que la secundaria se imponía a la principal dos de cada tres veces.

Esto se explica en un famoso caso de la Escuela de Negocios de Harvard, que indica que en la embarcación principal había mucho resentimiento sustentado en percepciones sobre la contribución personal de cada miembro, mientras que los remeros de la secundaria, que sentían que no tenían nada que perder, se apoyaban mutuamente con entusiasmo. Aunque el caso no explica cómo el entrenador Preczewski solucionó su problema.

Un día, puso al equipo principal en fila por parejas. Y les dijo que tenían que pelear durante noventa segundos. Solo había una regla: no se podían dar puñetazos. «Aquello parecía un combate de la WWF», recuerda. Cuando los paró, se fijó en que ninguno iba ganando. Todos descubrieron que su oponente era igual de fuerte y tenía la misma determinación que ellos. Entonces Preczewski los hizo cambiar de adversario y volver a pelear. En la tercera vuelta pudieron elegir a quién enfrentarse: «Señalaban a otro miembro del equipo y decían: ¡tú!», afirma Preczewski. En la cuarta o la quinta ronda, uno de los remeros se echó a reír y aquello se convirtió en un todos contra todos. Al final, alguien dijo: «Entrenador, ¿podemos ir ya a remar?». A partir de ese momento, la embarcación empezó a volar y llegó a las semifinales del torneo nacional.

Es probable que no puedas decirles a los miembros de un equipo ejecutivo que se pongan a pelear entre sí, por tentador que sea. Pero hay otras formas de descargar las tensiones que merman la capacidad de un grupo. Estos conflictos son la otra cara de la moneda de los planes de futuro incompatibles; en lugar de centrarse en el futuro, suelen proceder del pasado. Ponerlos sobre la mesa y resolverlos es uno de los trabajos más importantes que debe hacer el líder de un equipo, y constituye un elemento esencial a la hora de lidiar con una amenaza más general al desempeño del equipo...

Poca disposición a enfrentarse a los problemas reales. La metáfora que se suele usar para esto es la del elefante en la habitación. Randall Tobias, exdirector ejecutivo de Eli Lilly, lo llamaba el alce sobre la mesa. George Kohlrieser, profesor en el International Institute for Management Development de Suiza, tiene un desarrollo particularmente bueno de la metáfora: «Pon el pescado sobre la mesa —dice—. Huele, y limpiarlo es un poco asqueroso, pero al final obtienes un buen plato».

La mayoría de las personas no quieren ser quienes pongan el pescado sobre la mesa, sobre todo en equipos donde esto no está bien visto culturalmente. «Se establece una fachada de cordialidad o de reciprocidad como una ley no escrita: no vamos a sacar los trapos sucios delante del jefe», decía David Nadler. El consultor Ram Charan describe una división de 12.000 millones de la corporación ABB que estaba a punto de entrar en bancarrota. Al hablar de los problemas más graves a los que se enfrentaban, afirma: «Uno de los motivos era su cultura de educada contención. Las personas no expresaban sus sentimientos con sinceridad». El directivo de la unidad le dio la vuelta a la situación insistiendo en que los miembros del equipo dijeran lo que pensaban de verdad, aunque la primera vez tuvo que soportar sesenta segundos de silencio tenso y hostil después de pedir a un ejecutivo que explicara por qué estaba tan molesto.

Jack Welch fue uno de los grandes maestros en poner el pescado sobre la mesa o, como decía él, afrontar la realidad.

A menudo se menospreciaron sus esfuerzos para ponérselo fácil al equipo directivo. El *dream team* de General Electric era y es el Consejo Ejecutivo Corporativo, que solía reunirse en la oficina central en una atmósfera formal, con presentaciones ensayadas y muy poca discusión real. Entre otros cambios, Welch desplazó el lugar de reunión a uno fuera de las instalaciones, prohibió las americanas, las corbatas y la preparación de presentaciones, y alargó las pausas para el café para promover las discusiones informales. En General Electric llaman a esto arquitectura social. Los académicos del mundo de los negocios creen que este fue un elemento clave para el éxito de la revolución de Welch.

Aplicar los principios del desempeño extraordinario a una organización no es más sencillo que hacer cualquier otra cosa. Es cansado. Pero, en un contexto de economía global cada vez más competitiva, las empresas que quieren sobrevivir y prosperar no tienen muchas opciones. Si suponemos que todas las organizaciones intentarán aplicar antes o después estos principios, entonces es importante recordar que empezar cuanto antes confiere una ventaja significativa. Los efectos de las actividades de práctica consciente son acumulativos. Cuanto antes empiece tu organización a dar formación a las personas de manera individual y en equipos, más difícil lo tendrán los competidores para ponerse a tu altura.

9

Desempeño excelente en el ámbito de la innovación

Cómo nos permiten los principios aprendidos superar los mitos sobre la creatividad

Aunque lo parezca, no es cierto que todo se pueda convertir en un bien de consumo.

Uno de los milagros de nuestro mundo conectado es que los compradores actuales conocen mucho más lo que están comprando, lo que supone un gran problema para un número sorprendentemente alto de vendedores que antes dependían de la ignorancia de sus clientes. La mayoría de la gente aún no compra coches por internet, pero casi todos los que quieren comprar uno sí que navegan por webs antes de hacerlo y, por eso, los ves entrar en el concesionario con un contrato impreso que encontraron en la red. Eso cambia el equilibrio de fuerzas. Hace una eternidad que los medicamentos con receta son más baratos en Canadá que en Estados Unidos, pero eso no importó a la industria farmacéutica estadounidense hasta la llegada de internet, ahora sí que lo hace. Las familias con hijos universitarios han tenido que afrontar durante mucho tiempo los precios exorbitados de los libros de texto en las librerías de los campus, pero ¿qué opción tenían? Ahora saben que pueden pedir los mismos libros al Reino Unido por mucho menos dinero.

En la era digital, cualquier producto que pueda compararse, se comparará y cualquier producto directamente comparable se convertirá en un bien de mercado. La manifestación más brutal de este fenómeno es la subasta inversa. Por ejemplo, un fabricante de coches necesita un millón de piezas de plástico inyectado. Elige a ocho proveedores como dignos de competir por ese contrato y les facilita las especificaciones técnicas, el lugar donde debe ser entregado el producto y en qué plazo, y los términos en los que el proveedor ganador recibirá el pago. A continuación, les dice que se conecten a internet a las ocho de la mañana y les da una hora para sacarse los ojos compitiendo por ofrecer el precio más atractivo. Cuando pasada una hora suena la campana, quien haya hecho la oferta más baja se queda el contrato.

Es tentador pensar que los productos que se pueden adquirir siguiendo este proceso son pocos y de escaso valor, pero la verdad es que los compradores buscan formas de aplicarlo en numerosos casos, incluidos servicios con mucho valor añadido o, lo que es lo mismo, intentan convertir casi cualquier cosa en un bien de mercado. Tyco International, tras su escándalo relacionado con distintos tipos de fraude empresarial, usó la técnica de la subasta inversa para contratar al bufete de abogados que se encargaría de sus casos relacionados con la responsabilidad como fabricante. Ganó uno de Kansas City llamado Shook, Hardy & Bacon, con una tarifa plana durante dieciocho meses.

Si te estás preguntando por qué la innovación es uno de los temas candentes del mundo empresarial, por qué las revistas más destacadas están llenas de artículos al respecto, los organizadores de congresos venden entradas de 2.700 dólares para charlas sobre el tema y las consultoras empresariales líderes han establecido prácticas relacionadas con ella, es precisamente por esto. En un mundo que te obliga a convertirlo todo en un bien de mercado, la única forma de sobrevivir pasa por crear algo nuevo y diferente. Un producto que no se parezca a nada y con el que, por tanto, nadie pueda competir. Un servicio que apunte a lo más profundo de la psique del comprador nunca se elegirá basándose solo en el precio. Crear productos y servicios así siempre ha sido valioso, pero ahora es esencial.

Sin embargo, luchar contra esta tendencia a convertirlo todo en un bien de mercado no servirá de mucho si bajas el ritmo. Es imposible parar, porque la esperanza de vida de los productos se está reduciendo drásticamente. En los viejos tiempos, Wrigley fabricó durante cincuenta y nueve años los mismos tres sabores de chicle (menta, menta intensa y frutal) y su éxito fue tan rotundo que William Wrigley construyó uno de los edificios de oficinas más importantes de Chicago y compró la isla Catalina, entre otras cosas. En cambio, si observamos la historia del siglo XXI del vecino de Wrigley en Chicago, Motorola, vemos que pasó de ser uno de los heroicos e innovadores pioneros del teléfono móvil a enfrentarse a un terrible fracaso cuando no logró ser lo bastante rápido en el salto a los teléfonos digitales, para luego renacer como uno de los mejores cuando creó el elegante RAZR, para hundirse de nuevo al no ser capaz de crear un sucesor y, por último, caer vencido tras su decisión de desmantelar por completo su división de telefonía móvil. Motorola llevó a cabo un montón de grandes innovaciones en el sector, pero eso no bastó.

A medida que las vidas de productos y servicios se acortan, lo mismo sucede con los modelos de negocio de las empresas que los venden. Atrás quedaron los tiempos en los que podías exprimir un buen modelo de negocio durante treinta o cuarenta años, y a veces mucho más; el modelo regulado de AT&T y las empresas eléctricas funcionó durante casi cien años.

Eso es agua pasada. Piensa en Netflix, que empezó alquilando DVD por correo postal, después cambió de modelo y empezó a distribuir películas de Hollywood por internet y más tarde adoptó el modelo de gastar miles de millones todos los años en la producción de títulos originales. Amazon no ha parado de cambiar su modelo: al principio vendía libros, después casi cualquier cosa, luego acogió a miles de tiendas al por menor para que operaran a través de su Marketplace, más tarde empezó a vender capacidad de computación a otras empresas mediante su amplia gama de servicios web, además de ofrecer películas, música y programas originales en línea (compitiendo con Netflix que, además, es cliente de los servicios web de Amazon desde hace mucho tiempo), y cada uno de estos grandes cambios ha requerido competencias fundamentalmente nuevas. Antes podían pasar generaciones enteras de directivos sin que el modelo cambiara. Ahora la innovación en el modelo de negocio es una habilidad básica fundamental en cualquier ámbito.

La obligación de innovar va más allá. No solo debemos crear nuevos modelos de negocio, sino que también debemos innovar en otros aspectos. Durante trescientos años, la fuente del predominio económico ha sido el liderazgo en ciencia y tecnología; los países o las regiones más avanzados tecnológicamente también han sido los más prósperos. Y eso no va a cambiar. Pero ahora, además, a medida que el valor económico surge cada vez más de la potencia del hemisferio cerebral derecho, creatividad, imaginación, empatía, estética, hay que innovar más allá de la tecnología.

Prueba A: Apple y sus logros obtenidos, primero con el iPod y después, y de forma espectacular, con el iPhone. Apple no inventó el reproductor de MP3 ni el *smartphone*. Lo que hizo fue coger productos que ya existían y revolucionarlos con un diseño elegante y sencillo, interfaces de usuario intuitivas e innovaciones en cuanto al modelo de negocio: la tienda de música iTunes para el iPod y la App Store para el iPhone. Y lo que es más importante, en todos los casos logró que el conjunto molara. El resultado fue la empresa con cotización en Bolsa más valiosa y rentable del mundo. La tecnología fue importante, pero no bastaba. La clave fueron las innovaciones en creatividad y diseño, sumadas a una profunda empatía con el cliente.

El incremento de la creación de valor mediante el hemisferio cerebral derecho está tan extendido, que los jóvenes que quieren dejar huella en el mundo de los negocios empiezan a preferir estudiar másteres en Bellas Artes en lugar de un MBA. La Universidad de Nueva York incluso ha empezado a ofrecer un máster que combina ambos.

La creatividad y la innovación siempre han sido importantes; la novedad es que ahora son cada día más valiosas a nivel económico. El tema es cómo pueden individuos y organizaciones responder mejor a estas demandas. Para ayudarlos, todos esos consultores, congresos, libros y revistas se han unido en una vasta industria de la innovación que ofrece cantidades infinitas de consejos y guías. Nuestra tarea no es estudiar todo eso, lo que sería imposible e infructuoso, sino ver si los principios del desempeño extraordinario nos pueden ayudar a entender mejor la naturaleza de la creatividad y la innovación para ayudar a cualquiera que quiera progresar en esa dimensión. Y sí lo hacen, y lo que nos enseñan es especialmente valioso porque, como sucede en general con el desempeño extraordinario, funcionan de forma contraria a lo que muchas personas creen firmemente.

Lo que creemos saber

Hay dos perspectivas en concreto que caracterizan lo que la mayoría sabemos (aunque en realidad no sea cierto) sobre la innovación y la creatividad. Una es que las ideas creativas nos llegan de la forma en que se dice que le pasó a Arquímedes, mediante un momento eureka en el que de repente lo vemos todo claro. Tiene sentido creerlo, porque la historia que nos enseñan en el colegio está plagada de relatos de este estilo, a menudo inolvidables. Arquímedes corriendo desnudo por las calles tras meterse en la bañera y entender que podía medir el volumen de un objeto irregular mediante del desplazamiento de agua es una imagen que un escolar no olvida fácilmente. Algo parecido nos pasa a los estadounidenses con Abraham Lincoln, a quien vemos en el tren camino de Gettysburg escribiendo en un rapto de inspiración uno de los discursos más elocuentes de nuestra historia. O con Samuel Taylor Coleridge, a quien imaginamos, según su relato, despertando de un sueño inducido por el opio con «doscientos o trescientos versos» de su poema *Kubla Khan* perfectamente claros en su mente. Una y otra vez, parece que los grandes creadores son sacudidos por un rayo y alcanzan una revelación que nadie antes había pensado o imaginado.

La otra cosa que todos creemos saber sobre la creatividad es que puede quedar inhibida por un exceso de conocimiento. Se suele decir que alguien está «demasiado metido en el problema» para hallar una solución. La idea es que si sabes demasiado de una situación, un negocio, un campo de estudio, no puedes tener ese destello de lucidez al que solo pueden aspirar quienes no están limitados por toda una vida de inmersión en la materia. Edward de Bono, conocido consultor sobre pensamiento creativo, expresó esta idea de forma explícita: «Tener demasiada experiencia en un campo puede restringir la creatividad porque conoces tan bien cómo deberían hacerse las cosas que eres incapaz de huir de eso y tener ideas nuevas».

Una vez más, tenemos motivos para creerlo. Lo hemos constatado en innumerables ocasiones en el ámbito empresarial. ¿Por qué Western Union no inventó el teléfono? ¿Por qué U.S. Steel no inventó la minisiderurgia? ¿Por qué IBM no inventó el ordenador personal? Una y otra vez, las organizaciones que lo sabían todo al respecto de una tecnología o una industria no lograron llevar a cabo los saltos tecnológicos que cambiaron sus negocios.

Y lo mismo sucede en el ámbito individual. Dean Keith Simonton, profesor en la Universidad de California en Davis, llevó a cabo un estudio a gran escala sobre más de trescientos destacados creadores nacidos entre 1450 y 1850, entre ellos, Leonardo da Vinci, Galileo, Beethoven y Rembrandt. Determinó cuánta educación formal había recibido cada uno y midió su grado de notoriedad mediante la cantidad de espacio dedicado a cada uno en una serie de libros de referencia. Halló que la relación entre educación formal y notoriedad, tras ponerlas en una gráfica, tenía forma de U invertida: los creadores más eminentes eran los que habían recibido una cantidad de educación moderada, equivalente a cursar una carrera universitaria hasta la mitad. Quienes tenían menos formación, o más, eran menos reconocidos por su creatividad.

Otras investigaciones parecen confirmar la opinión de De Bono. En una famosa serie de experimentos llevados a cabo por primera vez hace más de setenta años, Abraham y Edith Luchins encargaron a sus sujetos de estudio la tarea de medir una serie de cantidades de agua mediante un conjunto de jarras de distintos tamaños; por ejemplo, una jarra de 127 unidades, otra de 21 y una más de 3 para obtener 100 unidades exactas. (¿Se te ocurre cómo hacerlo?) Los sujetos aprendieron una rutina que funcionaba para resolver las primeras tareas que les dieron. Cuando se les proponía una tarea que podía hacerse usando la rutina aprendida u otra más sencilla, nunca se les ocurría la sencilla. Y cuando les propusieron una tarea que solo se podía hacer con una rutina más sencilla, pero nueva, no lograron completarla. En lugar de eso, siguieron intentando aplicar la rutina conocida. Sin embargo, quienes no habían aprendido la rutina original, daban enseguida con la solución más sencilla.

Estas ideas han permeado en nuestras opiniones sobre la creatividad y la mayoría hemos generado dos creencias básicas: la inspiración nos llegará cuando sea el momento y estemos preparados, signifique eso lo que signifique, y, si quieres una solución creativa para un problema, lo mejor es encontrar a alguien que sepa algo de la situación, pero no mucho. Esas creencias, aunque parecen sostenerse en hechos probados, nos desvían del buen camino. Nos alejan de nuestra capacidad para crear e innovar. La evidencia que subyace a los principios de la práctica consciente y el desempeño extraordinario muestra que, para dar soluciones creativas a los problemas, el conocimiento (cuanto más, mejor) es tu amigo y no tu enemigo. Y también que la creatividad no llega en forma de descarga eléctrica.

Mayor conocimiento, mayor innovación

Los grandes innovadores en un amplio número de campos, negocios, ciencia, pintura, música, tienen al menos una característica en común: dedican muchos años a prepararse intensamente antes de alcanzar cualquier tipo de revolución creativa. Los logros creativos nunca llegan de repente, ni siquiera en los casos en los que el propio creador dice más tarde que así fue. Da igual si hablamos del transistor, del disco *Sgt. Pepper* de los Beatles, del teléfono móvil o de *Las señoritas de Aviñón* de Picasso, siempre van precedidos de un largo periodo anterior de trabajo muy intenso y, en la mayoría de los casos, los propios productos creativos se desarrollaron durante largos periodos. Las grandes innovaciones son rosas que florecen después de cuidarlas mucho tiempo.

Y las evidencias son sorprendentemente coherentes con esta afirmación. Un estudio sobre 76 compositores de distintos periodos históricos buscó en qué momento crearon sus primeros trabajos notables y obras maestras, y para decidir cuáles lo eran se basaron en la cantidad de grabaciones disponibles. El investigador, el profesor John R. Hayes, de la Universidad Carnegie Mellon, identificó más de quinientos trabajos. Cito el resumen de los hallazgos que hizo el profesor Robert W. Weisberg, de la Universidad Temple: «De todos ellos, solo tres habían sido compuestos antes del décimo año de carrera del compositor, y esos tres se habían escrito entre el octavo y el noveno año». Durante sus primeros diez años aproximadamente, los creadores no habían hecho gran cosa a ojos del mundo. El profesor Hayes denominó al largo y totalmente típico periodo de preparación los «diez años de silencio», que parecen necesarios antes de producir cualquier cosa que valga la pena.

En un estudio similar de 131 pintores, halló el mismo patrón. El periodo de preparación era más corto, seis años, pero igualmente sustancial y, al parecer, imposible de evitar, ni siquiera por supuestos prodigios, como Picasso. Un estudio de 66 poetas halló a unos cuantos que crearon trabajos notables en menos de diez años, pero ninguno lo logró en menos de cinco; 55 de los 66 necesitaron diez años o más.

Estos hallazgos nos recuerdan mucho a la regla de los diez años que establecieron los investigadores cuando estudiaban a los grandes de cualquier ámbito. Otros investigadores, que no estaban buscando necesariamente pruebas que confirmaran esta regla, las hallaron igualmente. El profesor Howard Gardner de Harvard escribió un extenso ensayo (*Mentes creativas*) sobre siete de los mayores innovadores de principios del siglo xx: Albert Einstein, T. S. Eliot, Sigmund Freud, Mahatma Gandhi, Martha Graham, Pablo Picasso e Ígor Stravinski. Sería difícil encontrar a un grupo de sujetos más diverso, y Gardner no pretendía probar ni desmentir nada al respecto de la cantidad de trabajo que requirieron sus logros. Pero, en resumen, escribió: «A lo largo de todo este estudio, me ha llamado mucho la atención el funcionamiento de la regla de los diez años [...]. Si se empieza a los cuatro años, como Picasso, uno puede llegar a ser un maestro en la adolescencia; compositores como Stravinski y bailarinas como Graham, que no emprendieron sus trayectos creativos hasta bien entrada la adolescencia, no encontraron su ritmo hasta los veintimuchos».

Ni siquiera los Beatles escapan a la exigencia de contar con una preparación amplia y muy a fondo antes de producir grandes innovaciones. El profesor Weisberg, de la Universidad Temple, ha estudiado la carrera del grupo y ha hallado que dedicaron miles de horas a actuar juntos, en sesiones que se ajustan muy bien a la descripción de práctica consciente, antes de que el mundo oyera siquiera hablar de ellos. Al principio tocaban solo unas poquitas canciones propias, que no tenían nada de especial, y que no habríamos conocido de no haber ido a buscarlas *a posteriori*, tras el éxito del grupo. El primer número uno de la banda fue «Please Please Me» (1963), escrito por John Lennon y Paul McCartney después de llevar cinco años y medio trabajando juntos. Es discutible que esa canción sea un logro creativo; aunque fue todo un éxito, no supuso en ningún caso una innovación significativa para la música pop. Eso tendría que esperar hasta el llamado periodo central del grupo, cuando produjeron sus álbumes *Rubber Soul, Revolver* y *Sgt. Pepper's Lonely Hearts Club Band*. Estos discos, que contenían únicamente música original, transformaron el pop. Cuando grabaron el disco *Sgt. Pepper*, Lennon y McCartney llevaban diez años trabajando juntos, y muchísimo.

En cuanto a lo que sucede exactamente durante esos largos periodos de preparación, se parece llamativamente a la adquisición de conocimiento sobre el ámbito que tiene lugar durante la práctica consciente. Se trata sin duda de una inmersión intensiva y a fondo en el campo, a menudo bajo la batuta de un maestro, pero, incluso cuando no es así, la persona que innova parece sentirse empujada a aprender el máximo posible sobre su campo en cuestión, para mejorar, para ir más allá de sus propios límites y, con el tiempo, más allá de los límites del propio campo. Gardner repasó las historias de los siete grandes innovadores que estudió, y al ver que tenían tanto en común, los combinó para hacer un personaje *collage* al que llamó Creadora Ejemplar o C. E. En algún momento entre el final de su adolescencia y sus primeros años de vida adulta, «C. E. ya ha dedicado una década a trabajar en el dominio de su campo y está cerca de alcanzar la primera línea; ya no le queda mucho que aprender de su familia y expertos locales, y siente el impulso de ponerse a prueba frente a otros jóvenes que están liderando ese mismo campo». En consecuencia: «C. E. se muda a la gran ciudad considerada el centro vital de la actividad de su campo».

Aquí vemos sin lugar a dudas algunos elementos de la práctica consciente: la gran inversión en el dominio del campo, la búsqueda de una formación más avanzada, el intentar salir siempre de la zona de confort. A medida que se intensifica ese esfuerzo por avanzar «C. E. descubre una problemática o un tema concreto que le interesa en especial, uno que promete llevar el campo a terrenos nunca antes transitados». El viaje nunca es fácil, por definición, y aquí encontramos aún más paralelismos con los grandes de otros sectores: «C. E. trabaja casi todo el tiempo y se exige muchísimo a sí misma, pero también a los demás, subiendo constantemente la apuesta. Siguiendo el ejemplo de William Butler Yeats, elige la perfección del trabajo antes que la perfección de la vida». Ya hemos visto anteriormente este tipo de rutinas extremadamente exigentes, al observar cómo la práctica consciente conduce al desempeño extraordinario.

Estos ejemplos, casi todos del ámbito estético, son muy importantes para el mundo de los negocios, porque, como ya hemos dicho, muchas de las grandes innovaciones empresariales actuales son creaciones estéticas del hemisferio cerebral derecho. Muchas otras innovaciones vitales para el mundo de los negocios pertenecen al ámbito de la ciencia, y aquí la idea de que saber mucho puede interferir con la innovación es aún más difícil de defender. Veamos, por ejemplo, una de las muestras más célebres de resolución creativa de problemas de todo el siglo xx: el descubrimiento de la estructura del ADN por parte de James Watson y Francis Crick. En un detallado estudio, el profesor Weisberg mostró que había unos cuantos distinguidos científicos más, incluido uno, Linus Pauling, que acabaría ganando dos premios Nobel, que estaban intentando resolver ese mismo problema en ese mismo momento, cada uno con una perspectiva distinta. Si presumimos que estar demasiado familiarizados con un problema es un inconveniente, entonces deberíamos esperar que a Watson y Crick se les ocurriera la solución porque no tenían que superar el obstáculo de contar con un exceso de datos, que fue lo que complicó la vida al resto de los investigadores. Pero lo que pasó en realidad fue precisamente lo contrario. En esa era preinternet (principios de la década de 1950) los resultados de cualquier investigación no se distribuían con la misma facilidad que hoy en día, y Weisberg explica que Watson y Crick consiguieron acceder a varios artículos, fotografías hechas con rayos X y datos crudos, así como a conocimientos sobre física y cristalografía con rayos X, que se combinaron hasta acumular una cantidad sumamente importante de conocimiento que ninguno de los otros poseía en su totalidad. En concreto, Watson y Crick tenían información que los llevó a deducir que la hélice era doble (Pauling pensaba que era triple) y que las hebras quedaban por fuera mientras que las «bases», los escalones de la escalera de caracol, iban por dentro (algunos investigadores pensaban que las bases se proyectaban hacia afuera desde las hebras). Así fueron capaces de calcular el ángulo de giro de la espiral y cómo se conectaban las bases entre sí.

Watson y Crick no fueron los primeros en dar con todas las piezas del puzle. Otros científicos dedujeron antes que la hélice tenía que ser doble, no triple ni simple, y otros dos equipos llegaron antes que Watson y Crick a la conclusión de que las hebras iban por fuera de la molécula. Sin embargo, Watson y Crick fueron los primeros en resolver el problema de la estructura del ADN en su conjunto, porque ellos, y solo ellos, tenían todos los datos necesarios. Como Weisberg concluye: «No hay que asumir que Watson y Crick pensaban de un modo distinto (o mejor) que los demás. Simplemente, ellos tenían a mano lo necesario para desarrollar el modelo correcto de ADN y los demás, no».

Si buscamos evidencias de que tener demasiado conocimiento de un ámbito o estar familiarizado con sus problemáticas podría ser un obstáculo para los logros creativos, hay que decir que las investigaciones no han encontrado ninguna. Y todo parece indicar lo contrario. Los creadores más eminentes son siempre los que se han sumergido más a fondo en su campo y han dedicado sus vidas a él acumulando grandes cantidades de conocimiento y esforzándose siempre para estar en la primera línea.

¿Y qué pasa con esa otra idea, relacionada con la anterior, de que un exceso de formación suele ir de la mano de una menor creatividad? La contradicción puede ser mucho menor de lo que parece. Para empezar, pasar muchos años en un centro educativo no nos dice nada sobre el dominio real de una materia, sobre todo en determinados ámbitos. Por ejemplo, una persona con un doctorado en literatura habrá adquirido una cantidad considerable de conocimientos sobre la historia y la interpretación de las obras literarias, casi siempre de un tipo determinado, pero esto no tiene nada que ver con la creación literaria, que sería un ámbito distinto y que requiere habilidades y conocimientos también distintos. De hecho, en muchos campos de la creación, la persona que estudia y adquiere un título superior elige conscientemente el camino que conduce a la enseñanza y no a una vida de innovación en dicho ámbito, lo cual encaja perfectamente con el hecho de que, en esos sectores, las personas que han cursado más años de formación sean las menos notables en el campo de la innovación.

En ciencia y tecnología, la situación es distinta, porque en la actualidad se necesita educación avanzada para resolver de forma creativa los problemas a los que nos enfrentamos: es muy poco probable que un estudiante de último curso de universidad dé con la cura del cáncer. Esa es la realidad actual, pero recuerda que el estudio que correlaciona una mayor formación con un menor reconocimiento creativo abarcaba el periodo de 1450 a 1850. Durante la primera mitad de ese periodo, apenas existía la ciencia tal y como la conocemos; obtener un título de estudios superiores no confería necesariamente mucho conocimiento sobre ciencia en una época en la que aún se desconocían los principios fundamentales del método científico. Al haberse investigado un periodo que era, en gran parte, precientífico, no debería sorprendernos que no haya una correlación entre educación formal y reconocimiento creativo. En resumen, que en un número muy amplio de campos, el conocimiento puede estar poco relacionado con los años de educación formal.

Si observamos el conjunto, vemos que a los grandes innovadores el conocimiento no les supone una traba, sino que se nutren de él. Y lo adquieren mediante un proceso que, como hemos visto, implica muchos años de exigentes actividades de práctica consciente.

La innovación no llega en forma de inspiración, sino de acumulación

A partir de aquí, es fácil darle una vuelta a la idea popular de que los grandes logros creativos no tienen precedente y brotan «a la existencia de forma súbita, como Minerva del cerebro de Júpiter», como dijo un autor del siglo XIX fascinado por la máquina de vapor de James Watt. Una mirada más atenta a las innovaciones notables en el ámbito de los negocios, las artes y las ciencias (incluida la máquina de vapor de Watt) nos muestra que no surgen de la nada: de hecho, tienen montones de precedentes. La innovación no rechaza el pasado; al contrario, se apoya mucho en él, y quienes dominan la realidad actual del ámbito en el que trabajan son más capaces de innovar.

Vemos ejemplos por todas partes, aunque ninguno es más llamativo que *Las señoritas de Aviñón* de Picasso, considerado por los historiadores del arte uno de los cuadros más importantes del siglo xx. Tanto Weisberg como Gardner lo tuvieron muy en cuenta en sus estudios sobre creatividad. Sería difícil nombrar un trabajo creativo más desconectado en apariencia de todo lo anterior, con sus rostros grotescos e inhumanos sobre cuerpos de personas, y su agresiva desnudez; en 1907 fue un escándalo. Y, sin embargo, incluso esta creación tan chocante se construyó sobre muchas influencias artísticas existentes a las que Picasso se había expuesto: antiguas esculturas ibéricas, arte primitivo de África y el Pacífico sur, figuras y composiciones concretas de cuadros de Cézanne y Matisse. Nada de todo eso reduce la potencia del cuadro, pero una amplia investigación ha demostrado que ni siquiera este trabajo clave se creó de la nada, como podría parecer, sino que fue más bien una brillante nueva combinación y elaboración de elementos que se desarrollaron con el tiempo y fueron absorbidos por un artista que había trabajado muchos años en el dominio de su campo.

Y esto no solo sucede en el arte, sino también en la ciencia y la tecnología, a pesar de lo que nos puedan haber dicho en el colegio. James Watt no inventó la máquina de vapor, y lo que sí inventó no brotó como Minerva del cerebro de Júpiter. Antes de que Watt se pusiera manos a la obra en 1763, ya se habían inventado muchas máquinas de vapor y había unas cuantas, inventadas por Thomas Newcomen, que se usaban de forma comercial en Gran Bretaña para bombear y extraer agua de las minas de carbón. Tampoco es que Newcomen inventara la máquina de vapor; su dispositivo era una mejora de máquinas anteriores, que se remontaban tan atrás en el tiempo y se basaban en una cadena tan progresiva de avances que no se puede afirmar con rotundidad quién inventó la máquina de vapor. La máquina de Newcomen no era muy eficiente, el diseño de Watt lo era mucho más. También fue, claro está, una innovación gigantesca que, por el papel que desempeñó en la Revolución Industrial, cambió el curso de la historia. Pero no era una idea que nadie hubiera imaginado antes que eclosionara como un milagro. Fue precisamente lo contrario. Sucedió porque Watt estaba intentando mejorar lo que ya existía, la máquina de Newcomen, y su larga formación como fabricante de instrumentos científicos le proporcionó la habilidad y el conocimiento para lograrlo.

De una forma similar, Eli Whitney no inventó la desmotadora de algodón. Ya se habían desarrollado muchas máquinas para separar las semillas de las fibras de esta planta, y funcionaban, pero solo con el algodón de fibra larga, que no era rentable cultivar a gran escala. El dispositivo de Whitney, que usaba muchos de los principios empleados por máquinas ya existentes, funcionaba con el algodón de fibra corta, y eso marcó la diferencia. Nuevamente, nada de esto resta importancia al logro: la máquina de Whitney revolucionó la economía del sur de Estados Unidos y cambió la historia. Pero no surgió de la nada; era una brillante mejora de diseños ya existentes que solo fue posible porque Whitney entendió lo que había venido antes.

La máquina de vapor y la desmotadora fueron dos de las innovaciones más importantes de la historia de los negocios, y sus procesos de creación no son distintos a los de los inventos actuales. Desde el telégrafo al avión o internet, todo son adaptaciones y extensiones de cosas que ya existían, que fueron posibles gracias a buenísimas ideas que habrían sido completamente imposibles sin un profundo conocimiento de, y sin apoyarse en, el conocimiento anterior. Y lo mismo sucede con innovaciones menos célebres. El inventor Jim Marg-graff, que creó el sistema de lectura electrónico para niños LeapPad (muy popular en Estados Unidos) y el bolígrafo electrónico FLY, que digitaliza y almacena lo que escribes, explicó a *The New York Times* que «toda creación se sustenta en el trabajo que se invirtió en la creación anterior». Según su experiencia, que coincide con las de otros creadores, la innovación no se desarrolla más fácilmente distanciándose del problema. Al contrario, «los momentos de iluminación surgen tras horas de pensamiento y estudio», dijo. Douglas K. van Duyne, un emprendedor de internet que cofundó la empresa de consultoría Naviscent, expresó la misma idea a *The Times*: «La idea de epifanía es un paraíso de los soñadores, en el que las personas quieren creer que las cosas son más fáciles de lo que son».

Cómo alcanzan la grandeza los innovadores

Es importante entender que la innovación a pequeña escala del bolígrafo electrónico FLY, que puede parecer muy alejada de las sinfonías de Beethoven o de las teorías de Einstein, no es fundamentalmente distinta a ellas. Hasta hace poco, los investigadores solían pensar que había dos categorías de creatividad: la creatividad con C mayúscula, que abarca productos famosos e influyentes como los circuitos integrados o *Huckleberry Finn*, y la creatividad con c minúscula, que da vida a las creaciones cotidianas, como los anuncios de televisión o los arreglos florales de la floristería. Pero Ronald A. Beghetto, de la Universidad de Oregón, y James C. Kaufman, de la Universidad Estatal de California en San Bernardino, han sugerido que ambos tipos de innovación existen «en el mismo continuo evolutivo» y que este se remonta más atrás incluso de la creatividad con c minúscula, a lo que denominan creatividad con c diminuta. En este contexto, «todos los niveles de desempeño creativo siguen una trayectoria que empieza con interpretaciones nuevas y significativas a nivel personal (c diminuta), que pueden progresar a contribuciones consideradas nuevas y significativas en el ámbito interpersonal (c minúscula) y pueden llegar a desarrollarse y llegar a ser desempeños creativos superiores (C mayúscula)».

Esta perspectiva es muy significativa, porque une las evidencias que muestran que los logros creativos se alcanzan del mismo modo que otros tipos de logros. Como afirman Beghetto y Kaufman: «Es más probable que el desempeño con C mayúscula esté influido por la práctica consciente intensa en un ámbito concreto que por algún tipo de talento especial y genético de unos cuantos individuos». Como estudiosos de la creatividad, consideran que el trabajo de Ericsson y sus colegas les proporciona «evidencias científicas convincentes que apoyan su perspectiva evolutiva y que demuestran el importante papel que tiene la práctica consciente en el desempeño creativo superior».

Es decir, que los innovadores alcanzan la grandeza como cualquier otra persona.

Aun así, seguimos teniéndonos que enfrentar a los estudios que muestran que las personas se quedan encalladas en un marco concreto cuando abordan repetidamente el mismo tipo de problemas. ¿Cómo encaja esto con las experiencias de los innovadores del mundo real que hemos visto? La respuesta aflora cuando observamos más de cerca las investigaciones. En el famoso experimento con jarras de agua, se llevaba a los sujetos a un laboratorio y se les daba una serie de jarras y cinco problemas que se podían resolver siguiendo la misma rutina de llenar las jarras y pasar el agua de una a otra en un orden determinado. Después, se les daban otros problemas distintos y uno de ellos se podía resolver mediante un procedimiento más sencillo, que los sujetos no detectaban. El resultado parecía mostrar que una persona demasiado familiarizada con un problema puede no ver las soluciones innovadoras.

Pero si tomamos un poco de perspectiva y pensamos en esta situación, veremos que es muy diferente de los casos de personas que de verdad resuelven problemas de formas creativas. Los sujetos del estudio no habían dedicado su vida a estudiar ese ámbito ni habían pasado miles de horas intentando entender problemas de ese tipo; por lo que sabemos, lo único que sabían sobre el ámbito en cuestión era lo que habían aprendido de los cinco problemas que se solucionaban de la misma forma creados y presentados por los investigadores. No debería sorprendernos, pues, que a los sujetos no se les diera muy bien encontrar soluciones a problemas distintos, y desde luego no deberíamos suponer que este resultado nos dice algo sobre los factores que ayudan o entorpecen a los creadores de renombre. Estos experimentos se han interpretado como una muestra de qué les sucede a las personas que se sumergen demasiado en la resolución de problemas de un determinado tipo, pero quizá sería más plausible hacerlo, e incluso más convincente, como una muestra de lo que sucede cuando las personas no se sumergen lo suficiente en el contexto de su problema. Los experimentos demostraban que los sujetos que no se habían expuesto a los problemas anteriores encontraban una solución más sencilla, que los sujetos con experiencia no veían, pero los sujetos del estudio no eran del tipo que más nos interesaría: personas que hubieran dedicado mucho tiempo y estudio a los problemas. Este experimento es interesante, y es normal que sea conocido, pero no contradice lo que hemos visto sobre la experiencia de los grandes creadores e innovadores.

¿Y qué hay de esas leyendas sobre grandes productos creativos que surgen de forma repentina y perfectamente terminados en la mente de sus creadores? La respuesta es sencilla: son mentira. Es posible que Coleridge fuera tan buen relaciones públicas como poeta, o al menos eso cree un crítico que afirma que se inventó la historia del sueño para ayudar a vender su poema *Kubla Khan*. En cualquier caso, se ha encontrado una versión anterior que demuestra que Coleridge hizo muchas correcciones antes de la publicación. Incluso en la versión de los hechos de Coleridge, él afirma haberse dormido por los efectos del opio mientras leía un libro del siglo XVII titulado *Purchas, His Pilgrimage*, antes de despertar y ver en su mente su famoso poema que empieza: «En Xanadú, Kubla Khan / mandó que levantaran su cúpula señera: [...]». Como descubrió el crítico John Lowes, *Purchas, His Pilgrimage* describe la ciudad de Khan en un pasaje que empieza así: «En Xamdu, construyó Cublai Can su señorial palacio». Coleridge, como todos los grandes creadores, construyó sobre cimientos ya existentes.

La pluma de Abraham Lincoln no trazó las inmortales palabras del discurso de Gettysburg por detrás de un sobre mientras cabalgaba hacia el campo de batalla; se han hallado varios borradores en papel con membrete de la Casa Blanca. En cuanto al momento eureka original, no hay nada en los abundantes escritos de Arquímedes, ni en los de ninguno de sus contemporáneos, que apoyen o apunten siquiera levemente a la historia de la bañera. Los académicos han concluido que se trata de un mito.

Crear organizaciones innovadoras

Del mismo modo que los principios que forjan a individuos con mucha creatividad y capacidad de innovación son los mismos que conducen al desempeño extraordinario en general, eso sucede con las organizaciones. Todos los pasos descritos en el anterior capítulo para ayudar a las organizaciones a mejorar su desempeño las ayudará también a ser más innovadoras. Además, las organizaciones pueden observar unos cuantos principios extras que mejorarán sus probabilidades de crear innovaciones valiosas. La enorme industria de la innovación ha dado lugar a incontables libros sobre la creatividad en las organizaciones, pero hay unas cuantas que destacan cuando tenemos en mente los principios de la práctica consciente y el desempeño extraordinario.

La imagen que emerge con más fuerza de la investigación de grandes creadores es el entusiasmo con el que se sumergen en su campo y el profundo conocimiento que obtienen como resultado. Dado que las organizaciones no pueden ser innovadoras, solo las personas, lo que se deduce es que los pasos más eficaces que puede dar una empresa para construir innovación incluyen ayudar a las personas a expandir y profundizar en el conocimiento de sus respectivas áreas. En el capítulo anterior vimos algunas de las formas que tienen las organizaciones de lograrlo. Un abordaje adicional, identificado por McKinsey, consiste en crear redes de innovación en el seno de la organización: buscar formas de conectar a las personas para que hablen entre ellas sobre los problemas en los que trabajan, los abordajes que están poniendo a prueba y lo que están aprendiendo. Citando a los compañeros de McKinsey Joanna Barsh, Marla M. Capozzi y Jonathan Davidson, esto se sustenta en la hipótesis de que «dado que las nuevas ideas parecen dar pie a nuevas ideas, las redes generan un ciclo de innovación». Hemos visto que los creadores excepcionales a menudo construyen esas redes por su cuenta, un patrón observado por Howard Gardner, que lo manifiesta cuando su Creadora Ejemplar se muda a la gran ciudad para poder estar entre las principales figuras de su ámbito.

Uno de los grandes motivos por los que las personas que trabajan en organizaciones no generan más innovación es porque esta no está bien vista. Las nuevas ideas rara vez son bienvenidas. A la gente no le gustan los riesgos. Hay encuestas especializadas que lo demuestran, pero tampoco serían necesarias: todos lo sabemos por experiencia. Un hallazgo revelador de la investigación de McKinsey explica por qué, muy a menudo, el problema no se soluciona: porque los directivos del más alto nivel no lo consideran un problema. En una encuesta a seiscientos ejecutivos, los de más alto rango pensaban que el principal motivo por el que su empresa no era más innovadora era que no tenían suficiente personal adecuado para dicha tarea. Los encargados de niveles más bajos tenían una opinión marcadamente distinta: que la empresa contaba con el personal adecuado, pero que la cultura empresarial no les permitía innovar. Cualquiera que haya pasado por más de una organización sabe cuál de los dos grupos tiene más números de tener razón. Y sí, son los encargados de los niveles más bajos. Cambiar la cultura empresarial para hacerla más benévola frente a la innovación, o en cualquier otro aspecto, es un enorme proyecto a largo plazo que no podemos explorar a fondo aquí, solo podemos hacer una observación: los cambios en la cultura empiezan por arriba. Mientras los ejecutivos del más alto nivel consideren que no tiene nada de malo, la cultura no cambiará. Por eso el estudio de McKinsey explica muy bien por qué hay tantas empresas que no son tan innovadoras como les gustaría.

Las organizaciones pueden dar otros dos pasos que son especialmente eficaces a la luz de cómo funciona en realidad la innovación: decirles a las personas qué es lo que se necesita y darles libertad para innovar.

Benjamin Zander, director de la Orquesta Filarmónica de Boston, a menudo da conferencias a grupos de empresarios y suele proponerles un pequeño ejercicio. Busca a alguien que cumpla años ese día, o el día anterior o el siguiente, y saca a esa persona a la tarima. Entonces le dice al grupo: «Hoy es el cumpleaños de Mary. ¡Cantadle algo!». Sin ninguna otra instrucción, el grupo empieza inmediatamente a cantar «Cumpleaños feliz» a Mary. Entonces Zander dice: «Bueno, eso ha estado muy bien. Pero ¿sabéis una cosa? Yo creo que podéis hacerlo mejor. Volvedla a cantar, por favor, pero, esta vez... mejor. ¡Vamos!». Silencio absoluto. Nadie emite ningún sonido. Después de unos segundos de incomodidad, Zander explica qué ha pasado. Cuando todo el mundo entiende qué es lo que hay que hacer, se hace fácilmente, en grupo y sin necesidad de que nadie dirija. Pero cuando no se entiende, cuando te dicen simplemente que cantes mejor, la gente se paraliza.

Y a menudo pasa lo mismo con la innovación en las organizaciones. Los directivos piden a la tropa que innove, pero nadie entiende muy bien qué significa eso. Y, sin saber muy bien adónde ir, no van a ningún sitio. A las organizaciones que buscan más innovación les iría bien comunicar a todo el mundo qué tipo de innovación sería la más valiosa. Porque esperar a que llegue la iluminación no funciona, las personas tendrían que dedicar enormes cantidades de tiempo y esfuerzo a dominar el campo en el que quieren innovar, y se pueden desperdiciar grandísimas cantidades de recursos si se dirige a las personas en la dirección equivocada. Por eso hay que explicitarla claramente: necesitamos nuevas formas de ampliar una línea de producto, nuevas formas de expandirnos por Latinoamérica, nuevas formas de identificar las necesidades de nuestros clientes o nuevas formas de reducir nuestros costes fijos. Lo importante es que las personas entiendan cuáles son las prioridades de la organización y que, por tanto, sepan dónde conviene más innovar.

El otro paso, dar libertad para innovar, es cuestión de motivación. En el último capítulo hablaremos de por qué la gente se somete a los esfuerzos que exige el desempeño extraordinario, pero vale la pena apuntar aquí que, en las tareas creativas en concreto, algunas investigaciones sugieren que las personas son más innovadoras cuando no les ofrecen recompensas extrínsecas; de hecho, ofrecer recompensas puede reducir su creatividad. La investigación no es unánime, pero esta idea es plausible desde un punto de vista intuitivo: las personas que sienten el impulso interno de crear parecen más creativas que aquellas a quienes se les pide que lo sean. Esto ayuda a explicar por qué algunas de las empresas más conocidas por su innovación, como 3M y Google, permiten que sus empleados dediquen una cierta cantidad de su tiempo, normalmente entre un 10 y un 20 por ciento, a cualquier proyecto que les resulte interesante a nivel personal. El riesgo de estos proyectos es que no siempre contribuyen a la mejora de la empresa. Pero la ventaja es que las políticas basadas en seguir los propios impulsos encarnan una cultura de confianza que es, como ya hemos dicho, una importante contribución a la creatividad que es casi imposible de adoptar por muchas empresas. Por eso las que sí lo hacen tienen una ventaja competitiva.

Entender de dónde surge la innovación es especialmente importante, porque tendemos a creer con fe ciega que este tipo de desempeño, más que otros, es un misterioso don. Para la mayoría es más sencillo creer que un gran tenista ha logrado su éxito mediante los principios de la práctica consciente que pensar eso mismo de un gran inventor. Pero la evidencia muestra que el factor más importante para su gran desempeño es el mismo en ambos casos. El profesor Raymond S. Nickerson, de la Universidad Tufts, ha escrito que «la importancia del conocimiento propio del ámbito como determinante para la creatividad se suele infravalorar, incluso a pesar de que los investigadores han insistido mucho en ello». Lo que marca la mayor diferencia es la predisposición a someterse al exigente proceso de adquirir ese conocimiento a lo largo del tiempo. David N. Perkins, de la Universidad de Harvard, al examinar los muchos factores que se han propuesto como elementos importantes de la creatividad, escribió: «La evidencia más clara de todas demuestra la conexión entre el pensamiento creativo y valores ampliamente construidos: las aspiraciones y los compromisos de una persona [...] crear es un esfuerzo intencionado, mucho más de lo que solemos suponer». Hay que querer alcanzar el dominio de un campo, comprometerse con el largo y arduo trabajo que esto comporta y, después, pretender innovar. Así es como se hace.

La mayoría de las pruebas apuntan a que la creatividad está mucho más disponible de lo que solemos pensar. La limitación más importante, como sucede con cualquier desempeño excepcional, está más relacionada con nuestra disposición a hacer el complicado trabajo que esto implica. En este sentido, el estudio de la innovación en concreto ha planteado preguntas que son realmente pertinentes para todos los tipos de desempeño al más alto nivel: ¿cuándo deberíamos empezar a trabajar en la práctica consciente y hasta qué edad es eficaz? En ámbitos creativos, como la música, las personas empiezan a practicar cuando son aún muy jóvenes y persisten hasta una edad muy avanzada. ¿Qué implicaciones tiene esto en otros ámbitos? ¿Podría ser que alcanzar el desempeño excepcional lleve ahora más tiempo que antes? De ser así, ¿qué papel tiene el apoyo del entorno en todo esto? Resulta que la potencia de la práctica consciente abarca un periodo vital muy amplio. A continuación, hablaremos de por qué sucede esto y qué implicaciones tiene.

10

Desempeño extraordinario en la juventud y en la vejez

Los sensacionales beneficios de empezar temprano y no parar

Los ganadores de premios Nobel son cada vez más mayores: ¿por qué?

La explicación saca a relucir una serie de tendencias y realidades básicas sobre el desempeño excepcional. Nos muestra por qué alcanzar el más alto nivel en muchos ámbitos es ahora más difícil que antes. Esto nos obliga a examinar la eficacia de la práctica consciente a lo largo de la vida, desde las edades más tempranas a las más avanzadas. También nos empuja a valorar los tipos de estructuras de apoyo que son necesarias para que cualquier persona alcance logros excepcionales en el futuro, ya que uno de los hallazgos que más se repite en las investigaciones es que nadie hace este viaje por su cuenta.

El envejecimiento de los ganadores del premio Nobel y otras figuras innovadoras lo descubrió Benjamin F. Jones, de la Escuela de Gestión Kellogg de la Universidad del Noroeste. Examinó a los ganadores de los premios Nobel de Ciencias y Economía, así como a otras personas que habían llevado a cabo avances notables en ciencia y tecnología en un periodo que coincide aproximadamente con el siglo xx. Cuando determinó a qué edades habían hecho sus avances más extraordinarios, halló un hecho sorprendente: la media de edad había aumentado unos seis años durante un periodo de solo cien. El hallazgo no fue refutado por ninguna variable estadística. Estaba pasando algo importante, ¿pero qué?

La explicación más obvia sería que la esperanza de vida ha aumentado muchísimo durante el siglo xx, por lo que este hallazgo tendría todo el sentido. Por supuesto que los ganadores del Nobel eran cada vez más mayores, como todo el mundo. El problema es que esta explicación no se sostiene. Es muy raro que los científicos y economistas hagan contribuciones importantes en sus últimos años de vida, de modo que da igual que ahora vivan hasta los ochenta años en lugar de hasta los sesenta y cinco. Además, y para confirmar esto, Jones uso técnicas de estadística muy sofisticadas para controlar el envejecimiento de la población, y concluyó que su efecto era nulo.

La explicación real estaba en el otro extremo del espectro. Estos reconocidos innovadores eran cada vez más mayores no porque los más viejos estuvieran subiendo la media, sino porque lo estaban haciendo los jóvenes. Einstein ganó el premio Nobel de Física por un trabajo que hizo a los veintiséis años, y nadie pensó que eso fuera ninguna proeza. Más bien al contrario. Paul Dirac, que también ganó el premio Nobel por un trabajo que hizo a los veintiséis años (en 1928), escribió un famoso poema que hablaba precisamente de esto: «La edad es un escalofrío / que todo físico debe temer, es bien sabido. / Más vale morir que languidecer / cuando los treinta años hayas cumplido».

Y, sin embargo, hacia el final del siglo, si un físico moría antes de los treinta seguramente no le sonara a nadie. Jones descubrió que los innovadores que había estudiado habían empezado a hacer contribuciones reales en sus campos a los veintitrés años de media en 1900, pero que, en 1999, la media había subido hasta los treinta y uno, un enorme incremento de ocho años y, por tanto, la edad de quienes hacían las mayores contribuciones era aún más elevada. El motivo por el que los ganadores del Nobel y otros innovadores son cada vez más mayores no es que vivan más años, sino que cada vez tardan más en poder hacer algún tipo de contribución.

Otras investigaciones muestran que esta tendencia no solo es aplicable a los mayores pensadores. La edad a la que las personas registran su primera patente, en un amplio rango de campos, tanto en el ámbito de los negocios como en el gubernamental, se ha ido incrementando a un ritmo de entre seis y siete años por siglo. La conclusión de Jones fue la siguiente: «Si observamos todos los datos, vemos tendencias similares tanto entre las grandes mentes como entre los inventores corrientes. Parece que nos hallamos ante un fenómeno generalizado».

Y lo es porque está sucediendo en todos los campos basados fundamentalmente en el conocimiento, incluidos aquellos que constituyen el ámbito de trabajo de muchas personas. El conocimiento es la base del desempeño extraordinario, y en campos en los que se llevan a cabo grandes avances continuamente, dominar el conocimiento acumulado cada vez lleva más tiempo. Esto es fácil de observar en el campo de la física. Si piensas en todos los titanes del siglo XX de este ámbito: Planck, Bohr, Heisenberg, Fermi, Feynman y muchos otros, queda claro por qué los físicos actuales necesitan muchos más años de preparación y estudio que Einstein.

Pero podemos aplicar el mismo principio más allá de esta disciplina u otras ciencias duras a cualquier ámbito que implique mucho conocimiento, incluido, y quiero hacer hincapié en ello, el mundo de los negocios. La economía y las finanzas se han transformado durante los últimos cien años. El *marketing*, la ciencia administrativa y el comportamiento de las organizaciones se han desarrollado hasta convertirse en disciplinas avanzadas que precisan mucho más estudio que antes. Incluso la legislación sobre impuestos de Estados Unidos, que no para de crecer y que ya es cuatro veces más extensa que *Guerra y paz*, exige muchos años de intenso estudio a quienes tienen un empleo que implica entenderla. El efecto premio Nobel se replica en todos estos ámbitos y en muchos otros.

Los estándares cada vez más elevados refuerzan este efecto y obligan a quienes aspiran a destacar a prepararse de un modo más intensivo. Ya vimos en el capítulo 1 que algunos factores están haciendo subir el estándar en prácticamente todos los ámbitos a medida que aumenta la competencia, y que los métodos de desarrollo mejoran constantemente. Y no solo en el ámbito laboral: todos los padres con hijos que quieren ir a la universidad parecen muy contentos de haber obtenido su plaza cuando lo hicieron y no hoy en día.

El apoyo del entorno

A medida que las exigencias para alcanzar la excelencia son cada vez mayores en todos los campos, también aumenta la importancia de contar con un entorno que apoye a los futuros grandes desde una edad lo más temprana posible. Ninguna persona llega a ser extraordinaria por sí sola, y un rasgo que llama la atención de las vidas de los grandes es el valioso apoyo que recibieron en los momentos claves de su desarrollo. Algunos grandes han tenido que enfrentarse a la pobreza y la desazón, pero esto no es sinónimo de falta de apoyo. En prácticamente todos los casos, el apoyo del entorno es crucial.

Existe a distintos niveles, algunos de los cuales no se pueden controlar, aunque los hallazgos con respecto al apoyo del entorno en todos los niveles nos proporcionan conocimiento valioso para dar forma a los aspectos del contexto que sí podemos controlar. Dean Keith Simonton ha observado que «es más probable que los mayores expertos surjan en contextos socioculturales concretos». Por ejemplo, Kenneth Clark, el conocido crítico de arte inglés autor de *Civilización*, creía que las grandes obras de arte solían crearse en un contexto de estabilidad: no verás a muchos residentes en ciudades sitiadas hacer grandes estatuas ni sinfonías. La investigación de Simonton concluyó que «es menos probable que se desarrollen creadores excepcionales en periodos de anarquía, aunque sí es más probable que lo hagan en épocas de fragmentación política, cuando una civilización se divide en numerosos Estados independientes», lo que constituye una descripción bastante buena de la Italia del Renacimiento. Las culturas contribuyen o no a determinados logros en función de la época. En las culturas occidentales actuales puedes obtener mucho apoyo si te dedicas a investigar la cura del cáncer, pero hace doscientos años había tanto curandero diciendo que podía sanar esa enfermedad que te habrían considerado un charlatán peligroso.

Si la cultura está en uno de los extremos del espectro del apoyo del entorno, la parte más inmutable y descontrolada, en el otro está el hogar, que las investigaciones más exhaustivas sugieren que es, de lejos, la más importante. Las circunstancias en las que las personas empiezan a desarrollarse en el que acabará siendo su campo de especialidad pueden marcar la diferencia, e incluso en el mundo de los negocios y otros ámbitos en los que el desarrollo empieza a menudo en los últimos años de infancia, los hallazgos sobre apoyo eficaz del entorno del hogar nos proporcionan lecciones que se pueden aplicar de forma más general.

El mayor valor que proporciona el apoyo del hogar es que permite a las personas empezar tempranamente su desarrollo. Hemos observado que en unos pocos campos de especialidad, como el lanzamiento en el béisbol y el *ballet*, el cuerpo solo puede moldearse a las enormes exigencias de ambas disciplinas en la infancia, tras las cuales los huesos se calcifican y la posibilidad de cambio desaparece; el lanzador ya no podrá llevar su brazo tan atrás y la bailarina no podrá ganar toda la apertura de caderas que necesita. Las adaptaciones cerebrales parecen seguir un patrón similar, al menos en algunos casos. Los cerebros de los violinistas ceden más espacio al trabajo de la mano izquierda, la que indica la nota, que los de otras personas, y también al de la mano derecha, un efecto que es más pronunciado en las personas que empezaron a estudiar música a edad temprana. Hay otro efecto relacionado con la mielina, una sustancia que se va acumulando poco a poco en torno a las neuronas a medida que practicamos algo, lo que protege y refuerza conexiones claves del cerebro. La práctica en la infancia hace que la mielina se acumule más que la práctica en la edad adulta. Un estudio con pianistas profesionales halló que cuanto más habían practicado antes de cumplir los dieciséis años, más mielina tenían en zonas críticas de sus cerebros. Empezar pronto conlleva ventajas que resultan menos accesibles a edades posteriores.

Sin embargo, hay un factor que es más importante que estas ventajas, y que es sencillamente cuestión de tiempo y recursos. Como ya hemos visto en varias ocasiones, convertirse en uno de los mejores del mundo de cualquier ámbito precisa miles de horas de práctica consciente y concentrada. Por ejemplo, los mejores violinistas del estudio de la Academia de Música de Berlín Occidental habían acumulado unas diez mil horas de práctica a los veinte años, momento en el cual ensayaban unas 28 horas a la semana y dedicaban otras tantas a estudiar, ir a clase, prepararse y organizarse. Para un adulto que se enfrenta a las responsabilidades de tener una familia y una carrera, dedicar tal cantidad de tiempo a actividades puramente de desarrollo, que cuestan dinero en lugar de generarlo, sería extremadamente complicado. Es durante la infancia y la adolescencia cuando se suele tener esa cantidad de horas.

Esta realidad da pie a otra ventaja del inicio temprano, que es muy competitivo y que no habíamos mencionado hasta ahora. En cualquier campo en el que se pueda empezar precozmente, hacerlo tarde nos puede condenar a un intento eterno y seguramente desesperado de ponernos al día. Por ejemplo, cuando los mejores violinistas se convirtieron en profesionales, no dejaron de practicar. Al contrario, lo hacían aún más, hasta alcanzar unas 30 horas semanales de media, lo que suma más de 1.500 al año. Cualquier adulto que esté pensando en empezar una carrera profesional en un campo en el que algunos participantes empiecen a desarrollarse de pequeños deberían sacar la calculadora y afrontar la realidad.

Los padres de hoy en día se enfrentan a una dificultad concreta a la hora de proporcionar un entorno de apoyo óptimo. Esto es algo que aprendí viajando por el mundo y hablando sobre el mensaje de este libro. No estaba preparado para la intensidad de la respuesta de los padres a este ensayo, que se comercializó sobre todo como un libro enfocado al mundo empresarial. Cuando salió la edición brasileña, no solo me entrevistaron periodistas de *Época Negócios*, una de las revistas más importantes de su ámbito, sino también de la revista *Crescer*, para madres jóvenes. En Estados Unidos se dispararon las ventas coincidiendo con el final del curso escolar. Y, sobre todo, los padres se dirigían a mí para contarme muy emocionados lo mucho que los chavales necesitaban oír este mensaje, y creo que eso es lo más importante de todo.

Estos padres nos están diciendo algo sobre nuestra cultura. Celebramos los logros, adoramos a los famosos, pero apenas tenemos idea de cómo surge todo esto. Los niños ven a grandes deportistas y estrellas del pop, pero seguramente no saben (¿y cómo iban a saberlo?) lo muchísimo que han tenido que esforzarse para dominar sus habilidades.

Y no es ningún secreto por qué no lo saben: el desempeño extraordinario queda muy bien en la televisión; la práctica consciente que conduce a ese desempeño extraordinario, repetitiva y cargada de errores, no. En general, a casi nadie le interesa conocer los detalles del riguroso trabajo que todos los grandes deben hacer. Echar una ojeada entre bambalinas convierte los logros en algo terrenal, les quita todo el encanto. En nuestra cultura basada en el entretenimiento, casi todo el mundo vende magia. Pinchar esa burbuja no le conviene a nadie.

Y creo que la respuesta de los padres se debe a esa realidad. Ellos saben que el trabajo y el esfuerzo no tienen nada de mágico, y ven horrorizados que sus hijos no son conscientes de ello. Por eso, ven el mensaje que presentamos aquí como una forma de decirles que, al contrario de lo que han aprendido mediante la cultura popular, el éxito tiene un precio, y sí, se puede llegar a conseguir si estamos dispuestos a pagarlo.

Lo que los hogares pueden enseñar a las organizaciones

Como es obvio, la naturaleza concreta del apoyo que recibimos del entorno es crucial, y hay unos cuantos investigadores que han identificado sus características más importantes. En el mayor y más famoso análisis sobre este tema, el legendario investigador sobre educación Benjamin S. Bloom dirigió un estudio con 120 hombres y mujeres jóvenes que estaban entre los mejores de un amplio número de campos muy distintos: el piano, la escultura, la natación, el tenis, las matemáticas y la neurología. Tras unas largas entrevistas con estas personas y sus familias, el equipo llegó a la conclusión de que los entornos de sus hogares compartían una serie de rasgos.

A pesar de que las historias, las profesiones y los ingresos de los padres variaban mucho, sus hogares tendían a centrarse en sus hijos. Los niños eran importantes y los padres estaban dispuestos a hacer muchas cosas, lo que hiciera falta, para ayudarlos. Los padres también creaban y creían en una potente ética del trabajo. Antes de jugar había que trabajar, había que cumplir con obligaciones y perseguir metas. En una de las conclusiones más citadas de su informe, Bloom afirmó: «Se hacía hincapié una y otra vez en alcanzar la excelencia, dar lo mejor de uno mismo e invertir el tiempo en algo constructivo». En una organización, llamaríamos a esto cultura: las normas y expectativas que se deducen del ambiente.

Los padres de estos niños y niñas los guiaban mucho a la hora de elegir el campo de especialidad, pero el azar tenía un papel importante en el momento de tomar la decisión definitiva. Los artistas solían tener padres con tendencias artísticas; los deportistas padres aficionados al deporte; los matemáticos y neurólogos procedían de padres con muchos estudios, y todos dirigían a sus hijos en esas direcciones desde muy temprano. Pero un niño podía acabar estudiando piano porque era lo que tenía a mano o nadando porque el equipo de natación tenía una plaza disponible. Ni los niños se veían atraídos de forma irresistible por un campo en concreto ni sus padres los forzaban.

Los padres elegían a los maestros, que era uno de los roles más importantes a medida que los niños y niñas progresaban y necesitaban retos de un nivel más alto. El primer maestro era casi siempre alguien que la familia tenía a mano: un entrenador o maestro local o un familiar. Pero, invariablemente, estos niños y niñas progresaban hasta alcanzar un nivel en el que precisaban un maestro mejor, y este siguiente maestro generalmente ya no estaba cerca y los padres se veían obligados a dedicar tiempo y energía a encontrar uno que fuera adecuado y luego a llevar y traer a sus hijos de clase. En última instancia, estos jóvenes pasaban a formarse con algún maestro del más alto nivel, un paso que exige mayores sacrificios de tiempo, dinero y energía tanto a los padres como a los alumnos.

En una empresa, esta progresión es análoga a elegir encargos que fuercen continuamente el desarrollo de las habilidades de los empleados. No hablamos de niños, pero, al igual que estos, muchos trabajadores no perseguirán voluntariamente nuevas experiencias laborales que ejerciten sus músculos profesionales más débiles; la tentación de seguir haciendo lo que uno hace cómodamente es demasiado grande. Los empleadores, como los padres y los entrenadores, deben seguir obligándolos a desarrollarse, y la lección para ellos es que el proceso también les exige sacrificios en forma de desempeño inferior al óptimo por parte de una unidad de negocio cuando el gerente tiene que irse a otra área a cumplir con un encargo pensado para su desarrollo, o periodos de poca o nula productividad por parte de un empleado que está aprendiendo nuevas habilidades. Pero la lección también es que estos sacrificios valen la pena.

Además de elegir nuevos maestros adecuados, los padres del proyecto de investigación supervisaban la práctica de sus hijos, asegurándose de que tuvieran tiempo para ella y de que la hacían. Vale la pena ir un poco más a fondo con esto, no solo porque la práctica es vital para alcanzar objetivos, sino también porque los niños en concreto parecen odiarla. Si las investigaciones nos sugieren factores que contribuyen a que los niños practiquen, esto podría ser de ayuda para todos. Mihály Csíkszentmihályi de la Universidad de Chicago y otros colegas investigaron por qué a algunos adolescentes les resulta más fácil que a otros concentrarse y esforzarse en el estudio, lo que constituye el núcleo de la práctica consciente y los grandes logros. La investigación se centró en los entornos familiares de los alumnos y los evaluaron en dos aspectos: estimulación y apoyo. Se considera un entorno estimulante aquel en el que hay muchas oportunidades de aprendizaje y grandes expectativas académicas. Se considera que un entorno es de apoyo cuando hay normas y tareas bien definidas, sin que haya que discutir mucho sobre quién hace qué, y los miembros de la familia pueden confiar los unos en los otros. Los investigadores clasificaron los entornos familiares en estimulantes o no y de apoyo o no, y así crearon cuatro categorías. Los adolescentes que vivían en tres de ellas eran los típicos con poco interés y energía para el estudio. Pero en la cuarta combinación, en el entorno estimulante y de apoyo, los estudiantes estaban mucho más atentos, alerta e implicados en su estudio.

Este hallazgo clave encaja a la perfección con las observaciones de la investigación de Bloom. Los entornos que examinó también eran estimulantes («los padres alimentaban la curiosidad de sus hijos desde una edad muy temprana y respondían a sus preguntas con meticulosidad»), estructurados y comprensivos, todo el mundo tenía asignados roles y tareas claros, y los padres hacían sacrificios para apoyar la práctica de sus hijos. A la luz de esto, encontramos otra pista sobre por qué tan pocas organizaciones generan un flujo constante de grandes figuras en su ámbito. La mayoría de las empresas no son estimulantes a nivel intelectual, ni siquiera cuando el campo en sí pueda parecer fascinante; en lugar de ofrecer oportunidades de aprender y recompensar la curiosidad, la organización típica lo que hace es obligar a los empleados curiosos a buscarse la vida por su cuenta para aprender. Y, en lugar de proporcionar apoyo y una estructura, lo que se traduciría en roles y responsabilidades claros en un entorno positivo, que mira a largo plazo y que se construye sobre los éxitos, muchas compañías operan con una cultura de cubrirse las espaldas que, básicamente, consiste en evitar que puedan echarte la culpa de nada. Las culturas de ese tipo siempre se han considerado una desgracia como cualquier otra, pero la investigación sobre entornos que brindan apoyo nos indica de forma concreta por qué resultan tan tóxicas. Además, nos muestra por qué las organizaciones capaces de romper con esas tendencias y empezar a proporcionar estímulos, estructura y apoyo no solo escasean sino que también ganan mucha potencia.

¿Deberíamos crear a niños prodigio de los negocios?

Hemos visto que, a menudo, la formación temprana puede hacer que personas sorprendentemente jóvenes se conviertan en grandes de su ámbito, y la investigación nos ha mostrado cómo sucede esto. Nos hemos acostumbrado a ver a pianistas, ajedrecistas y gimnastas de dieciséis años sorprendentemente buenos. Sin embargo, ¿por qué hay algunos campos, en especial el de los negocios, donde nunca vemos a prodigios de dieciséis años? La respuesta simplista es que es ilegal que un chaval de esa edad firme un cheque o un préstamo; la respuesta real encarna otras verdades más importantes sobre cuándo empezar a formar a una persona joven en determinados ámbitos, cómo hacerlo y cómo aplicar los principios de desarrollo precoz en los negocios y campos afines.

El motivo fundamental por el que no hay adolescentes prodigio en determinados ámbitos es porque resulta imposible acumular suficiente tiempo de desarrollo a esa edad. A veces el motivo es, sencillamente, el tamaño físico. Un niño de cinco años puede practicar con el piano o el violín, se fabrican violines pequeños a propósito para esto, pero no con el trombón o el contrabajo, porque son demasiado grandes. Así que los mejores trombonistas y contrabajistas suelen ser más mayores. En otros casos, no basta con una década de desarrollo. Es el efecto premio Nobel: no hay físicos de partículas adolescentes porque, aunque un niño de cinco años puede empezar a aprender matemáticas y ciencias, hoy en día, se tardan al menos veinte años en adquirir los conocimientos necesarios.

¿Es ese el motivo por el que no vemos a magos de las finanzas de dieciocho años? ¿Porque el volumen de conocimiento necesario es demasiado elevado para haberlo adquirido a esa edad? Es una explicación que no acaba de convencer. Vamos a dejar a un lado a los hombres y mujeres de negocios que en realidad son científicos a sueldo de una corporación y vamos a centrarnos en los gerentes. Hace falta mucho conocimiento y muchas habilidades para ser un gerente de éxito, de eso no hay duda. Por otro lado, como cualquier gerente te dirá en confianza, a menudo, dirigir un negocio tampoco es física cuántica. Crear la estrategia de una unidad de negocio da mucho trabajo, pero no es comparable, por decir algo, al trabajo que dio probar el último teorema de Fermat (que fueron 357 años).

En lugar de eso, la respuesta podría ser que no hay costumbre de formar temprano en las habilidades para los negocios. Cualquier persona que se dedique a ello habrá notado, mientras hablábamos sobre desarrollo precoz, que nada de lo que hemos contado sucede en el mundo empresarial: no se proporciona a los jóvenes la posibilidad de desarrollar sus habilidades para los negocios de forma intensiva y concreta, como sí sucede con los nadadores, artistas y matemáticos, por ejemplo. Entonces surge la pregunta de si esto sería posible. Vamos a dejar para un poco más tarde el tema de si es o no deseable y planteémonos la siguiente cuestión: ¿sería posible y eficaz una formación intensiva para jóvenes en el conocimiento y las habilidades para los negocios?

La respuesta es claramente sí. El desarrollo siempre debe empezar por el principio, así que no hay que intentar enseñar a un niño de cinco años qué es el modelo de valoración de activos financieros o los entresijos de la Administración de Alimentos y Medicamentos estadounidense (la FDA, por sus siglas en inglés). Pero se le podría empezar a enseñar conocimientos básicos de este ámbito, los datos sobre un negocio en concreto, y, claro está, esto es algo que se hizo de manera rutinaria durante siglos hasta hace relativamente poco. Los niños empezaban a aprender sobre el negocio familiar u otros antes de cumplir los diez años. Hay que apreciar la sabiduría del sistema basado en los aprendices, que consistía en sumergir a las personas en un campo concreto bajo la tutela de un maestro experto desde una edad muy temprana, cosa que encaja con los principios básicos del desarrollo temprano.

Más allá del conocimiento general del ámbito, se puede formar a personas bastante jóvenes en habilidades de negocio más concretas. Los conceptos financieros básicos encajan perfectamente bien en el plan de estudio de matemáticas del ciclo elemental; pregunta a Ram Charan, uno de los consultores de gestión más reconocidos del mundo, que afirma que su profunda conexión con las finanzas empresariales nació a partir de lo que aprendió en la tienda de zapatos de su familia en la India, donde empezó a trabajar con ocho años. Larry Bossidy, exdirector ejecutivo de Honeywell y uno de los directores ejecutivos más célebres de las últimas décadas, cuenta algo parecido sobre sus experiencias en la infancia, en la tienda de zapatos de su familia en Pittsfield, Massachusetts. A una edad bastante temprana también se puede enseñar a los niños los aspectos empresariales relacionados con la probabilidad y la estadística, que son extraordinariamente importantes a la hora de tomar buenas decisiones económicas y evitar los errores irracionales que cometemos tan a menudo, tal y como ha demostrado el estudio del comportamiento financiero. La queja más habitual de las empresas sobre los empleados jóvenes es que se les da fatal escribir y hablar en público; la formación de esas habilidades orientadas al mundo de los negocios puede comenzar a una edad muy temprana. Siguiendo estos pasos iniciales parecería posible formar a jóvenes durante varias horas al día durante un periodo de muchos años para alcanzar grandes logros en un negocio en concreto.

Sería posible, pero ¿sería deseable? ¿Deberíamos usar los principios del desempeño extraordinario y desarrollo precoz para crear más J. P. Morgan y Andrew Carnegie, listos para ser titanes empresariales al cumplir la edad legal para votar?

La evidencia sugiere que podríamos hacerlo o, al menos, acercarnos mucho a ese escenario. Y, sin embargo, la mayoría rechazamos instintivamente esa idea. ¿Por qué? Vale la pena examinar esa intuición.

En los países desarrollados ya no se empieza a formar a preadolescentes para trabajos concretos porque la naturaleza del trabajo cambió en el siglo XIX. La formación escolar de la mayoría de los estadounidenses de entonces acababa hacia los catorce años, que era lo que hacía falta para trabajar en una granja y era lo que hacía casi todo el mundo. Pero a medida que la Revolución Industrial hizo que las granjas fueran más eficientes, y por tanto requirieran menos mano de obra, lo que disparó la creación de fábricas, que necesitaban a más personas, lo de estudiar solo hasta los catorce años dejó de ser suficiente. A principios del siglo XX el llamado «movimiento de la escuela secundaria» barrió Estados Unidos cuando ciudades de todo el país decidieron que todos los estudiantes debían completar doce años de educación formal. Al principio, la formación estaba orientada al empleo: los nuevos institutos enseñaban a sus alumnos matemáticas básicas, lengua y habilidades científicas, y a veces cosas mucho más concretas, que los ayudarían a prosperar en la economía industrial. Más tarde, a medida que el país se enriqueció, el plan de estudios de los institutos se amplió más allá de las habilidades laborales hasta abarcar el ámbito de las letras. Cada vez más estudiantes iban a la universidad y la mayoría hacían una carrera de filosofía y letras. Una de las señas de la prosperidad del mundo desarrollado durante el siglo XX, muchos lo consideran uno de los logros de los que debemos estar más orgullosos, fue que se puso a disposición de casi todo el mundo una educación completa, madura y avanzada.

Puede que en el día a día de tu existencia y tu trabajo no necesites saber nada sobre Homero, Shakespeare o la historia de Japón, ni tampoco de trigonometría o química, la verdad, pero la vida va más allá del trabajo y saber esas cosas la enriquece y nos llena como personas.

Visto desde esta perspectiva, la idea de que los adultos decidan sacrificar una educación amplia de sus hijos para obligar al pequeño Max o a la pequeña Ashley a dedicar horas y horas a formarse para convertirse en altos ejecutivos a los veinte años parece una barbaridad. Y puede que lo sea. Pero, mientras lo vamos pensando, no perdamos de vista un par de cosas.

En primer lugar, a nadie le parece una barbaridad que, en nuestra sociedad, se encamine a niños a formarse precozmente en otros campos que no son el de los negocios. Parece que nadie cree que Earl Woods fuera un mal padre por empujar con tanto entusiasmo a Tiger a practicar el golf a los dieciocho meses. Al contrario, todo apunta a que fue un padre maravilloso y su hijo lo adora. Tampoco parece importarnos que otros jóvenes consigan grandes logros en otros campos a costa de sacrificar su educación en sentido amplio para poder centrarse en ellos. Hubo quien puso mala cara cuando LeBron James decidió pasar directamente de la escuela secundaria al baloncesto profesional, pero ahora que es inmensamente rico y conocido, ya nadie se acuerda de eso. Las hermanas Polgár aprendieron lo suficiente sobre temas que no eran el ajedrez para superar los exámenes oficiales, pero jamás fueron al colegio y, sin embargo, el público húngaro las considera heroínas nacionales. En este y en otros casos de personas que han alcanzado grandes logros a edades precoces, el brillo del éxito hace desaparecer cualquier indicio de lo que se ha sacrificado. Si se aplicaran técnicas similares a la formación precoz en los negocios, con resultados similares, ¿cabría esperar la misma reacción?

En segundo lugar, aunque rechacemos la idea de convertir voluntariamente a niños de cinco años en futuros ejecutivos bancarios o gerentes de empresas textiles o estrategas de mercado, hay sociedades donde no se van a plantear estas cosas. Los países en rápido desarrollo de Asia, África y Latinoamérica abordarán la investigación sobre desarrollo precoz desde su propia perspectiva y no tenemos motivos para asumir que será igual que la nuestra. Si los gobiernos o las familias de algunos de esos países deciden centrarse en formar gerentes que sean genios a los veintiún años, y que no harán más que mejorar, tendremos que enfrentarnos a la realidad y, tal vez, repensar nuestras ideas.

Desafiar a la edad

Nuestro relato de cómo algunas personas alcanzan logros muy destacados a edades muy tempranas no debería hacernos perder de vista un dato importante sobre la edad y los logros: incluso cuando una persona joven alcanza un desempeño excepcional, suelen seguir evolucionando con los años. Yo-Yo Ma era un violonchelista de fama mundial a los veinte, pero es mucho mejor a los cuarenta. Jamie Dimon era un ejecutivo de servicios financieros increíblemente exitoso a los veintinueve años, pero era mucho mejor a los cincuenta, cuando fue director ejecutivo de JP Morgan Chase. La realidad de la mejora continua a lo largo de muchos años ha hecho que los investigadores se pongan a estudiar el desarrollo de los grandes en sus campos a lo largo de toda su vida. Los hallazgos ilustran cómo afecta (y cómo no) la edad en el desempeño.

Uno de los hallazgos más confirmados y menos sorprendentes de la psicología es que, a medida que cumplimos años, también somos más lentos. Recordar datos, resolver problemas no conocidos, este tipo de cosas nos cuestan el doble de tiempo a partir de los sesenta años, en comparación con cuando teníamos veinte. Nos movemos más despacio. Nos cuesta más coordinar brazos y piernas. Todos lo hemos visto y quienes tienen treinta y tantos años o más lo han experimentado. De modo que sería sensato pensar que este hecho inevitable es una condena para el desempeño excelente. Si nuestras mentes y nuestros cuerpos se deterioran con el paso del tiempo parecería que no hay nada que podamos hacer para mantener un desempeño al más alto nivel a partir de una determinada edad.

Por eso es sorprendente ver que eso no es cierto en absoluto, y no hablamos de unos pocos casos, sino en general. De algún modo, los mejores logran seguir haciendo las cosas al más alto nivel más allá del momento en que parecería que los achaques de la edad lo hacen imposible.

Ejemplo: el 10 de enero de 2008, la Filarmónica de Nueva York hizo un anuncio que sorprendió tanto a los más familiarizados con la orquesta como a quienes no sabían nada de ella. La noticia era que Stanley Drucker, su clarinetista solista, se jubilaría al finalizar la temporada 2008-2009. Esto sorprendió a los aficionados, porque Drucker era una pieza tan clave de la Filarmónica que costaba imaginar a la orquesta sin él. Pero sorprendió aún más a los no aficionados, porque parecía imposible de creer: en el momento de su jubilación, Drucker habría actuado con la Filarmónica durante sesenta y un años. Con un currículum que debe de ser uno de los más cortos de toda la población activa, se unió a la orquesta con diecinueve años y se retiraría con ochenta.

Los casos de personas que trabajan para el mismo empleador durante periodos extremadamente largos de tiempo no son tan raros, pero este es distinto. ¿Cómo podía alguien tan mayor como Drucker actuar al nivel necesario para el clarinetista solista de una de las orquestas más destacadas del mundo? ¿Cómo podía mover los dedos lo bastante rápido? ¿Cómo podía recordar los largos conciertos de clarinete que seguía haciendo de memoria como solista?

La investigación nos proporciona una respuesta válida para todos los campos. Los estudios en un número muy amplio de contextos, la gestión, el pilotaje de aviones, la música o el *bridge*, entre otros, muestran siempre que los mejores de cualquier ámbito sufren los mismos achaques que todo el mundo en relación con la edad en cuanto a velocidad y habilidades cognitivas generales, pero no en su campo de especialidad. Por ejemplo, un estudio sobre pianistas expertos mayores halló que su velocidad de proceso general había disminuido coherentemente con su edad. En la población general esta disminución se observa de muchas maneras. Los psicólogos miden la velocidad a la que se pulsa un botón para responder a una pregunta en una pantalla, se golpea con los dedos o se hacen determinados movimientos de coordinación con ellos; todo esto se ralentiza con la edad. Pero aunque los pianistas excelentes perdían reflejos, como todo el mundo, a la hora de responder a una opción en una pantalla, que no es una habilidad demasiado vital para un pianista, no lo habían hecho en todo lo relacionado con las habilidades propias de tocar el piano, como golpear con los dedos o su coordinación. Eso lo hacían como si no hubieran envejecido. Y lo mismo sucede en todos los ámbitos. Cuando hablamos de tareas en las que una persona es experta, los mejores pueden seguir haciéndolas al más alto nivel incluso cuando sus habilidades no relacionadas con ese ámbito se han deteriorado.

A la luz de lo que hemos visto sobre el desempeño extraordinario, este hallazgo no debería sorprendernos. Al fin y al cabo, hemos insistido en que el desempeño extraordinario no procede de contar con unas habilidades generales superiores, sino de habilidades concretas que se han ido desarrollando de una forma determinada durante un largo periodo de tiempo. Así que tiene sentido que cuando las habilidades generales empeoran con la edad, ese empeoramiento no afecte a las que sustentan el desempeño extraordinario. No tiene por qué hacerlo, aunque debe de haber algo más, porque es obvio que también hay un montón de grandes figuras cuyas habilidades declinaron con la edad. Por cada Stanley Drucker, hay muchos otros cuyos nombres hemos olvidado, grandes en muchos ámbitos que se apagaron tras exitosas y breves carreras. Entonces, ¿por qué algunos perduran y otros no?

La explicación parece estar en el factor que los condujo a la excelencia: la práctica consciente. Del mismo modo que la experiencia por sí misma, aunque sea de décadas, no basta para convertir a nadie en un grande, tampoco sirve para desafiar los efectos de la edad, ni siquiera en el campo de esa persona. Hay unos cuantos estudios que muestran que el simple hecho de desempeñar un trabajo durante mucho tiempo no basta para frenar los efectos negativos del paso del tiempo. Por ejemplo, los arquitectos desarrollan, presumiblemente, grandes capacidades espaciales, pero en estudios con arquitectos cuya única característica era que llevaban muchos años desarrollando su oficio, se comprobó que esas capacidades se deterioraban con la edad de forma predecible. Hace falta algo más, y ese algo es la práctica esforzada, concentrada y diseñada. Esos pianistas expertos que conservaban sus habilidades relacionadas con el piano a medida que envejecían se compararon con una muestra de pianistas aficionados, algunos con cuarenta años de experiencia, pero que hacía mucho que habían abandonado cualquier cosa que pudiera denominarse práctica consciente. Los aficionados, a diferencia de los expertos, padecían mermas predecibles y transversales relacionadas con la edad.

El motivo de por qué hace esto la práctica consciente no es ningún misterio, porque ya hemos visto sus efectos. En general, la práctica bien diseñada, a lo largo del tiempo, permite a una persona superar las limitaciones que, de otro modo, restringirían su desempeño, y eso es la clave para el buen rendimiento a edades avanzadas. En un estudio con ajedrecistas excelentes, los más mayores elegían las jugadas igual de bien que los jóvenes, pero lo hacían de una forma distinta. No valoraban tantos movimientos, porque no podían, pero lo compensaban con un mayor conocimiento de las jugadas.

En general, la práctica consciente continuada permite a los mejores conservar habilidades que, de otro modo, se deteriorarían con la edad, y desarrollar otras habilidades y estrategias para compensar estos achaques que no se pueden evitar. Y esto puede funcionar durante mucho tiempo. El virtuoso pianista Wilhelm Backhaus dijo que a partir de los cincuenta incrementó su práctica de estudios porque sintió que lo necesitaba para poder conservar sus habilidades técnicas. A una edad más avanzada, el pianista Arthur Rubinstein sintió que ya no podía tocar tan rápido como antes, pero desarrolló una estrategia para compensarlo: en los compases anteriores a los rápidos, reducía más la velocidad que antes, para que los siguientes, aunque tocados más despacio que en los viejos tiempos, parecieran más rápidos en comparación. Siguió actuando en público, con mucho éxito, hasta los ochenta y nueve años.

Del mismo modo que la mejora de los métodos de práctica ha elevado los estándares del desempeño en casi todos los ámbitos con el paso del tiempo, también está permitiendo a los mejores seguir llegando a niveles muy altos durante más años de los que creíamos posible. Esto resulta muy llamativo en el mundo de los deportes, donde la edad media de los profesionales lleva años subiendo. En béisbol, Julio Franco jugó en los Atlanta Braves en la temporada 2007 con cuarenta y nueve años, gracias a un plan de ejercicio intenso y una dieta cuidadosamente diseñada, muy distintos de cualquier otra cosa empleada en las décadas anteriores en ese deporte. Su entrenador le dijo a *The New York Times*: «Cuando lo conocí, entendí rápidamente que no lo puedes asociar con las personas de su edad. Su disciplina no se parece a nada que yo haya visto». En el momento de escribir estas líneas, Franco sigue siendo el jugador más mayor que ha jugado regularmente en una gran liga de béisbol, y eso asumiendo que nos creamos que nació en 1958, como se afirma en su biografía oficial. En biografías anteriores se decía que fue en 1954, lo que lo convertiría en un jugador de béisbol profesional de cincuenta y tres años.

Hay más deportes que tienen sus propios Matusalenes. Recientemente, Morten Andersen, del equipo de Atlanta, jugó en la liga profesional de fútbol americano hasta los cuarenta y siete, y Dikembe Mutombo, del equipo de Houston, lo hizo en la profesional de baloncesto hasta los cuarenta y dos. Ambos rozando la edad récord de sus respectivos deportes. Récords que, además, se fijaron hace muchos años, cuando se podría decir que los estándares de desempeño eran inferiores. Lo mismo sucede en el deporte *amateur*: salir a correr, natación y otros. Los investigadores están hallando muchos ejemplos de corredores que, mediante un entrenamiento más duro y mejor diseñado, mantienen el nivel de desempeño a medida que cumplen años hasta alcanzar niveles nunca vistos, y los hay que, incluso, mejoran, y corren más rápido a los sesenta años que a los cincuenta. En 2004 un hombre de setenta y tres años, el legendario Ed Whitlock, corrió una maratón en 2:54:48, cuatro minutos más rápido que la medalla de oro de las Olimpiadas de 1896. Siguió participando en maratones con ochenta años cumplidos, pero afirmaba no tener unas capacidades ni un físico especial. «Yo creo que la gente puede hacer muchas más cosas de las que cree», solía decir.

También podemos entrenar nuestras habilidades mentales hasta mucho más tarde de lo que se creía. Durante décadas, la opinión generalizada en medicina fue que, una vez alcanzada la edad adulta, solo se pierden neuronas, no se ganan, y que la capacidad cerebral para afrontar y adaptarse a nuevas dificultades, lo que se conoce como neuroplasticidad, se reducía. Las investigaciones más recientes indican que nada de esto es cierto. Nuestros cerebros son perfectamente capaces de sumar nuevas neuronas hasta edades muy avanzadas si las condiciones lo requieren, y la neuroplasticidad no desaparece al cumplir años. Si entrenas tu cerebro de la forma adecuada, por ejemplo, intentando hacer dos cosas al mismo tiempo, se incrementará la neuroplasticidad en las regiones que acostumbran a mostrar una mayor atrofia a edades avanzadas.

Un fenómeno como el envejecimiento de los deportistas profesionales puede darse también en ámbitos puramente cognitivos. Es cierto que vemos a hombres y mujeres de negocios trabajando al más alto nivel a edades avanzadas. Warren Buffett siguió dirigiendo de forma excelente Berkshire Hathaway hasta los ochenta y muchos, y Rupert Murdoch siguió expandiendo agresivamente su gigante conglomerado de medios de comunicación, News Corporation, también con ochenta años cumplidos. Henry Kissinger trabajó como consultor, escritor y conferenciante con más de noventa años. Esto no se debe solo al hecho de que la esperanza de vida está creciendo en general; lo realmente significativo de estos y otros ejemplos es que siguen trabajando de forma eficaz en los escalafones más altos del mundo de los negocios veinte años o más después de la edad que se considera adecuada para jubilarse.

Incluso valdría la pena actualizar el estudio de Benjamin Jones sobre los mayores innovadores científicos. Recordemos su hallazgo de que el límite superior de edad del momento de creación de sus innovaciones no estaba aumentando; los logros se desplomaban superados los cuarenta años y la media de edad del grupo en su conjunto estaba sobre los treinta y nueve. Su periodo de estudio finalizó en 1999, pero si observamos a los ganadores del premio Nobel de Física desde entonces, vemos que el grupo es notablemente más mayor. Su media de edad en el momento de sus logros era de cuarenta y un años, y en esta disciplina en la que el Nobel Paul Dirac pensaba que «más vale morir que languidecer» más allá de los veintinueve años, vemos que entre los ganadores desde el año 2000 hay algunos que dejaron su huella a los cincuenta y ocho, sesenta y uno y sesenta y cinco años.

Conocer cómo es posible mantener un nivel de desempeño al más alto nivel durante las últimas décadas de vida nos ayuda a entender los casos en los que esto no sucede. La mayoría de las personas abandonan la práctica consciente necesaria para mantener su rendimiento. Y no es criticable. Por ejemplo, puede ser una decisión completamente racional en el caso de un deportista profesional que ha ganado millones de dólares y ya tiene poco que ganar y mucho que perder, por la posibilidad de sufrir una lesión grave, si sigue compitiendo. Los hombres y mujeres de negocios que se hacen ricos temprano pueden no ver la necesidad de seguir esforzándose.

En términos más generales, los más grandes en cualquier ámbito siempre deben analizar el coste-beneficio de la práctica consciente y, a medida que pasan los años, los costes aumentan y los beneficios disminuyen. Mejorar el desempeño es cada vez más difícil; la persona se centra más en mantener el nivel y, cuando incluso esa aspiración deja de ser realista, busca formas de compensar las debilidades. Las horas necesarias para todo esto siguen siendo un castigo, así que no cuesta entender por qué los mejores pueden llegar a pensar que ya no vale la pena el esfuerzo. Sin embargo, la idea clave es que durante muchos años de la vida de una persona, más de los que creemos la mayoría, el deterioro del desempeño en nuestro campo de especialidad no es un proceso inexorable. Al contrario, es una decisión que tomamos al respecto de cuánto esfuerzo queremos invertir. Como dijo Karl Malone, el segundo mayor anotador de la historia de la NBA, a *Los Angeles Times* sobre el envejecimiento de los deportistas: «No es que sus cuerpos se apaguen, es que deciden dejar de forzarlos».

Al final, claro está, el desempeño de todas las personas acaba empeorando. Ni la práctica consciente más diligente puede frenar para siempre el paso del tiempo. Cuando Arthur Rubinstein dejó de actuar en público a los ochenta y nueve años, se estaba quedando ciego y sordo. Eso no se supera ensayando más. Y luego está el frenazo definitivo, que ni los mejores pueden evitar. Warren Buffett escribió una carta a sus accionistas en 2008 que decía: «He renunciado, a regañadientes, a la idea de seguir gestionando mi cartera de acciones tras mi muerte, abandonando así la esperanza de dar un nuevo significado a la expresión "pensar fuera de la caja"».*

El desempeño extraordinario visto desde la infancia y la vejez plantea una pregunta de gran calado, que ya hemos mencionado antes, pero que ahora debemos afrontar. Si al final todo se reduce al exigente castigo de la práctica consciente, ese esfuerzo doloroso y continuo para ir más lejos de lo que nos resulta cómodo, durante horas, a diario, durante años, ¿por qué hay gente dispuesta a hacerlo? Un padre puede obligar a su hijo a practicar, pero no con la concentración y

---

* La expresión «pensar fuera de la caja» evoca la creatividad y la búsqueda de soluciones innovadoras más allá de lo convencional. Sin embargo, Warren Buffett le da un giro literal e irónico al término «caja», refiriéndose al ataúd. (*N. de la t.*)

la intensidad necesarias para llegar a lo más alto. Tiene que haber algo más que empuje a ese niño a hacerlo. En el otro extremo de la vida, Stanley Drucker no necesitaba trabajar hasta los ochenta años y, desde luego, no tenía por qué invertir las horas necesarias para seguir siendo el mejor clarinetista en una de las mejores orquestas del mundo. Warren Buffett podría haberse jubilado a los treinta y pico. ¿Por qué se esfuerzan? ¿Por qué un ajedrecista dedica cuatro o cinco horas diarias al estudio si convertirse en uno de los grandes maestros mundiales no implica ganar mucho dinero? ¿Por qué hay hombres y mujeres de negocios jóvenes que se esfuerzan más aún de lo que les exigen las considerables demandas diarias de sus puestos de trabajo para adquirir más conocimientos y habilidades cuando la recompensa es incierta y puede tardar años en llegar?

Sabemos que el desempeño extraordinario llega con la práctica consciente, pero la práctica consciente cuesta mucho, tanto que nadie puede llevarla a cabo sin una determinación realmente extraordinaria, sin pasión. Así que debemos saber de dónde surge.

11

¿De dónde surge la pasión?

*Llegar al fondo de la cuestión del desempeño
extraordinario*

Piensa en todo por lo que había pasado Shizuka Arakawa cuando ganó la medalla de oro en patinaje artístico en los Juegos Olímpicos de invierno de 2006 en Turín, Italia. Tenía veinticuatro años y llevaba entrenando desde los cinco. Para ganar el oro hay que hacer grácilmente movimientos que la mayoría consideramos imposibles; la especialidad de Arakawa era algo llamado Ina Bauer, que consiste en doblar el cuerpo hacia atrás desde la cintura con los pies apuntando en direcciones distintas, seguido de una combinación de tres saltos. Perfeccionar un movimiento así precisa una enorme cantidad de entrenamiento, y caerse mucho. En el caso de Arakawa fueron diecinueve años. Un estudio sobre patinadores artísticos concluyó que los que no llegan a la élite dedican muchísimo tiempo a trabajar en los saltos que ya saben hacer, mientras que los del más alto nivel dedican mucho más tiempo a los que no les salen, que son los que, al final, ganan medallas olímpicas, y eso implica caerse mucho antes de dominarlos.

Caerse practicando patinaje artístico implica aterrizar sobre el culo, con un maillot fino como única protección sobre el duro y frío hielo. Con unos breves cálculos y siendo muy conservadores, podríamos estimar que el camino de Arakawa para ganar el oro implicó al menos 20.000 impactos sobre sus posaderas sobre una superficie implacable. Pero valió la pena. Entre los resultados que obtuvo están la gloria olímpica, la adoración nacional y que la expresión Ina Bauer se pusiera de moda en todo Japón de la noche a la mañana.

La historia de Arakawa no solo es impresionante en sí, sino que también es una gran metáfora. El desempeño extraordinario llega después de caer 20.000 veces de culo. Este hecho plantea la pregunta de por qué pasaría alguien por ello a cambio de una recompensa que tardará muchos años en llegar. Este es el fondo de la cuestión en el estudio del desempeño extraordinario. Y, en cierto sentido, hablamos de algo infinitamente profundo, porque aborda temas como a qué deciden dedicar su vida las personas y qué pasiones las impulsan. La respuesta puede residir tan en el fondo de la psique que es imposible llegar a ella. A veces, nos lleva más allá de la psicología y nos sumerge en la psiquiatría. Pero eso no significa que esta cuestión sea un agujero negro o que no valga la pena intentar darle una respuesta. Al contrario, muchos hallazgos proporcionan pistas intrigantes sobre por qué los grandes pagan ese precio. La investigación también nos permite pensar cómo responder personalmente a esa pregunta.

Dos tipos de determinación

La pregunta central sobre la motivación para alcanzar el desempeño extraordinario es si esta es intrínseca o extrínseca. ¿Las personas lo hacen porque sienten el impulso de hacerlo o hay alguna manera de inducirlas? La mayoría pensamos que la determinación tiene que ser, en última instancia, intrínseca, porque creemos que no hay nada que pueda llevar a una persona a soportar el dolor y el sacrificio que implica la práctica consciente durante décadas a menos que sea ella misma quien sienta esa necesidad. La mayoría de las investigaciones apoyan esta opinión. En concreto, la investigación sobre motivación y creatividad se ha centrado en la contraposición entre intrínseco y extrínseco, y esto es útil y apropiado por dos motivos: en muchos campos, la creatividad supone el nivel más alto de desempeño excelente, en el que las personas van más allá de cualquier cosa que se haya logrado con anterioridad y hacen contribuciones nuevas, y la creatividad, como la práctica eficaz en cualquier ámbito, requiere concentración sin distracciones, que es el elemento más exigente y complicado de mantener en el tiempo.

Los hallazgos de muchos investigadores que examinan distintos ámbitos de los grandes logros creativos y la motivación intrínseca coinciden y son coherentes entre sí. Las personas creativas se centran en la tarea (¿cómo puedo solucionar este problema?) y no en sí mismas (¿de qué me sirve a mí resolver este problema?). Los jóvenes que destacan en ciencia y matemáticas tienen una mayor motivación intrínseca que sus pares con peores resultados. Se ha comprobado que a los científicos que hacen descubrimientos importantes les apasionan sus campos. Al parecer, hay una gran cantidad de personas creativas con mucho éxito que se entregan a las cuestiones o a los problemas de sus campos, científico, comercial, artístico, y sienten el impulso de resolverlos durante décadas.

Da igual desde qué perspectiva abordes este tema, el resultado siempre parece ser el mismo. Las personas con una gran motivación intrínseca según distintos test psicológicos siempre producen trabajos que se consideran más creativos y, por tanto, más probables de ensanchar las fronteras de sus campos. Del mismo modo, las personas que trabajan en profesiones que precisan creatividad (artistas, investigadores) siempre obtienen puntuaciones más altas en los test de motivación intrínseca.

El trabajo del psicólogo de la Universidad de Chicago Mihály Csíkszentmihályi sugiere un mecanismo en concreto (de los muchos que podrían existir) para relacionar la motivación intrínseca con las exigencias de la práctica consciente. Su famoso trabajo sobre «fluir» describe un estado en el que la persona está tan sumergida en una tarea que el tiempo se ralentiza, el placer aumenta y el esfuerzo que implica casi desaparece. Este «subidón» se consigue cuando la dificultad de la tarea es igual a la habilidad de la persona: si es demasiado sencilla, la experiencia es aburrida; si es demasiado difícil, frustrante. A medida que una persona domina una tarea, tiene que buscar desafíos acordes a ella, que requieran una habilidad mayor para seguir fluyendo. Csíkszentmihályi argumenta que es precisamente esto lo que hacen muchas personas que se dedican a la creatividad, un proceso que tiene paralelismos con la rutina de práctica consciente de esforzarse continuamente para aumentar las habilidades actuales.

La idea de fluir podría incluso ayudar a explicar una de las contradicciones más grandes al respecto de la motivación para la práctica. Y es importante decir «podría» porque aún no se ha investigado. Pero la teoría de la práctica consciente sigue dándose de bruces con una pequeña contradicción del mundo real. En teoría, practicar no es una actividad «disfrutable en sí misma». Esto tiene sentido, porque nos obliga a hacer constantemente cosas que no sabemos hacer, y, por tanto a fracasar. Pero en la investigación, los más grandes, al menos en el ámbito deportivo, a menudo afirman lo contrario. En estudios con luchadores, patinadores, jugadores de fútbol, de *hockey* sobre hierba y especialistas en artes marciales, todos ellos puntuaban muy alto el disfrute de sus entrenamientos. Como confesó la campeona de tenis Monica Seles a *The New York Times* en 1999: «Es que me encanta entrenar, practicar y todo eso».

Estas afirmaciones contrastan mucho con la sensación de los violinistas de Ericsson, que consideraban que ensayar era una manera muy triste de pasar el rato. Podría ser que los deportistas disfruten de la práctica porque para ellos es algo social y, en cambio, para los violinistas no. Pero a un nivel más profundo debemos intuir que la práctica cubre alguna necesidad interna de quienes son capaces de mantenerla con gran intensidad durante años. Parece plausible que el papel de la práctica a la hora de provocar ese estado de flujo tan disfrutable sea uno de los factores.

Sin duda, también parece plausible que, al mismo tiempo, esté sucediendo algo más profundo. En algunos campos, como la ciencia y las matemáticas, la fascinación por los problemas abiertos parece incentivar a los grandes. Benjamin Bloom, en su estudio sobre los mejores en distintos campos, halló que a algunos, durante los primeros años, los motivaba esto: «Para la mayoría de los matemáticos, el placer de dar con una forma nueva de resolver un problema era más im-

portante que sacar buenas notas, sacarse una titulación o que
su trabajo recibiera la aprobación de sus maestros». Muchos
estudios de científicos han hallado algo similar; lo que los
excita son los nuevos problemas, y su recompensa no es solo
dar con la solución, sino también el proceso para llegar hasta ella.

En los negocios, la motivación ha sido objeto de un sinfín de investigaciones, estudios, libros, artículos y encargos
de consultoría. El segundo artículo más consultado de todos
los tiempos de la *Harvard Business Review* es uno de 1968 sobre la motivación (el primero es uno sobre gestión del tiempo). Pero la mayoría de los estudios se han centrado en lo que
motiva a los empleados en general, no a los mejores. Los estudios sobre lo segundo en concreto han hallado una amplia
gama de fuerzas, prácticamente todas intrínsecas. Entre ellas
encontramos la necesidad de obtener logros, de conseguir
poder sobre los demás o de hacer un bien al mundo. Pero
estas fuerzas casi nunca son extrínsecas, lo que tiene sentido
si observamos a los ejecutivos y emprendedores más reconocidos; mucho tiempo después de haber acumulado más dinero del que podrán gastar y más fama de la que nadie puede
esperar, siguen trabajando e intentando mejorar. Todo encaja en el marco de que la determinación intrínseca es, de
lejos, la más potente.

Y, sin embargo, tiene que haber algo más. Puede que la
motivación intrínseca sea la que domine el marco general,
pero todo el mundo, hasta los mejores de la historia, han
respondido a fuerzas extrínsecas en momentos claves. Cuando Watson y Crick se esforzaban para hallar la estructura del
ADN trabajaron casi sin descanso porque sabían que estaban
compitiendo con otros equipos de investigadores. Alexander

Graham Bell trabajó de un modo similar en el teléfono, a sabiendas de que competía contra Elisha Gray, a quien ganó solo porque llegó unas horas antes a la oficina de patentes. A esas personas las impulsa algo más que la fascinación o la alegría.

En una extensa investigación sobre qué impulsa los logros creativos, Teresa Amabile, de la Escuela de Negocios de Harvard, propuso al principio una hipótesis sencilla: «La motivación intrínseca conduce a la creatividad, mientras que la extrínseca es perjudicial en este caso». Es fácil ver por qué consideraba que la motivación extrínseca no traía nada bueno: lo decían muchos estudios. En uno de los proyectos de Amabile, por ejemplo, se pidió a mujeres universitarias hacer *collages* de papel. A la mitad de ellas se les dijo que los juzgarían licenciados en Bellas Artes, mientras que a las otras les dijeron que los investigadores querían estudiar su estado de ánimo y que los *collages* en sí no les interesaban en absoluto. Cuando estos fueron evaluados después por un jurado de artistas, los que habían hecho quienes pensaban que iban a ser juzgadas eran significativamente menos creativos. Otros estudios muestran que prácticamente cualquier intento de limitar o controlar el trabajo tiene como resultado una menor creatividad. Solo el hecho de que alguien te esté mirando ya es perjudicial. O incluso que te ofrezcan una recompensa por tu labor hace que esta sea menos creativa que si no te ofrecieran nada.

Todos estos resultados se han replicado muchas veces. Pero otros estudios, que apuntaban en otras direcciones, hallaron cosas distintas. Hay muchos motivadores extrínsecos, no todos implican control, y algunos parecen mejorar la creatividad. En concreto, los motivadores extrínsecos que refuerzan la motivación intrínseca pueden ser muy eficaces. ¿Como qué? El reconocimiento que confirma la competencia de una persona resultó ser eficaz. Mientras que la simple expectativa de que te juzguen reduce la creatividad, la evaluación personal puede mejorarla cuando es la adecuada, «constructiva, no amenazadora y centrada en el trabajo en vez de en la persona», citando a Amabile, es decir, la evaluación que ayuda a la persona a hacer lo que ella se siente impulsada a hacer es eficaz. Incluso la perspectiva de obtener una recompensa directa, que generalmente ahoga la creatividad, puede ser de ayuda cuando la recompensa es correcta: si «implica tener más tiempo, libertad o recursos para centrarse en ideas emocionantes». Estos hallazgos hicieron que Amabile revisara su hipótesis: la motivación intrínseca sigue siendo la mejor, y la motivación extrínseca controladora sigue siendo dañina para la creatividad, pero los motivadores extrínsecos que refuerzan los impulsos intrínsecos pueden ser muy eficaces.

Nos hemos centrado en la motivación en el ámbito de la creatividad porque, como ya hemos dicho, tiene mucho que enseñarnos en términos generales sobre por qué hay personas que no abandonan a pesar de las exigencias que implican los grandes logros. Pero si ampliamos el campo veremos que existen aún más pruebas de que los motivadores extrínsecos pueden ser de ayuda, en determinadas circunstancias. Por ejemplo, hay una gran parte de lo que denominamos «trabajo creativo» que no lo es tanto. Una vez se ha identificado y resuelto un problema, la parte creativa, hay que evaluar la solución, escribir informes sobre lo que se ha hecho y comunicárselo a los demás. Todas estas tareas pueden ser laboriosas y los motivadores extrínsecos que acabamos de describir pueden ayudar a sacar el trabajo adelante.

Lo que es más importante: los motivadores extrínsecos a veces ayudan a aprender las habilidades relacionadas con un campo en concreto, que es uno de los principales objetivos de la práctica consciente, sobre todo durante las primeras fases. Incluso los miembros de la élite estudiados por Bloom precisaron un montón de motivación extrínseca cuando estaban empezando. Sus padres los obligaron a practicar, como hacen siempre los padres, aunque es interesante ver que, en estos casos, cuando las cosas se pusieron difíciles y los padres tenían que recurrir a las amenazas, generalmente iban dirigidas a los motivadores intrínsecos. Así que no les decían: «Si no tocas el piano te quedas sin paga», sino «Si no tocas el piano, lo venderemos». No les decían «Si no vas al entrenamiento de natación, te castigamos sin salir el sábado», sino «Te sacaremos del equipo». Si al niño o la niña no le hubiera interesado de verdad el piano o la natación, esas amenazas no habrían funcionado.

También fueron importantes otros motivadores extrínsecos, y aunque su efecto fue hacer que los niños y niñas perseveraran a pesar de las dificultades que implicaba la práctica consciente, eran totalmente coherentes con los motivadores extrínsecos eficaces descritos por Amabile para la creatividad. Las evaluaciones de entrenadores y maestros se centraban en la tarea y en mejorar. Algunos de ellos hacían un seguimiento del desempeño de los niños y les proporcionaban pruebas de que estaban progresando y de que podían hacerlo aún más. Los recitales y concursos eran una motivación porque ganar o hacerlo bien conllevaba recibir halagos. La atención y los aplausos, como resultado de hacer las cosas bien, eran grandes motivadores.

Sin embargo, con el tiempo, «los estudiantes empezaron a responsabilizarse cada vez más de su propia motivación», explica Bloom. Se ponían sus propias metas. Los motivadores extrínsecos seguían siendo importantes; los alumnos seguían queriendo hacerlo bien en las actuaciones o competiciones. Pero eso se debía en parte a que esas actividades confirmaban que estaban haciendo progresos para alcanzar sus objetivos, que era lo que de verdad les importaba. Este tipo de eventos también juntaba a los estudiantes con otros grandes de sus campos, de forma que cada uno podía deducir «qué le quedaba por hacer para alcanzar el nivel más alto posible», es decir, la motivación no solo eran los aplausos por hacerlo bien, sino, cada vez más, la determinación interna de llegar a lo más alto.

Cómo matan la motivación las organizaciones

Hay que destacar que, al respecto de esto, como sucede con otros hallazgos sobre el desempeño extraordinario, la mayoría de las organizaciones parecen habérselo montado maravillosamente bien para evitar que la gente logre hacer las cosas a los más altos niveles. Como la determinación intrínseca es la más fuerte, las personas trabajan con más pasión y eficacia en proyectos que hayan elegido. ¿Cuántas empresas permiten esto? Muy pocas, como ya hemos explicado en el capítulo anterior, y con resultados increíbles. Y sin embargo, la mayoría del resto de las compañías rechazan tozudamente aprender de ellas. Los ejecutivos pueden alegar que tienen negocios que gestionar y que no pueden dejar que sus empleados vayan por ahí haciendo vete tú a saber qué. Vale, pero entonces no deberían quejarse cuando las ideas de su empresa no sean mejores que las de la competencia. Y tampoco deberían sorprenderse al ver la falta de pasión e implicación de sus empleados.

¿Con qué frecuencia vemos empresas que evalúen a sus empleados de forma constructiva, no amenazante y centrándose en el trabajo y no en la persona? Las evaluaciones de la mayoría de las empresas consisten exactamente en lo contrario: decirle al pobre empleado qué hizo mal, pero no cómo hacerlo mejor y centrándose en qué rasgos de personalidad (actitud, carácter) debe cambiar, todo con la amenaza velada de ser despedido cerniéndose sobre él. Esto es tan completamente opuesto a la forma en la que los maestros y entrenadores eficaces ayudan a sus alumnos a perseverar frente al exigente trabajo que supone mejorar que uno se queda boquiabierto. Sería muy difícil diseñar un sistema más potente para desalentar a las personas frente a las dificultades que presenta la mejora diaria. En cuanto a las recompensas, en la mayoría de las organizaciones estas implican más responsabilidades y menos libertad. Asumir más responsabilidades va siempre de la mano de los ascensos, pero si estos no van acompañados también de un poco más de autogestión del tiempo, parecerán más una carga que una recompensa. Puede ser que, por definición, una empresa solo pueda ofrecer a sus empleados motivadores extrínsecos, pero la mayoría lo hacen de la peor manera posible. Casi todas las pruebas obtenidas de la investigación nos dicen que la determinación de persistir en la difícil tarea de mejorar, sobre todo en adultos, procede mayormente de uno mismo. Siguiente pregunta: ¿cómo surge? Es decir, ¿de dónde procede la pasión? ¿Qué determina quién la tiene y quién no? Algunos investigadores sostienen que, al menos en determinados casos, es absolutamente innata, se nace con ella. Ellen Winner, una profesora de Psicología del Boston College, acuñó hace años el magnífico término furor perfeccionista para describir la irrefrenable determinación que sienten algunos niños, y que nace a edades muy tempranas, de trabajar en un campo en concreto. Ha descrito, por ejemplo, el caso de Peter, que empezó a dibujar a los diez meses (la media de edad para hacer esto es de dos años) y enseguida «al despertar por las mañanas pedía a gritos papel y rotuladores antes de salir de la cama». Dibujó obsesiva y ritualmente todo el día y todos los días durante años a partir de ese momento, y sus dibujos eran muy avanzados, muy por encima del nivel medio de un niño de su edad.

Hay niños precoces como Peter en muchos campos, además de en el arte, entre ellos la música, el ajedrez y las matemáticas, y sus historias son impresionantes. Mientras que a la mayoría de los niños hay que pedirles que practiquen, a estos casi no se los puede frenar, y su desempeño va muy por delante de su edad. ¿Qué nos dicen estas historias tan potentes?

Una posible explicación es que estos niños nacieron, de algún modo, con una compulsión por el trabajo en un determinado ámbito. En consonancia con los principios del desempeño extraordinario, llegan a ser muy buenos porque practican una cantidad de horas enorme. Esta explicación no depende de ningún milagro, ni viola la regla de los diez años; aunque estos niños hacen las cosas mucho antes que otros de su edad, siguen sin estar cerca de alcanzar grandes logros a nivel mundial. Para eso aún tendrán que esperar mucho. En esta teoría, el motivo exacto por el que nacieron con esta compulsión en concreto es un misterio. En la decodificación que se ha llevado a cabo hasta el momento del genoma humano, nadie ha descubierto ningún gen que obligue a una persona a dibujar compulsivamente, ni a tocar la guitarra, leer o jugar al ajedrez, por nombrar otros pocos campos en los que se han dado casos de precocidad.

Una explicación distinta, que es la que prefieren Winner y otros investigadores, es la contraria: no es la práctica compulsiva la que crea la alta capacidad, sino la alta capacidad la que conduce a la práctica compulsiva. Según esta explicación, los niños no nacen con la compulsión de practicar, sino con una capacidad mucho más rápida que la media de aprender sobre un ámbito en concreto. Practican constantemente, poniéndose nuevos objetivos e incrementando su habilidad, porque su capacidad de aprender hace que esto les resulte muy gratificante. No parece que esta explicación se pueda aplicar a todos los casos; suena extremadamente poco probable, por ejemplo, que Peter dibujara compulsivamente a los diez meses debido a sus progresos.

Ten en cuenta que esta explicación no es solo una propuesta aparte sobre cómo funciona el mecanismo de arranque de la práctica consciente. Winner sostiene que estos niños precoces no solo son más diligentes, sino que también son cualitativamente distintos a los demás. Además de tener más habilidad para aprender en sus campos, también, en el caso de los artistas, son más propensos que la media a ser zurdos o ambidiestros y a tener bajas capacidades verbales. Según esta teoría, como sucede con la anterior, la procedencia exacta de este factor innato es un misterio; en este caso, cómo podría nacer un niño con una superhabilidad de aprender en un campo determinado.

Si ninguna de estas explicaciones, compulsión innata o capacidad innata, parece del todo satisfactoria, lo son aún menos cuando tomamos perspectiva y valoramos la posibilidad de que tal vez no nos estamos fijando en lo que toca en ninguno de los dos casos. La determinación que andamos buscando parece ser mayormente intrínseca y ese hecho nos conduce a preguntarnos con qué rasgos nacen los más grandes. Pero quizá eso no sea tan importante como asumimos la mayoría. Intrínseco no significa necesariamente innato. La idea de que muchos de nuestros rasgos y comportamientos se desarrollan con el tiempo como resultado de nuestras experiencias no es en absoluto polémica, nuestras vidas son un ejemplo de ello. Es posible que la determinación intrínseca que andamos buscando también se desarrolle con el tiempo. Es tentador centrarnos en los niños prodigio, porque es obvio que poseen tal determinación desde una edad tan temprana que parece que tenga que ser innata. Quizá en algunos de estos casos lo sea, aunque en otros podría ser que no. Winner cita el caso de Yani, una niña china que con cinco años estaba haciendo cuadros siguiendo la tradición de su país que llamaban la atención por su calidad técnica. El padre de Yani era pintor y Winner dice que la pequeña «pasaba muchas horas al día en el estudio de su padre pintando con él». Yani era sin duda un prodigio, pero por lo que sabemos sería difícil llegar a la conclusión de que su determinación fuera realmente innata, da igual si hablamos de la compulsión de practicar o la capacidad de aprender, y no relacionada con el hecho de pasar tantas horas con su padre pintor.

Incluso en los casos de niños prodigio con inclinaciones que parecen ser innatas, estudiarlos no nos ayuda demasiado a entender la pasión que sustenta el desempeño extraordinario. Eso se debe a que la mayoría de estos prodigios, por lo que sabemos, no acaban siendo grandes en lo suyo de mayores. Hay unos pocos que sí, pero la mayoría no persevera en el trabajo diario intensamente centrado en la tarea durante los muchos años necesarios para alcanzar los más altos niveles. Sea lo que sea que traigan consigo al llegar a este mundo, parece ser una estrella que brilla con fuerza un tiempo y después tiende a apagarse. Josh Waitzkin, el niño prodigio del ajedrez cuya historia se narra en la película *En busca de Bobby Fischer*, sugirió una explicación cuando una vez comentó en *Psychology Today*: «En el ajedrez, los niños más dotados se acaban rompiendo. Les dicen que son ganadores y, cuando inevitablemente se acaban estrellando contra un muro, se quedan allí atascados y creen que deben de ser unos pringados».

De un modo similar, las personas que llegan a lo más alto rara vez son niños prodigio. Esto es cierto, sin duda, en el mundo de los negocios; los primeros años de las vidas de los Welch, los Ogilvi y los Rockefeller casi nunca nos dan una pista de su futuro éxito. Si observamos la investigación más científica, este es uno de los hallazgos más notables del gran estudio de Bloom, que examinó a personas que estaban en los niveles más altos, que habían alcanzado un reconocimiento nacional o internacional antes de cumplir los cuarenta. Por ejemplo, de los 24 pianistas que estudió, todos finalistas en al menos una gran competición internacional como la Van Cliburn o la Levintritt, fueron «obligados» a ir a clase, citando el estudio, justo lo contrario a los niños que parecían sentir la determinación de sentarse frente al piano de pequeños. De una forma similar, los padres de los futuros campeones de natación no fueron capaces de prever en ningún caso los futuros logros de sus hijos. Una y otra vez, la historia se repite: ni siquiera a los once o doce años habría sido fácil prever quiénes serían los futuros ases.

Y lo que es más importante para lo que estamos intentando hacer aquí, otro tema habitual es que en algún momento, no mucho después de esa edad, estos futuros ases experimentaron un cambio de perspectiva casi palpable en relación con su campo. Su determinación se volvió intrínseca. Uno de los pianistas recordaba una experiencia que le cambió la vida a los quince años, cuando estaba sentado a un metro de un gran pianista que estaba tocando: «Recuerdo que me inundó y me avasalló su rango dinámico, su potencial expresivo, notar el auténtico mordisco del sonido, sus sutilezas [...] A partir de ese momento empecé a tomármelo en serio de verdad. Dejé de hacer el tonto con el piano. Dejé de leer a primera vista dos horas al día por el gusto de hacerlo. Me puse a trabajar». Como todos los pianistas del estudio, había empezado a tocar obligado. Se podría decir que no nació con ningún tipo de determinación innata ni una capacidad de aprendizaje rápido. Pero en ese momento desarrolló una determinación intrínseca que lo hizo perseverar.

El efecto multiplicador

En nuestra búsqueda de la fuente de la motivación que ayuda a las personas a superar las dificultades que supone mejorar, las pruebas apuntan en una dirección muy clara. La pasión no llega con nosotros a este mundo sino que, como las habilidades de alto nivel, se desarrolla. Este hallazgo encaja bien con lo que observamos en la vida real. Los mejores del mundo en lo suyo sienten la determinación de mejorar, pero en la mayoría de los casos esto no fue así desde el principio. Ya hemos visto que en ámbitos en los que es posible empezar a trabajar a una edad temprana, como la música y los deportes, al principio hubo que insistir un poco a la mayoría de los futuros grandes. En ámbitos en los que construir las bases del conocimiento implica muchos años de trabajo antes de poder empezar a abordar ese ámbito en concreto, como los negocios y las ciencias de alto nivel, es habitual ver que las futuras estrellas no sienten ninguna determinación, ni siquiera de adultos jóvenes.

Si la determinación para alcanzar la excelencia se desarrolla, en lugar de aparecer sin más, ¿cómo sucede esto? Hay algunos investigadores que han propuesto, cada uno por su cuenta, mecanismos que apuntan a una respuesta. Parte de su atractivo es que ayuda a explicar por qué algunas personas desarrollan habilidades de alto nivel, junto con la gran motivación necesaria para llevar a cabo el trabajo avanzado, y otras no. Stephen J. Ceci, Susan M. Barnett, y Tomoe Kanaya, de la Universidad Cornell, lo han denominado el efecto multiplicador.

La idea es sencilla. Una pequeña ventaja en un campo puede disparar una serie de sucesos que den lugar a ventajas muy superiores. Por ejemplo, imagina a alguien con una coordinación mano-ojo, fuerza en el antebrazo y reflejos ligeramente mejores que la media:

> Al principio, a esa persona le resultará gratificante jugar un poco mejor al béisbol que sus compañeros del patio del colegio [...] Esta satisfacción puede llevar a este individuo a practicar más y a buscar de forma más pertinaz a otras personas para jugar después de clase y los fines de semana, hacer pruebas para entrar en equipos (no solo escolares, sino también equipos de la liga de verano), buscar un entrenador profesional, ver y comentar partidos televisados, etcétera. Es probable que un individuo así acabe en entornos cada vez más enriquecedores para sus habilidades con el béisbol [...] Con el tiempo, los factores generan una cascada porque multiplican los efectos de factores anteriores y en apariencia débiles.

Es fácil imaginar un proceso similar en cualquier otro ámbito. Los investigadores describen así el efecto general: «Cada incremento en la competencia se corresponde con un mejor entorno y, a su vez, es esperable que un mejor entorno mejore aún más su competencia».

Hay que tener en cuenta que este efecto multiplicador no solo funciona para la mejora de las habilidades con el paso del tiempo, sino también de la motivación que contribuye a esa mejora, del mismo modo que la satisfacción que le proporciona jugar al béisbol al joven jugador lo lleva a practicar más. La secuencia propuesta por estos investigadores es sorprendentemente similar a las experiencias reales de los futuros grandes que aparecen en la investigación de Bloom. Él observó que «en todos los campos, sus primeros maestros consideraban que la mayoría de estos jóvenes estudiantes aprendían deprisa [...]. Si de verdad aprendían o no más deprisa que otros es algo que no sabemos [...]. Sin embargo, esta atribución de que "aprendían rápido" por parte de sus primeros maestros fue una gran fuente de motivación. Los maestros no tardaron en considerarlos y tratarlos como alumnos "especiales" y ellos lo apreciaron mucho».

Enseguida, el efecto multiplicador empezó a desarrollar la determinación de estos estudiantes: «A medida que empezaron a recibir reconocimiento por sus talentos en sus primeros años de formación, los niños empezaron a invertir más en ellos. Su principal motivación dejó de ser complacer a sus padres y maestros, y pasó a ser el campo de especialidad de cada uno de los individuos».

La idea del efecto multiplicador está incrustada en la teoría fundamental de la práctica consciente. Como explicaron por primera vez Anders Ericsson y sus colegas, parte de su funcionamiento se basa en que las habilidades del principiante son tan modestas que esta persona solo puede hacer un poquito de práctica consciente, porque resulta muy exigente. Pero esa poca práctica incrementa la habilidad de la persona, lo que le permite practicar más, lo que a su vez incrementa aún más su habilidad. De este modo: «En nuestro marco esperamos que un incremento en el nivel de habilidad y desempeño adquiridos incrementará el nivel máximo de práctica consciente que se puede llevar a cabo». La teoría encaja con las evidencias que aportan otros. Se podría decir que en todos los campos los principiantes no soportan más de una hora de práctica diaria y, a veces, mucho menos. Pero cuando llegan a ser de los mejores, se han acostumbrado a practicar de cuatro a cinco horas al día. No sería correcto decir únicamente que la práctica es lo que mejora el desempeño o que el desempeño contribuyó a soportar la práctica. Con el tiempo, ambas se complementan.

Hay muchas evidencias del efecto multiplicador y, además, tiene sentido y explica muchas cosas. Pero también suscita una gran pregunta: ¿qué lo desencadena? Si todo empieza con un poquito de ventaja, una pequeña diferencia que, de algún modo, desequilibra la balanza y da inicio a un ciclo autopropulsado de mejora de la motivación y el desempeño, ¿de dónde surge esa diferencia?

Al describir el efecto por primera vez, Ceci y sus colegas asumieron que la diferencia era genética: el motivo por el que ese chico tenía una coordinación mano-ojo mejor que la media y otros rasgos que le proporcionaban una pequeña ventaja en el béisbol era que había nacido con ellos. Por descontado, no podemos negar esta posibilidad, sobre todo en relación con rasgos físicos que están muy influidos por los genes. Además, es fácil imaginar que la inteligencia y otros rasgos con un componente genético pueden desencadenar un efecto multiplicador, aunque se discuta el peso de la genética. Al fin y al cabo, basta con una pequeña ventaja. En el capítulo 3 vimos que la inteligencia y otras habilidades generales tienen un papel mucho más pequeño de lo que creemos en el desempeño al más alto nivel, pero aunque la inteligencia no sea un factor fundamental del desempeño en muchos campos, una pequeña ventaja en ese ámbito a una edad temprana podría desencadenar un efecto multiplicador que daría lugar a un desempeño excepcional muchos años después. Claramente no se puede garantizar que dichos rasgos vayan a activar el efecto multiplicador en todos los casos. Si el chaval con ventaja para el béisbol vive en una época o en un lugar donde no se conoce este deporte, no estaría de suerte, y podemos imaginar fácilmente multitud de casos en los que un rasgo que podría desencadenar un efecto multiplicador en un contexto no tendría ningún efecto en otro.

La posibilidad que resulta mucho más intrigante es que haya sucesos o situaciones que no tengan nada que ver con rasgos innatos que también podrían activar efectos multiplicadores. Un ejemplo que parece darse bastante a menudo es lo que sucede cuando alguien empieza a entrenar a una edad más temprana que otros en un campo. Muchos investigadores han observado que cuando una persona empieza a aprender una habilidad en cualquier campo, generalmente no se la compara con los mejores del mundo sino con otras personas de su edad. Nadie se planteó si el Tiger Woods de diez años era una amenaza para los mejores profesionales; era mucho mejor que otros niños de diez años, y eso era lo importante. Una forma de tener una muy buena oportunidad de llegar a ser mejor que otros de tu misma edad es empezar a practicar antes que ellos (como hizo Woods) y así acumular más práctica consciente. Destacar a cualquier edad es una forma excelente de atraer atención y elogios, alimentar el multiplicador, y se puede hacer sin recurrir a las capacidades innatas. Vale la pena mencionar que hay estudios de nadadores, gimnastas, ajedrecistas, violinistas y pianistas que muestran que los mejores empezaron a practicar a edades más tempranas.

Una forma similar de activar el efecto multiplicador es empezar a aprender las habilidades en un sitio donde haya poca competencia. Es mucho más fácil destacar como genio de las matemáticas si en tu ciudad solo hay cien niños y niñas de tu edad que si hay cien mil. Muchos de los mejores jóvenes del estudio de Bloom habían tenido la misma experiencia: habían sido famosos locales y, al subir de nivel en la competición, habían descubierto que había muchos otros que eran, al menos, tan buenos como ellos. Como recordaba uno de los pianistas de su llegada a una escuela de música de élite: «Me quedé en *shock*. No es fácil descubrir que hay otras personas que de verdad tocan muy bien cuando tú has estado aislado y te han hecho creer que eras especial». Pero no pasa nada; para entonces, estas personas ya han desarrollado la determinación para seguir adelante. ¿Habría pasado lo mismo en un contexto donde el primer mensaje hubiera sido que no tenían nada de especial? Howard Gardner, en su estudio de Einstein, Stravinski y otros creadores excepcionales, observó que generalmente no provenían de grandes ciudades. En lugar de eso, desarrollaban sus habilidades en entornos más pequeños y, después, se mudaban a las grandes urbes.

¿Podría ser que el efecto multiplicador se desencadenara incluso de la forma que podríamos denominar contraria? Parece plausible que ese desempeño ligerísimamente superior a una edad temprana o en un lugar pequeño, da igual cómo se obtenga, pueda atraer más elogios que refuerzan la motivación para una práctica más intensa, etcétera. Pero como el proceso es circular, ¿podríamos echarlo a andar, no con un desempeño superior sino con más elogios? Es decir, ¿podría bastar con decirle a alguien que es especialmente bueno, independientemente de su desempeño real, para motivar esa práctica extra que conduce al mejor desempeño, que conllevará más halagos, etcétera? También parece plausible. Recuerda que, aunque Bloom no tenía pruebas de que los sujetos de su investigación aprendieran rápido, a sus profesores se lo parecía. Según él, en general: «Los maestros no tardaron en considerarlos y tratarlos como alumnos "especiales" y ellos lo apreciaron mucho». Además, muchos de estos estudiantes tenían padres que les decían que eran especiales, como suelen hacer los padres, al margen de cualquier prueba fehaciente. Una vez más, parece posible que un factor bastante independiente de cualquier capacidad innata pudiera dar arranque al efecto multiplicador o, al menos, un buen empujón.

Parece posible, e incluso probable, basándonos en las pruebas disponibles, pero no está demostrado. Aún no se ha llevado a cabo la investigación rigurosa que podría confirmar esta posibilidad. Podría hacerse y quizá se haga. Stephen Ceci y sus colegas creen que la hipótesis de que «los factores ambientales», como la práctica consciente temprana, los halagos y otras cosas, podrían «activar la dinámica del efecto multiplicador [...] es una cuestión que se puede probar empíricamente». Pero su conclusión es que, de momento «esto no se ha probado [...] de una forma adecuada». Así que no podemos estar seguros.

¿Tú qué crees?

Esa conclusión es muy significativa para nuestros propósitos, porque implica que, en lo relativo a la investigación, hemos llegado al final del camino. Y no solo en cuanto a la motivación, sino a muchas otras cosas.

Nuestra búsqueda de la fuente del desempeño extraordinario nos ha conducido a muchas encrucijadas que hemos superado satisfactoriamente y, por el camino, hemos acumulado una gran cantidad de conocimiento útil, hasta llegar al tema del origen de la determinación por perseverar. Hemos aprendido mucho. Lo más importante, hemos visto que la pasión se desarrolla, no emerge de forma brusca y perfectamente terminada. También hemos visto indicios de que quizá la infancia sea especialmente importante para el desarrollo de la determinación. Anders Ericsson llega a decir que «La frontera de la investigación es la crianza. Si fuerzas demasiado a los niños, responden con ira. Tienes que desarrollar a un individuo independiente que ha elegido participar en esa actividad. Así es como tú, como padre, puedes hacer que los individuos se sientan liberados para alcanzar esos niveles y sean conscientes de que va a ser un proceso largo». Sí, puede que al final todo se reduzca a eso. Pero, como él mismo dice, esa es la frontera de la investigación. No se ha llevado a cabo.

En última instancia, no podemos llegar al quid de la cuestión; no podemos explicar del todo y en términos generales por qué algunas personas se esfuerzan y trabajan intensamente y a diario durante años y décadas hasta convertirse en las mejores del mundo. Hemos llegado a un punto en el que nos quedamos sin guía por parte de los científicos y debemos proseguir mirando en el único lugar que nos queda, que es nuestro interior.

¿Qué haría que realizaras la enorme cantidad de trabajo necesaria para ser uno de los mejores directores ejecutivos, corredores de Bolsa en Wall Street, pianistas de *jazz*, abogados penalistas o cualquier otra actividad? ¿Harías todo lo que fuera necesario? La fuerza y el compromiso dependen de tu respuesta a dos preguntas básicas: ¿qué es lo que quieres? y ¿en qué crees de verdad?

Tus deseos, lo que en realidad quieres en lo más hondo, es fundamental, porque la práctica consciente supone una gran inversión de esfuerzo. Convertirse en uno de los mejores requiere la mayor inversión que harás nunca: muchos años de tu vida entregados únicamente a tu objetivo, y eso es algo que solo puede hacer una persona que quiere alcanzarlo con todas sus fuerzas. A menudo vemos que todas las personas que llegan a lo más alto de su campo pagan el mismo precio; aunque sus matrimonios u otras relaciones sobrevivan, sus intereses fuera de su campo no suelen hacerlo. Howard Gardner, tras estudiar a sus siete individuos excepcionales, vio que «generalmente, para poder ser capaz de seguir trabajando, el creador sacrificó relaciones normales de la esfera personal». Algunas personas están «comprometidas de forma obsesiva con su trabajo. La vida social o las aficiones son casi irrelevantes». Esto puede sonar a un sacrificio admirable y una dedicación al propósito, pero a menudo va mucho más allá y puede no ser tan bonito. Como dice Gardner: «La confianza en uno mismo se mezcla con la egolatría, el egocentrismo y el narcisismo: todos los creadores parecen muy centrados en sí mismos, no solo completamente entregados a sus proyectos, sino dispuestos a seguir persiguiendo sus objetivos incluso a costa de otros individuos». Son habituales los relatos de personas que son las mejores en un campo que dejan tras de sí un rastro de ira y traiciones.

Entonces, ¿qué objetivo te haría aceptar todo eso? ¿Qué querrías tanto que te comprometerías con el trabajo necesariamente duro e inacabable y abandonarías tus relaciones y otros intereses por la promesa de quizá conseguirlo dentro de un tiempo? Sea lo que sea lo que quieren los mejores, esto es lo mucho que lo desean.

La segunda pregunta es más profunda. ¿Qué es lo que crees en el fondo? ¿Crees que puedes elegir? ¿Crees que si haces el trabajo que hay que hacer, bien diseñado, con concentración intensa durante horas todos los días y durante muchos años, tu desempeño mejorará muchísimo y, con el tiempo, llegará al más alto nivel? Si lo crees, entonces hay al menos una posibilidad de que hagas el trabajo y alcances el desempeño extraordinario.

Pero si crees que tu desempeño siempre estará limitado por tu falta de un don innato o de habilidades generales al nivel que crees necesario, entonces no hay ninguna posibilidad de que hagas todo el trabajo que hay que hacer.

Y por eso esta creencia es trágicamente restrictiva. Todo el mundo que alcanza un desempeño excepcional se enfrenta a terribles dificultades a lo largo del camino. Sin excepciones. Si crees que hacer el trabajo correcto puede subsanar los problemas, entonces tienes al menos una oportunidad de llegar a mejorar tu desempeño. Pero quienes ven los baches como pruebas de que no tienen el don necesario abandonarán, algo lógico, teniendo en cuenta sus creencias. Nunca llegarán adonde habrían podido llegar.

Lo que creas en el fondo sobre la fuente del desempeño extraordinario se convierte así en los cimientos de todo lo que conseguirás. Como ya hemos dicho, esas creencias pueden estar muy asentadas. Independientemente de cuál fuera el origen de tus creencias al respecto de esto, todos tenemos la oportunidad de basarlas en la evidencia de la realidad.

Las pruebas no ofrecen garantías. Nos muestran que el precio de los grandes logros es extraordinariamente elevado. Quizá sea inevitable que no muchas personas decidan pagarlo. Pero la evidencia también muestra que al entender cómo unos pocos llegan a lo más alto, todos podemos mejorar. Y, por encima de todo, lo que la evidencia grita más alto es una noticia sorprendente y liberadora: el desempeño extraordinario no es privilegio de unos pocos elegidos. Está a tu disposición y a la de todo el mundo.

Agradecimientos

Este libro no existiría si mi compañero en *Fortune* Jerry Useem no hubiera entrado en mi despacho a preguntarme si quería escribir algo para el número sobre desempeño extraordinario en el mundo de los negocios. Resulta que llevaba mucho tiempo esperando a que alguien me hiciera esa pregunta. Tenía posturas muy sólidas al respecto y muchísima curiosidad por el tema, más de la que pensaba.

El artículo resultante tuvo una respuesta mucho mayor que cualquier otra cosa que yo haya escrito. Sin duda, circuló mucho por correo electrónico, pero, más allá de eso, creo que tuvo un efecto muy profundo en los lectores. Varias personas me dijeron que se lo habían leído en voz alta a sus hijos, que no es una reacción demasiado habitual cuando hablamos de artículos de revistas de negocios. La gente me seguía dando las gracias por haberlo escrito meses después de su publicación. Sospeché que aún quedaba mucho por decir.

Así que gracias, Jerry, y gracias a Hank Gilman, Eric Pooley y al resto de los editores de *Fortune* que me ayudaron a publicar el artículo.

El profesor K. Anders Ericsson, que ocupa la cátedra Conradi en la Universidad Estatal de Florida, y de quien hemos hablado varias veces a lo largo del libro, fue extremadamente generoso con su tiempo y sus reflexiones. Espero que haya quedado claro, pero su trabajo y el de sus colegas durante los últimos cuarenta años son la base de muchas de las ideas que hemos presentado aquí. Merece un agradecimiento especial porque, sin él, no se podría haber escrito este libro.

Adrian Zackheim, Adrienne Schultz y el equipo de Penguin Group (Estados Unidos) me animaron y apoyaron en todo momento, lo que resulta vital para un autor.

Bob Barnett y Deneen Howell, de Williams & Connolly, fueron unos representantes soberbios, como siempre.

Y, sobre todo, debo dar las gracias a mi familia por entenderme y apoyarme a lo largo de un proyecto que, a estas alturas de mi vida, debería haber sabido que me llevaría más trabajo del que pensaba.

Fuentes

I. El misterio

Para saber más de la investigación sobre cómo algunas habilidades de los auditores disminuyen con el tiempo, véase Jean Bedard, Michelene T. H. Chi, Lynford E. Graham y James Shanteau, «Expertise in Auditing», *Auditing* 12 (supl. 1993), pp. 1-25.

Un excelente resumen de la investigación que muestra que la experiencia no conduce necesariamente a un desempeño extraordinario, incluida la investigación sobre psicólogos, cirujanos y otros citada en este capítulo, se encuentra en Colin F. Camerer y Eric J. Johnson, «The Process-Performance Paradox in Expert Judgment: How Can Experts Know So Much and Predict So Badly?», en K. Anders Ericsson y Jacqui Smith (eds.), *Toward a General Theory of Expertise: Prospects and Limits*, Cambridge University Press, Nueva York, 1991, pp. 195-217.

La descripción de la «trampa de la experiencia» se encuentra en Kishore Sengupta, Tarek K. Abdel-Hamid y

Luk N. Van Wassenhove, «The Experience Trap», *Harvard Business Review*, febrero de 2008, pp. 94-101.

El descenso en las puntuaciones de los médicos en los exámenes a medida que aumenta su experiencia: N. K. Choudhry, R. H. Fletcher y S. B. Soumerai, «Systematic Review: The Relationship Between Clinical Experience and Quality of Health Care», *Annals of Internal Medicine* 142 (2005), pp. 260-273.

La reducción de las habilidades médicas en el diagnóstico mediante electrocardiograma y radiografías: K. A. Ericsson, «Deliberate Practice and the Acquisition of Expert Performance in Medicine and Related Domains», *Academic Medicine* 79, n.º 10 (2004), S70-S81.

El trabajo del doctor Niels H. Secher de la Universidad de Copenhague se explica en Gina Kolata, «Bigger Is Better, Except When It's Not», *The New York Times*, 27 de septiembre de 2007, p. G1.

Los datos sobre los beneficios para los accionistas generados por Microsoft, Procter & Gamble y otras empresas procede de la firma EVA Dimensions, que calcula estas cifras para la mayoría de las empresas del Russell 3000. Los números que se citan en este capítulo son del 5 de febrero de 2008.

Los datos sobre el uso de efectivo de Exxon Mobil son de informes económicos de 2006. La cita del exdirector ejecutivo Rex Tillerson es de una entrevista personal llevada a cabo el 1 de marzo de 2007.

La cita atribuida a Josh Billings también se ha atribuido a Mark Twain, Artemas Ward y otros escritores estadounidenses del siglo XIX. Yo creo que Billings es el que tiene más números de haberlo dicho, pero si alguien dispone de alguna prueba irrefutable al respecto, estaré encantado de recibirla.

2. El talento está sobrevalorado

El estudio sobre los logros musicales de los alumnos ingleses se encuentra en John A. Sloboda, Jane W. Davidson, Michael J. A. Howe y Derek G. Moore, «The Role of Practice in the Development of Performing Musicians», *British Journal of Psychology* 87 (1996), pp. 287-309.

La importancia de Francis Galton es obvia, teniendo en cuenta que sus principales trabajos siguen editándose. Las citas de este capítulo proceden de la siguiente edición inglesa: Francis Galton, *Hereditary Genius: An Inquiry into Its Laws and Consequences* [1869], Prometheus Books, Amherst, Nueva York, 2006.

El estudio sobre pianistas extraordinarios que se menciona brevemente forma parte de un trabajo clave: Benjamin S. Bloom (ed.), *Developing Talent in Young People*, Ballantine Books, Nueva York, 1985.

El análisis sobre el desarrollo de Mozart se basa principalmente en el trabajo del profesor Robert W. Weisberg de la Universidad Temple. Dos de sus obras fueron de especial utilidad: Robert W. Weisberg, «Creativity and Knowledge: A Challenge to Theories», en Robert J. Sternberg, (ed.), *Handbook of Creativity*, Cambridge University Press, Nueva York, 1999, y Robert W. Weisberg, *Creativity: Beyond the Myth of Genius*, W. H. Freeman & Co., Nueva York, 1993.

El índice de precocidad que se usa para comparar el virtuosismo técnico de los estudiantes de música se describe en

A. C. Lehmann y K. A. Ericsson, «The Historical Development of Domains of Expertise: Performance Standards and Innovations in Music», en A. Steptoe (ed.), *Genius and the Mind*, Oxford University Press, Oxford (Reino Unido), 1998, pp. 67-94.

El entretenidísimo y erudito artículo de Neal Zaslaw sobre Mozart es Neal Zaslaw, «Mozart as a Working Stiff», en James M. Morris (ed.), *On Mozart*, Cambridge University Press, Nueva York, 1994.

La cita de Alex Ross es de Alex Ross, «The Storm of Style: Listening to the Complete Mozart», *The New Yorker*, 24 de julio de 2006.

El relato de Earl Woods sobre cómo dirigió el desarrollo de Tiger como golfista se encuentra en Earl Woods con Pete McDaniel, *Training a Tiger: A Father's Guide to Raising a Winner in Both Golf and Life*, HarperCollins, Nueva York, 1997.

También fue útil para obtener información sobre el desarrollo de Tiger el libro de Lawrence J. Londino, *Tiger Woods: A Biography*, Greenwood Press, Westport (Conn.), 2006.

Conozco la historia de Jack Welch porque tuvimos relación durante muchos años y porque aparece en su primer libro: Jack Welch con John A. Byrne, *Jack: Straight from the Gut*, Warner Business Books, Nueva York, 2001. [Hay trad. cast.: *Hablando claro*, Javier Vergara Editor, Barcelona, 2006.]

Las historias de Bill Gates, John D. Rockefeller y David Ogilvy se han extraído mayoritariamente de las siguientes obras: Bill Gates, *The Road Ahead*, Viking Penguin, Nueva York, 1995. [Hay trad. cast.: *Camino al futuro*, McGraw-Hill, Madrid, 1995]; Ron Chernow, *Titan: The Life of John D. Rockefeller, Sr.*, Random House, Nueva York, 1998; y David

Ogilvy, *Confessions of an Advertising Man*, Atheneum, Nueva York, 1963. [Hay trad. cast.: *Confesiones de un publicitario*, Oikos-Tau, Vilassar de Mar, Barcelona, 2006.]

La historia sobre Warren Buffett se basa en haberlo entrevistado muchas veces y en charlas informales, así como en los muchos artículos sobre él escritos por la magnífica Carol Loomis en *Fortune*. Uno sigue siendo especialmente interesante, aún hoy: Carol J. Loomis, «The Inside Story of Warren Buffett», *Fortune*, 11 de abril de 1988.

3. ¿Cuánta inteligencia se necesita?

El artículo académico en el que se describe el experimento con el estudiante SF es K. A. Ericsson, W. G. Chase y S. Faloon, «Acquisition of Memory Skill», *Science* 208 (1980), pp. 1181-1182. Dicha investigación se ha descrito con más detalle en otros artículos. Además, hablé con el profesor Ericsson sobre el experimento, y me proporcionó una cinta de audio de la sesión del 11 de julio de 1978, que es la que describo en el capítulo.

El profesor James R. Flynn es un investigador de la inteligencia extremadamente meticuloso. Véase James R. Flynn, *What Is Intelligence?*, Cambridge University Press, Nueva York, 2007. [Hay trad. cast.: *¿Qué es la inteligencia? Más allá del efecto Flynn*, Tea, Madrid, 2009.]

El estudio de comerciales está en Andrew J. Vinchur, Jeffrey S. Schippmann, Fred S. Switzer III y Philip L. Roth, «A Meta-analytic Review of Predictors of Job Performance for Salespeople», *Journal of Applied Psychology* 83, n.º 4 (1998), pp. 586-597.

El estudio sobre usuarios del hipódromo está en Stephen J. Ceci y Jeffrey K. Liker, «A Day at the Races: A Study of IQ, Expertise, and Cognitive Complexity», *Journal of Experimental Psychology: General* 115, n.º 3 (1986), pp. 255-266.

El hallazgo de que algunos ajedrecistas del nivel maestro internacional tienen un CI por debajo de la media es uno de los más sorprendentes e intrigantes en este campo. Se encuentra en J. Doll y U. Mayr, «Intelligence and Achievement in Chess—A Study of Chess Masters», *Psychologische Beiträge* 29 (1987), pp. 270-289.

La investigación sobre ajedrecistas y lo bien que pueden recordar la posición de piezas sobre un tablero ha demostrado ser extremadamente importante en el estudio del desempeño extraordinario, porque revela que las memorias increíbles de los expertos en ajedrez son un rasgo desarrollado y limitado al ajedrez, no innato ni general. Hay tres investigadores que sentaron las bases de este trabajo. Uno fue el investigador holandés A. D. de Groot, cuya tesis doctoral, de 1946, no fue traducida al inglés hasta 1965. Los otros dos son William Chase y Herbert Simon, cuya investigación mostró que los ajedrecistas expertos eran capaces de recordar la posición de muchas piezas de partidas de ajedrez reales, pero que no se les daba mejor que a los novatos recordar las posiciones cuando las piezas se disponían de forma aleatoria. Véanse A. D. de Groot, *Thought and Choice in Chess* [1946], Mouton, La Haya, 1965; W. G. Chase y H. A. Simon, «Perception in Chess», *Cognitive Psychology* 4 (1973), pp. 55-81; y W. G. Chase y H. A. Simon, «The Mind's Eye in Chess», en W. G. Chase (ed.), *Visual Information Processing*, Academic Press, Nueva York, 1973, pp. 215-281.

La historia de Robert Rubin procede de una entrevista personal que le hice el 23 de marzo de 2007 y de su libro Robert Rubin y Jacob Weisberg, *In an Uncertain World*, Random House, Nueva York, 2003.

4. Una idea mejor

Los datos básicos de la biografía de Jerry Rice están disponibles en muchas publicaciones distintas. Los datos concretos sobre sus estadísticas son de <www.nfl.com>.

El estudio sobre los violinistas de la Academia de Música de Berlín Occidental forma parte de un artículo muy influyente que se ha convertido en los cimientos del marco de la práctica consciente: K. Anders Ericsson, Ralf Th. Krampe y Clemens Tesch-Römer, «The Role of Deliberate Practice in the Acquisition of Expert Performance», *Psychological Review* 100, n.º 3 (1993), pp. 363-406.

5. Qué es y qué no es la práctica consciente

Todos los elementos concretos de la práctica consciente se encuentran en la descripción que hace el artículo fundacional que hemos citado anteriormente, aunque no se explican en profundidad de forma individual. Dichos elementos se tratan más a fondo en una serie de artículos posteriores; una buena introducción al tema, con referencias a otras investigaciones, se halla en K. Anders Ericsson, «The Acquisition of Expert Performance: An Introduction to Some of the Issues», en K. Anders Ericsson (ed.), *The Road to Excellence:*

The Acquisition of Expert Performance in the Arts and Sciences, Sports and Games, Lawrence Erlbaum Associates, Mahwah, Nueva Jersey, 1996.

El relato sobre Moe Norman es de un capítulo del libro de Ericsson que acabamos de citar: Janet L. Starkes, Janice M. Deakin, Fran Allard, Nicola J. Hodges y April Hayes, «Deliberate Practice in Sports: What Is It Anyway?».

El relato sobre la preparación de Chris Rock para su actuación la noche de fin de año en el Madison Square Garden, y que ilustra todos los elementos de la práctica consciente, está en David Carr, «Hard at Work on New Year's Eve», *The New York Times,* 28 de diciembre de 2007.

El relato sobre las hermanas Polgár procede principalmente de Carlin Flora, «The Grandmaster Experiment», *Psychology Today,* julio/agosto de 2005; y de Serena Allott, «Queen Takes All», *The Telegraph,* 16 de enero de 1962. La cita «las otras chicas no se toman en serio el ajedrez [...]» y otros detalles son de «Girl Stuns Chess World», *The Spokesman Review,* 2 de noviembre de 1988. La cita del gran maestro británico es de Allott, «Queen Takes All». La cita: «Las Polgár demostraron que la aptitud no tiene limitaciones inherentes [...]» es de Garri Kaspárov, *How Life Imitates Chess: Making the Right Moves, from the Board to the Boardroom,* Bloomsbury USA, Nueva York, 2007. [Hay trad. cast.: *Cómo la vida imita al ajedrez: el mejor ajedrecista de la historia nos enseña a ver la vida como un juego de estrategia,* Debate, Barcelona, 2016.]

La descripción de las diferencias entre cómo experimentan las clases de canto los cantantes profesionales y los aficionados es de C. Grape, M. Sandgren, L. O. Hansson, M. Ericson y T. Theorell, «Does Singing Promote Wellbeing?

An Empirical Study of Professional and Amateur Singers During a Singing Lesson», *Integrative Physiological and Behavioral Science* 38, n.º 1 (2003), pp. 65-71.

Para una argumentación especialmente apasionada en contra de la separación estricta entre naturaleza y adquisición a la hora de entender el desarrollo, véase David S. Moore, *The Dependent Gene: The Fallacy of «Nature vs. Nurture»*, Owl Books, Nueva York, 2001.

Hasta el advenimiento de la investigación sobre desempeño experto de los últimos cuarenta años, la opinión mayoritaria en psicología era que el desempeño al más alto nivel era mayormente automático. La descripción estándar se encuentra en P. M. Fitts y M. I. Posner, *Human Performance*, Brooks/Cole, Belmont, California, 1967.

La opinión contraria, que los mejores alcanzan sus grandes logros evitando, en parte, los automatismos, se describe en K. Anders Ericsson, «The Influence of Experience and Deliberate Practice on the Development of Superior Expert Performance», en K. Anders Ericsson, Neil Charness, Paul J. Feltovich y Robert R. Hoffman (eds.), *The Cambridge Handbook of Expertise and Expert Performance*, Cambridge University Press, Nueva York, 2006.

6. Cómo funciona la práctica consciente

El trabajo original sobre cómo un tenista experto predice la trayectoria del servicio de su adversario basándose en su postura se encuentra en C. M. Jones y T. R. Miles, «Use of Advance Cues in Predicting the Flight of a Lawn Tennis Ball», *Journal of Human Movement Studies* 4, n.º 4 (1978), pp. 231-235.

Desde entonces, se han llevado a cabo hallazgos simi-lares en otros deportes. Para un comentario general sobre el tema, véase A. Mark Williams, Paul Ward y Nicholas J. Smeeton, «Perceptual and Cognitive Expertise in Sport: Implications for Skill Acquisition and Performance En-hancement», en A. Mark Williams y Nicola J. Hodges (eds.), *Skill Acquisition in Sport: Research, Theory, and Practice*, Routledge, Abingdon (Reino Unido), 2004.

Los hallazgos sobre la capacidad de los mecanógrafos expertos para adelantarse en el texto son de T. A. Salthouse, «Effects of Age and Skill in Typing», *Journal of Experimental Psychology: General* 113, n.º 3 (1984), pp. 345-371.

Los hallazgos sobre conductores y su respuesta frente a situaciones peligrosas, así como la investigación sobre pilo-tos que se menciona más adelante en el capítulo, están resu-midos en Francis T. Durso y Andrew R. Dattel, «Expertise and Transportation», en K. Anders Ericsson, Neil Char-ness, Paul J. Feltovich y Robert R. Hoffman (eds.), *The Cambridge Handbook of Expertise and Expert Performance*, Cambridge University Press, Nueva York, 2006.

La investigación que muestra cómo los malabaristas ex-pertos solo necesitan ver el punto más alto de la trayectoria de sus pelotas está en P. J. Beek, *Juggling Dynamics*, Free University Press, Ámsterdam, 1989.

La investigación sobre cómo leen las radiografías los ra-diólogos expertos, así como la investigación sobre cómo los médicos y psicólogos categorizan los problemas citada más adelante en el capítulo se resumen en el siguiente capítulo del *Cambridge Handbook*: Michelene T. H. Chi, «Labora-tory Methods for Assessing Experts' and Novices' Know-ledge».

El resumen citado en el capítulo sobre el papel del conocimiento en los sistemas expertos también es del *Cambridge Handbook*. El capítulo es Bruce G. Buchanan, Randall Davis y Edward A. Feigenbaum, «Expert Systems: A Perspective from Computer Science».

Las citas de Jeffrey Immelt son de Thomas Stewart, «Growth as a Process: The HBR Interview», *Harvard Business Review*, junio de 2006.

El artículo que propone el marco teórico de la memoria de trabajo a largo plazo es K. Anders Ericsson y Walter Kintsch, «Long-Term Working Memory», *Psychological Review* 102, n.º 2 (1995), pp. 211-245.

La investigación de la capacidad para recordar sucesos claves mediante una descripción por escrito de un partido de béisbol se encuentra en H. L. Chiesi, G. J. Spilich y J. F. Voss, «Acquisition of Domain-Related Information in Relation to High and Low Domain Knowledge», *Journal of Verbal Learning and Verbal Behavior* 18 (1979), pp. 257-274.

Un resumen de la evidencia que muestra los cambios corporales como respuesta a años de práctica consciente, junto con referencias de muchos artículos que apoyan estos hallazgos, se encuentra en el artículo sobre experiencia y práctica consciente de Ericsson en el *Cambridge Handbook*. Los hallazgos sobre los cambios en el cerebro se resumen en el siguiente capítulo del *Cambridge Handbook*: Nicole M. Hill y Walter Schneider, «Brain Changes in the Development of Expertise: Neuroanatomical and Neurophysiological Evidence About Skill-Based Adaptations».

7. Aplicar los principios a nuestra vida

La autobiografía de Benjamin Franklin, de dominio público en inglés desde hace muchos años, es fácil de encontrar en internet.

La investigación sobre autorregulación, que es la base para las recomendaciones para llevar a cabo la práctica consciente como parte del trabajo, se resume en el siguiente capítulo del *Cambridge Handbook*: Barry J. Zimmerman, «Development and Adaptation of Expertise: The Role of Self-Regulatory Processes and Beliefs».

La referencia al profesor Michael Porter de la Escuela de Negocios de Harvard y su capacidad para estudiar una empresa por su cuenta pasando veinte horas investigando en la biblioteca procede de una memorable conversación que sostuvimos hace casi cuarenta años.

La investigación sobre la distinta percepción del fuego que tienen los bomberos novatos es de G. A. Klein, *Sources of Power: How People Make Decisions*, MIT Press, Cambridge (Massachusetts), 1998.

8. Aplicar los principios a nuestras organizaciones

La referencia a Judy Pahren de Capital One Financial y las citas de Jeffrey Immelt, Kenneth Chenault, Noel Tichy, el coronel Thomas Kolditz, David Nadler, John McConnell, Ram Charan y el coronel Stas Preczewski proceden de entrevistas personales.

Gran parte del capítulo se basa en una investigación llevada a cabo por Hewitt Associates para su proyecto «Las mejores empresas para líderes en 2007». Dicha investigación incluyó a más de quinientas empresas de todo el mundo. Hewitt recopiló una gran cantidad de información de cada una de ellas, entrevistó a ejecutivos y llevó a cabo análisis financieros. Como representante de la revista *Fortune*, tuve acceso a la gran cantidad de datos resultantes, incluidas las transcripciones de las entrevistas, porque *Fortune* publicó un extenso resumen de los hallazgos, que iba acompañado de un artículo escrito por mí, en su número de 1 de octubre de 2007.

El material sobre equipos y las muchas formas en las que pueden fracasar se basa en un artículo que escribí para *Fortune* titulado «Why Dream Teams Fail» [Por qué fracasan los *dream teams*] en su número del 8 de junio de 2006.

9. Desempeño excelente en el ámbito de la innovación

Gran parte de la evidencia presentada en este capítulo es un resumen del artículo del profesor Robert W. Weisberg, «Creativity and Knowledge: A Challenge to Theories», citado en las referencias bibliográficas del capítulo 2.

La investigación de Dean Keith Simonton, que muestra que la relación entre formación y reconocimiento creativo tiene forma de U invertida, está en D. K. Simonton, *Genius, Creativity, and Leadership: Historiometric Inquiries*, Harvard University Press, Cambridge (Massachusetts), 1984.

Los famosos experimentos de los Luchins, con jarras de distintas capacidades, se describe en A. S. Luchins y E. H. Luchins, *Rigidity of Behavior*, University of Oregon Press Eugene (Oregón), 1959.

La investigación del profesor John R. Hayes sobre compositores, pintores y poetas está en J. R. Hayes, «Cognitive Processes in Creativity», en J. A. Glover, R. R. Ronning y C. R. Reynolds (eds.), *Handbook of Creativity*, Plenum, Nueva York, 1989.

El fascinante estudio de Howard Gardner sobre siete famosos creadores está en Howard Gardner, *Creating Minds*, Basic Books, Nueva York, 1993. [Hay trad. cast.: *Mentes creativas: una anatomía de la creatividad*, Paidós, Barcelona, 2011.]

Las detalladas descripciones del profesor Weisberg de cómo hallaron Watson y Crick la estructura del ADN, del trabajo de Watt en la máquina de vapor y del de Whitney en la desmotadora están en su libro, *Creativity: Beyond the Myth of Genius*, citado en las referencias bibliográficas del capítulo 2. Ahí es también donde se comenta el posible origen del Kubla Khan de Coleridge.

El artículo de *The New York Times* sobre el desarrollo del bolígrafo electrónico FLY y temas relacionados es Janet Rae-Dupree, «Eureka! It Really Takes Years of Hard Work», *The New York Times*, 3 de febrero de 2008.

Los comentarios sobre la C mayúscula, la minúscula y la diminuta están en Ronald A. Beghetto y James C. Kaufman, «The Genesis of Creative Greatness: Mini-c and the Expert Performance Approach», *High Ability Studies* 18, n.º 1 (2007), pp. 59-61.

El estudio McKinsey sobre innovación está en Joanna Barsh, Marla M. Capozzi y Jonathan Davidson, «Leadership and Innovation», *The McKinsey Quarterly*, n.º 1 (2008), pp. 37-47.

La cita del profesor Raymond S. Nickerson es de Raymond S. Nickerson, «Enhancing Creativity», en Robert J.

Sternberg (ed.), *Handbook of Creativity*, Cambridge University Press, Nueva York, 1999.

La cita de David N. Perkins es de David N. Perkins, «The Nature and Nurture of Creativity», en B. F. Jones y L. Idol (eds.), *Dimensions of Thinking and Cognitive Instruction*, Lawrence Erlbaum Associates, Hillsdale (Nueva Jersey), 1990.

10. Desempeño extraordinario en la juventud y la vejez

El artículo sobre los ganadores del premio Nobel y otros innovadores, y por qué son cada vez más mayores, es de Benjamin F. Jones, «Age and Great Invention», NBER Working Paper n.º 11359 (2005).

Los comentarios de Dean Keith Simonton sobre la importancia del apoyo del entorno está en su artículo del *Cambridge Handbook* titulado «Historiometric Methods».

El importante estudio de Benjamin Bloom sobre el desarrollo creativo en los jóvenes se ha citado en las referencias bibliográficas del capítulo 2.

La investigación que muestra la importancia de que el contexto del hogar sea estructurado y estimulante se describe en M. Csíkszentmihályi, K. Rathunde y S. Whalen, *Talented Teenagers: The Roots of Success and Failure*, Cambridge University Press, Nueva York, 1993.

Gran parte de la investigación sobre envejecimiento citada aquí, incluida la que indica que los pianistas sufren los achaques típicos de la edad, pero no en las habilidades relacionadas con el piano, se resume en un capítulo del

Cambridge Handbook: Ralf Th. Krampe y Neil Charness, «Aging and Expertise».

El relato sobre el plan de entrenamiento de Julio Franco se encuentra en Ben Shpigel, «Breakfast at Julio's», *The New York Times*, 1 de marzo de 2006, p. D1.

La cita de Karl Malone es de un excelente artículo general sobre el envejecimiento de los deportistas: Martin Miller, «Raising the Bar at 40», *Los Angeles Times*, 29 de septiembre de 2003.

II. ¿De dónde surge la pasión?

El estudio que halló que los patinadores de élite dedicaban más tiempo a practicar los saltos que no les salían se encuentra en Janice M. Deakin y Stephen Cobley, «A Search for Deliberate Practice: An Examination of the Practice Environments in Figure Skating and Volleyball», en Janet L. Starkes y K. Anders Ericsson (eds.), *Expert Performance in Sports: Advances in Research on Sports Expertise*, Human Kinetics, Champaign (Illinois), 2003.

Las observaciones de Csíkszentmihályi que sugieren una posible fuente de motivación intrínseca que parece encajar bien con las características de la práctica consciente aparecen en su aclamado libro: M. Csíkszentmihályi, *Flow: The Psychology of Optimal Experience*, Harper & Row, Nueva York, 1990. [Hay trad. cast.: *Fluir: una psicología de la felicidad*, Debolsillo, Barcelona, 2011.]

Un buen resumen del extenso trabajo de Teresa Amabile sobre la creatividad y su motivación, con referencias a estudios y artículos concretos, se encuentra en Mary Ann Collins y Teresa M. Amabile, «Motivation and Creativity», en Robert J. Sternberg (ed.), *Handbook of Creativity*, Cambridge University Press, Nueva York, 1998.

Un resumen de los argumentos de Winner, con muchos ejemplos fascinantes está en Ellen Winner, «The Rage to Master: The Decisive Role of Talent in the Visual Arts», en K. Anders Ericsson (ed.), *The Road to Excellence: The Acquisition of Expert Performance in the Arts and Sciences, Sports and Games*, Lawrence Erlbaum Associates, Mahwah (Nueva Jersey), 1996.

La cita de Josh Waitzkin sobre el triste destino de muchos de los niños ajedrecistas más exitosos es del artículo de *Psychology Today* sobre las hermanas Polgár citado en las referencias bibliográficas del capítulo 5.

La cita de Jeffrey Immelt, y la descripción de él y Steve Ballmer sentados uno al lado del otro en Procter & Gamble con veintidós años, es de una entrevista personal con Immelt en agosto de 2005.

La descripción del efecto multiplicador está en Stephen J. Ceci, Susan M. Barnett y Tomoe Kanaya, «Developing Childhood Proclivities into Adult Competencies: The Overlooked Multiplier Effect», en Robert J. Sternberg y Elena L. Grigorenko (eds.), *The Psychology of Abilities, Competencies, and Expertise*, Cambridge University Press, Nueva York, 2003.

La cita de Anders Ericsson sobre que la crianza de los hijos es la frontera de la investigación es de una entrevista personal de septiembre de 2006.